高职高专"十二五"规划精品教材
经济管理类

CAIWU GUANLI

财务管理 [第三版]

张学功 王士伟 贾振奇 编著

西南财经大学出版社
Southwestern University of Finance & Economics Press

图书在版编目(CIP)数据

财务管理/张学功,王士伟,贾振奇编著 .—3 版 .—成都:西南财经大学出版社,2012. 10(2013. 3 重印)
ISBN 978 -7 -5504 -0875 -3

Ⅰ. ①财…　Ⅱ. ①张…②王…③贾…　Ⅲ. ①财务管理—研究—中国
Ⅳ. ①F275

中国版本图书馆 CIP 数据核字(2012)第 246423 号

财务管理(第三版)
张学功　王士伟　贾振奇　编著

责任编辑:杨　琳
封面设计:杨红鹰
责任印制:封俊川

出版发行	西南财经大学出版社(四川省成都市光华村街 55 号)
网　　址	http://www.bookcj.com
电子邮件	bookcj@foxmail.com
邮政编码	610074
电　　话	028 -87353785　87352368
照　　排	四川胜翔数码印务设计有限公司
印　　刷	四川森林印务有限责任公司
成品尺寸	170mm ×240mm
印　　张	19.5
字　　数	390 千字
版　　次	2012 年 10 月第 3 版
印　　次	2013 年 3 月第 2 次印刷
印　　数	3001— 7000 册
书　　号	ISBN 978 -7 -5504 -0875 -3
定　　价	35.00 元

第三版前言

为了适应社会主义市场经济新形势下经济体制改革的需要，逐步建立和完善现代企业制度，加强企业财务管理，我们组织编写了《财务管理》一书。本书于2002年出版后，得到了广大使用者的厚爱而多次重印。2009年我们根据发展变化了的情况，对原书进行修订，出版了第二版。

本次修订以我国最新颁布的各项财会法规为依据，按照国际规范，科学安排了财务管理的结构体系，系统进行了财务管理的理论研究，详细分析了财务管理工作中的常见问题和技术方法，是一本全面介绍有关财务管理理论与实务的教材。

全书共十二章，其中第二章由张学功编写，第一、三、四、五、六章由贾振奇编写，其余章节由王士伟编写。

本书在编写过程中借鉴了相关资料中的观点，在出版过程中得到了西南财经大学出版社的大力支持，在此一并表示感谢。对于书中存在的不足之处，欢迎同行专家和广大读者批评指正。

编者

2012年7月

目 录

目 录

目 录

第一章 总 论

企业经济活动分为生产经营活动和财务活动,相应的管理活动也包括生产经营管理和财务管理。财务管理总论是按以下逻辑展开论述的,即财务管理谁来管(主体)、管什么(客体)、为什么管(目标)、依据什么管(观念)、在什么基础上管(环境)。

第一节 财务管理基本概念

一、资金运动及其形式

在商品经济条件下,企业进行生产经营活动,必须具有人力、物资、资金、信息等各项生产经营要素,而随着生产经营活动的开展,这些要素必然会发生变化和运动。因此,企业在生产过程中的资金运动就是企业的财务活动之一。此外,现代企业往往也会参与金融市场业务,如金融投资或买卖各种金融工具,在这一过程中发生的资金运动,也是企业财务活动的一个方面。

(一)资金运动的基本原理

在商品经济中,社会产品是使用价值和价值的统一。产品的生产过程就是劳动者运用一定的劳动手段对劳动对象进行加工,生产出新的产品或使用价值,并将其出售,使实物商品的使用价值得以实现,表现为实物商品的运动过程。这一过程也可以表述为实物商品的购进、生产和销售三个基本环节。另一方面,与实物商品运动过程相适应,劳动者在生产中耗费生产资料,并将其价值转移到产品上去,创造出新的价值,并通过市场使转移价值和新创造价值得以实现。所以,实物商品的使用价值的实现过程,同时也是实物商品的价值运动过程。这种价值运动过程可以用图 1-1 表示。

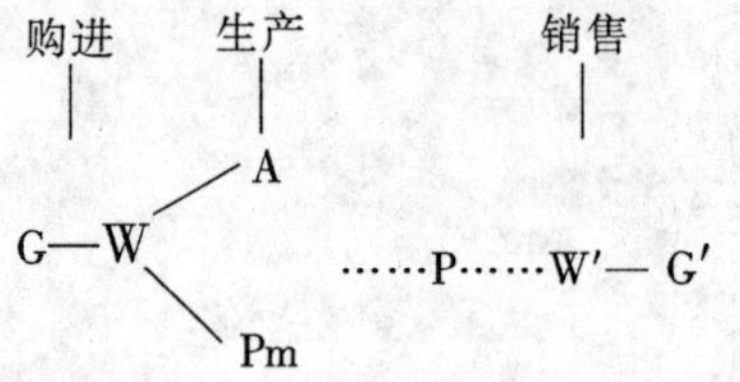

图 1－1　价值运动过程

在这里，G 表示货币，W 表示商品，A 表示劳动力，Pm 表示生产资料，W′表示包括新创造价值的商品，G′表示增值了的货币资本。上式的 G—W 反映了实物商品的购进过程，同时也是货币资金向商品资金的转化过程：

W（A / Pm）……P……W′反映了购进的生产资料（实物商品）与劳动力结合而被生产加工成为一种新的实物商品的过程；同时也是商品资金转化为生产资金，继而又转化为商品资金（或成品资金）的过程。在这个过程中伴随着实物商品形态的转换，产生了一个价值增加额。W′—G′（G＋ΔG）反映了实物商品（生产的新商品）的销售过程，同时又是商品资金向货币资金转化的过程，或者说是实物商品的转移价值和新创造价值的实现过程。在再生产过程中，实物商品价值的货币表现就是资金。资金有两个基本的约束条件：其一，资金是再生产过程中运动着的价值，离开了再生产的过程，它就是一般的货币；其二，资金离不开实物商品，但是资金又不等于实物商品，它是实物商品的价值方面，有其独立的存在形式和运动过程；其三，伴随着实物商品的运动，资金以不同的形式存在于实物商品运动的各个环节。

一言以蔽之，在企业的实物商品运动过程中，必然体现为一种价值运动，这种价值运动也称为资金运动。它是财务管理的对象。

（二）资金循环和资金周转

资金运动表现为资金循环和资金周转。以实物商品运动为基础的资金运动，其价值形态不断发生变化，与购买、生产、销售三个环节相适应，价值形态也分别经过货币资金形态、商品资金形态、生产资金形态、商品资金形态再到货币资金形态，其简化形式是由货币资金形态到商品资金形态，最后又回到货币资金形态，形成资金运动的循环。在企业再生产过程中，商品的价值形态不断发生变化，由一种形态转化为另一种形态，并回到原来的出发点，这一运动过程就是资金循环。

在资金循环中，不仅要顺次地通过不同的阶段和相应地采取不同的资金形态，而且要同时出现在不同的阶段并存在于不同的资金形态，这是资金循环得以顺利进行的必要条件。资金只有在不断的运动中才能使自己保值和增值，因此，它不能完成一个循环后就停止下来，而必须周而复始地循环下去。马克思指出，资本的循环，不当作孤立的行为，但当作周期的反复过程来规定时，就叫做资本的周转。也就是说，周而复始的资金循环就是资金周转。可见，资金运动不仅以资金循环的形式存在，而且伴随再生产过程的不断进行，资金运动也表现为一个周而复始的周转过程。

二、财务活动

如前所述，企业再生产过程表现为价值运动或者资金运动的过程，而资金运动过程的各阶段总是与一定的财务活动相对应的，或者说，资金运动形式是通过一定的财务活动内容来实现的。所谓财务活动，是指资金的筹集、投放、使用、收回及分配等一系列行为。从整体上讲，财务活动包括以下四个方面：

（一）筹资活动

企业组织商品运动，必须以一定的资金为前提。也就是说，企业从各种渠道以各种形式筹集资金，是资金运动的起点。所谓筹资，是指企业为了满足投资和用资的需要，筹措和集中所需资金的过程。在筹资过程中，企业一方面要确定筹资的总规模，以保证投资所需要的资金；另一方面要通过筹资渠道、筹资方式或工具的选择，合理确定筹资结构，以降低筹资成本和风险。

从整体上看，任何企业都可以从两方面筹资并形成两种性质的资金来源：一是企业自有资金，它是企业通过向投资者吸收直接投资、发行股票，以及企业内部留存收益等方式取得；二是企业债务资金，它是企业通过向银行借款、发行债券以及利用商业信用等方式取得的。企业筹集资金，表现为企业资金的流入。企业偿还借款、支付利息和股利以及付出各种筹资费用等，则表现为企业资金的流出。这种因为资金筹集而产生的资金收支，是企业筹资而引起的财务活动，是企业财务管理的主要内容之一。

（二）投资活动

企业取得资金后，必须将资金投入使用，以谋求最大的经济效益，否则就失去了筹资的目的和效用。企业投资可以分为广义投资和狭义投资：广义的投资是指企业将筹集的资金投入使用的过程，包括企业内部使用资金的过程（如购置流动资产、固定资产、无形资产等）以及对外投放资金的过程（如购买其他企业的股票、债券或与其他企业联营等）；狭义的投资仅指对外投资。无论企业购买内部所需资产，还是购买各种证券，都需要支付资金。而当企业变卖其对内投资形成的各种资产或收回其对外投资时，则会产生资金的流入。这种因企业投资而产生的资金收付，便是由投资而引起的财务活动。

另外，企业在投资过程中必须考虑投资的规模，也就是在怎样的投资规模下，企业的经济效益最佳。而且，企业也必须通过投资方向和投资方式的选择，确定合理的投资结构，以提高投资效益，降低投资风险。所有这些活动都是财务管理的内容。

（三）资金营运活动

企业在日常生产经营过程中会发生一系列的资金收付。首先，企业要采购材料或商品，以便从事生产和销售活动，同时还要支付工资和其他营业费用；其次，当企业把产品或商品售出后，便可取得收入，收回资金；最后，如果企业现有资金不能满足企业经营需要时，还要以短期借款方式筹集所需资金。上述各方面所产生的企业资金的收付就称为资金营运活动。在这一过程中占用的资金就是营运资金。

企业的营运资金，主要是为满足企业日常营业活动的需要而垫支的资金，营运资金的周转与生产经营周期具有一致性。在一定时期内资金周转越快，就可以利用相同数量的资金，生产出更多的产品，取得更多的收入。因此，如何加速营运资金周转，提高资金利用效率，也是财务管理的主要内容之一。

（四）分配活动

企业通过投资活动或资金营运活动取得收入，并实现资金的增值。分配是对投资成果的分配。投资成果表现为取得各种收入，并在扣除各种成本费用后获得利润。所以，从广义上说，分配是指对投资收入（如销售收入）和利润进行分割和分派的过程；而狭义的分配仅指对利润的分配。

随着分配过程的进行，资金或者退出或者留存企业，它必然会影响企业的资金运动，这不仅表现在资金运动的规模上，而且表现在资金运动的结构上。因此，在依据一定的法律原则的情况下，如何合理制定分配政策和分配方式，使企业的长期利益最大，也是财务管理的主要内容之一。

上述财务活动的四个方面不是相互割裂、互不相关的，而是相互联系、相互依存的。正是上述互相联系又有一定区别的四个方面，构成了完整的企业财务活动，也是企业财务管理的基本内容。

三、财务关系

企业财务关系是指企业在组织财务活动过程中与有关各方所发生的经济利益关系。企业资金的筹集、投放、使用、收入和分配，与企业上下左右各方面有着广泛的联系。企业的财务关系可概括为以下几个方面：

（一）企业与政府之间的财务关系

中央政府和地方政府作为社会管理者，担负着维持社会正常秩序、保卫国家安全、组织和管理社会活动等任务，行使政府行政职能。政府据此身份，无偿参与企业利润的分配。企业必须按照税法规定向中央和地方政府缴纳各种税款，包括所得税、流转税、资源税、财产税等。这种关系体现为一种强制和无偿的分配关系。

（二）企业与投资者之间的财务关系

这主要是指企业的投资者向企业投入资金，企业向其投资者支付投资报酬所形成的经济关系。企业的所有者主要包括国家、法人和个人。企业的所有者要按照投资合同、协议、章程的约定履行出资义务以便及时形成企业的资本。企业利用资本进行营运,实现利润后,应该按照出资比例或合同、章程的规定,向其所有者支付报酬。一般而言,所有者的出资不同,他们各自对企业承担的责任也不同,相应对企业享有的权利也不相同。但他们通常要与企业发生以下财务关系:

(1)投资者能对企业进行何种程度的控制;

(2)投资者对企业获取的利润能在占有多大份额的基础上参与分配;

(3)投资者对企业的净资产享有多大的分配权;

(4)投资者对企业承担怎样的责任。

投资者和企业均要依据上述四个方面合理地选择接受投资企业和投资方,最终实现双方之间的利益均衡。

(三)企业与债权人之间的财务关系

这主要是指企业向债权人借入资金,并按借款合同的规定按时支付利息和归还本金所形成的经济关系。企业除利用资本进行经营活动外,还要借入一定数量的资金,以便降低企业的资本成本,扩大企业经营规模。企业的债权人主要有债券持有人、贷款机构、商业信用提供者、其他出借资金给企业的单位和个人。企业利用债权人的资金,要按约定的利息率,及时向债权人支付利息;债务到期时,要合理调度资金,按时向债权人归还本金。企业同其债权人的财务关系在性质上属于债务与债权关系。

(四)企业与受资者之间的财务关系

这主要是企业以购买股票或直接投资的形式向其他企业投资所形成的经济关系。随着市场经济的不断深入发展,企业经营规模和经营范围的不断扩大,这种关系将会越来越广泛。企业向其他单位投资,应按约定履行出资义务,并依据其出资份额参与受资者的经营管理和利润分配。企业与受资者的财务关系是体现所有权性质的投资与受资的关系。

(五)企业与债务人之间的财务关系

这主要是指企业将其资金以购买债券、提供借款或商业信用等形式出借给其他单位所形成的经济关系。企业将资金借出后,有权要求其债务人按约定的条件支付利息和归还本金。企业同其债务人的关系体现的是债权与债务关系。

(六)企业内部各单位之间的财务关系

这主要是指企业内部各单位之间在生产经营各环节中相互提供产品或劳务所形成的经济关系。企业内部各职能部门和生产单位既分工又合作,共同形成一个企业系统。只有企业内部各部门各单位(子系统)功能的执行与协调,整个系统才具有稳定功能,从而达到企业预期的经济效益。因此,在实行厂内经济核算制和企业内部经营责任制的条件下,企业供、产、销各个部门以及各个生产单位之间,相互提供劳务和产品也要计价结算。这种在企业内部形成的资金结算关系,体现了企业内部各单位之间的利益关系。

(七)企业与职工之间的财务关系

这主要是指企业在向职工支付劳动报酬的过程中所形成的经济关系。职工是企业的劳动者,他们以自身提供的劳动作为参加企业分配的依据。企业根据劳动者的劳动情况,用其收入向职工支付工资、津贴和奖金,并按规定提取公益金等,体现了职工个人和集体在劳动成果上的分配关系。企业与职工的分配关系还将直接影响企业利润并由此影响所有者权益,因此职工分配最终会导致所有者权益的变动。

四、财务管理概念及其特征

根据以上分析可以看出,所谓财务管理就是对企业财务活动及其所体现的财务关系进行的管理。在这里,财务活动包括筹资、投资、营运和分配;财务关系是指企业与各相关关系人因资金运动而发生的经济利益关系。而管理是指通过财务决策、制订财务计划和预算、设立财务组织、实施财务计划和预算、进行财务控制和考核的全过程。它主要具有以下特征:

(一)财务管理是价值管理

财务管理是利用资金、成本、收入等价值指标,来管理企业价值的形成、实现和分配过程,并处理这个过程中所形成的财务关系。所以,财务管理也可以理解为是组织、控制、指挥、协调并考核企业资金运动,以保持其一定比例的并存性、一定速度的继起性和一定规模的收益性的一种管理行为;同时,因为资金运动的过程本质上体现了企业与各利益相关人间的经济利益关系,故这种利益的核心就是价值分配及再分配。

(二)财务管理是综合性管理

财务管理是企业管理中的一个独立方面,又是一项综合性的管理工作。企业各方面生产经营活动的质量和效果,都可以以价值形式综合地反映出来,最终集中体现在企业的盈利上。从另一个角度看,企业通过有效的组织财务管理,即合理的组织资金活动,又可以决定影响企业各方面的生产经营活动,保证企业生产经营活动的协调运转。

(三)财务管理控制功能较强

企业经营活动一方面是商品运动的过程,另一方面是资金运动的过程。企业的任何商品运动都必然与货币的收支存在一定的关系,透过货币收支规模及其结构可以对商品的运动过程或经营活动过程进行有效控制,这正是财务管理控制功能得以形成的基础。不仅如此,基于财务管理是一种价值管理和综合管理,使得它便于确定企业内部各部门、各环节以至每个员工的经济责任,强化责任控制。

(四)财务管理的内容广泛

财务管理的客体是资金运动过程。资金运动过程包括三个方面:一是以实物商品为基础的资金运动;二是以金融资产为基础的资金运动;三是在各个独立企业资金运动的基础上,从整个社会资金运动出发进行资金再配置的资本运营活动,具体包括企业合并、分立、改组、解散、破产的财务处理等。这三者完整地构成企业财务管理的不可分割的统一体,使财务管理的内容更为广泛。

第二节　财务管理目标

根据系统论观点,正确的目标是系统实现良性循环的前提条件。企业的财务目标对企业财务系统的运行也具有同样意义。财务管理的目标又称理财目标,是指企业进行财务活动所要达到的根本目的,它决定着企业财务管理的基本方向。在充分研究财务活动客观规律的基础上,根据实际情况和未来变动趋势,确定财务管理目标,是财务管理主体必须首先解决的一个理论和实践问题。本节通过介绍企业目标、企业目标对财务管理的要求,从而指出企业财务管理的目标是什么。

一、企业目标

企业是以营利为目的的组织,其出发点和归宿是营利。企业一旦成立,就会面临竞争,并始终处于生存和倒闭、发展和萎缩的矛盾之中。企业必须生存下去才能有活力,只有不断发展才能求得生存。因此,企业目标可以具体细分为生存、发展和获利。

(一)生存

企业只有生存,才可能获利。企业在市场中生存下去的基本条件是以收抵支。企业一方面支付货币资金,从市场上取得所需的实物资产;另一方面提供市场需要的商品或服务,从市场上换回货币。企业从市场上获得的货币至少要等于付出的货币,才能维持经营,这是企业长期存续的基本条件。

企业生存的另一个基本条件是到期偿债。企业为扩大业务规模或满足经营周转的临时需要,可以对外借债。国家为维持市场经济秩序,从法律上保证债权人的利益,要求企业到期必须偿还本金和利息;否则,就可能被债权人接管或被法院判定破产。

(二)发展

企业是在发展中求生存的。企业的生产经营如“逆水行舟,不进则退”。在科技不断进步的今天,企业只有不断推出更好、更新、更受顾客欢迎的产品,才能在市场中立足。一个企业如不能不断地提高产品或服务的质量,不能不断地扩大自己的市场份额，就不能得到发展，甚至还有可能产生生存危机，有可能被其他企业挤出市场。

（三）获利

企业只有获利，才有存在的价值。建立企业的目的就是营利。营利不但是企业的出发点和归宿，而且可以反映其他目标的实现程度，并有助于其他目标的实现。

二、企业目标对财务管理的要求

（一）生存目标对财务管理的要求

如上所述，企业生存的威胁主要来自两个方面：一是长期亏损，它是企业终止的根本原因；二是不能偿还到期债务，它是企业终止的直接原因。亏损企业为维持运营被迫进行偿债性融资，借新债还旧债。如不能扭亏为盈，迟早会因借不到钱而无法周转，进而不能偿还到期债务。盈利企业也可能出现“赤字破产”的情况，如借款扩大规模，但由于各种原因导致投资失败，为偿债必须出售企业资产，使生产经营无法持续下去。为此，企业应力求保持以收抵支和偿还到期债务的能力，减少破产的风险，使企业能够长期、稳定地生存下去。这是对财务管理的第一个要求。

（二）发展目标对财务管理的要求

企业的发展集中表现为扩大收入。扩大收入的根本途径是提高产品的质量，扩大销售的数量，这就要求企业不断更新设备，改进技术和工艺，并努力提高各种人员的素质。也就是要投入更多、更好的物质资源、人力资源，并提高技术和管理水平。在市场经济中，各种资源的取得，都需要付出资金。而企业的发展更离不开资金。因此，筹集企业发展所需的资金，这是对财务管理的第二个要求。

（三）获利目标对财务管理的要求

从财务的角度看，盈利就是使资产获得超过其投资的回报。在市场经济中，没有“免费使用”的资金，资金的每项来源都有其成本。而每项资产都是投资，都应获得相应的报酬。财务人员要对企业正常经营产生的和从外部获得的资金加以有效利用，这是对财务管理的第三个要求。

三、一般财务管理目标

财务管理目标是全部财务活动实现的最终目标，它是企业开展一切财务活动的基础和归宿。从根本上讲，企业财务目标取决于企业生存和发展目标，这两者必须是一致的。以经济效益最大化作为企业目标，是市场经济条件下我国企业所追求的。与此相应，企业财务目标也通常被认为是经济效益最大化。但以此为目标显得较笼统、不直接、不集中。基于这样的理由，一方面，我们必须以经济效益最大化作为确定财务目标的基础;另一方面,我们必须寻找能更直接、集中反映财务管理特征,体现财务活动规律的财务目标。根据现代企业财务管理理论和实践,最具有代表性的财务管理目标主要有以下几种:

(一)利润最大化

利润最大化即假定在企业的投资预期收益确定的情况下,财务管理行为将朝着有利于企业利润最大化的方向发展。利润最大化是西方微观经济学的理论基础。西方经济学家一般都是以利润最大化这一概念来分析和评价企业行为和业绩的。

在市场经济条件下,企业自主经营,利润额是企业在一定期间全部收入和全部费用的差额,而且是按照收入与费用配比原则加以计算的。在一定程度上,它体现了企业经济效益的高低、企业对国家的贡献,而且和职工的利益息息相关。因此,利润最大化观点受到了人们的重视。同时,利润是企业补充资本公积、扩大经营规模的源泉。因此,以利润最大化为理财目标是有一定道理的。

但是,以利润最大化作为财务管理目标存在如下缺陷:①利润最大化是一个绝对指标,没有考虑企业的投入与产出之间的关系;②利润最大化没有考虑利润发生的时间,没有考虑资金时间价值;③利润最大化没能有效地考虑风险问题,这可能会使财务人员不顾风险的大小去追求最大的利润;④利润最大化往往会使企业财务决策行为具有短期化的倾向,即只顾片面地追求利润的增加,不考虑企业长远的发展。

(二)资本利润率最大化或每股利润最大化

资本利润率是利润额与资本额的比率。每股利润也称每股盈余,是利润与普通股股数的对比数。这里,利润额是税后净利润。所有者或股东是企业的出资者或投资者,他们投资的目标是为了取得资本收益,表现为税后净利润(可以用来分配的利润)与出资或股份数(普通股)的对比关系。其优点是把企业实现的利润额同投入的资本或股本数进行对比,能够说明企业的盈利率,可以在不同资本规模的企业之间进行比较,揭示其盈利水平的差异。但该指标仍然不能避免上述利润最大化的②、③、④点缺陷。

(三)企业价值最大化

投资者建立企业的重要目的,在于创造尽可能多的财富。这种财富可表现为企业的利润,但首先还是表现为企业的价值。通俗地说,企业价值是指企业本身值多少钱。企业虽不是一般意义上的商品,但也可以被买卖。而要买卖就必须对企业进行市场评价,通过市场评价来确定企业的市场价值或者企业价值。在对企业进行评价时,看重的不是企业已经获得的利润水平,而是企业潜在的获利能力。因此,企业价值不是账面资产的总价值,而是企业全部财产的市场价值,即企业有形资产和无形资产价值的市场评价,反映了企业潜在或预期的获利能力。投资者在评价企业价值时,是以投资者预期投资时间为起点的，并将未来收入按预期投资时间的同一口径进行折现，未来收入的多少也必须按可能实现的概率进行计算。可见，这种计算方法显然考虑了资金的时间价值和风险问题。企业所得的收益越多，实现收益的时间越近，应得的报酬越是确定，则企业的价值或股东财富越大。这一目标还充分体现了对企业资产保值增值的要求，有利于制约企业追求短期利益。企业资产的保值增值是企业兴旺发达的基本物质条件，是增强企业后劲、使企业在竞争中长盛不衰的物质基础。

但企业价值最大化是一个抽象的目标，在运用时，也存在一些必须注意的问题：

(1)对于上市企业，虽可通过股票价格的变动揭示企业价值，但是股价是受多种因素影响的结果，特别是即期市场上的股价不一定能直接揭示企业的获利能力，只有从长期趋势来看才能做到这一点。另外，由于不少现代企业采用环形持股的方式，相互持股，其目的就是为了控股或稳定购销关系，因此法人股东对股票市价的敏感程度远不及个人股东，从而对股价最大化目标没有足够的兴趣。

(2)对于非上市企业，只有对企业进行专门的评价才能真正确定其价值。而在评价企业的资产时，由于受评估标准和评估方式的影响，这种估价不容易做到客观和准确，这也会导致企业价值确定的困难。尽管如此，基于企业价值最大化最能体现企业管理的目标，更能揭示市场认可的企业价值，而且它也考虑了资金的时间价值和风险价值，所以在西方国家通常被认为是一个较为合理的财务管理目标。我国推行市场经济后，这一目标也成了或正在成为我国企业较为合理的财务管理目标。

四、具体财务管理目标

财务管理的具体目标取决于财务管理的具体内容。据此，财务管理的具体目标可以概括为以下几个方面：

(一)不同财务活动的财务目标

1. 企业筹资管理目标

任何企业为了保证生产的正常进行和扩大再生产的需要，都必须有一定数量的资金。企业的资金可以从多种渠道、用多种方式来筹集。不同来源的资金，其可使用时间的长短、附加条款的限制、资本成本的大小以及资金的风险等都不相同。因此，企业筹资的目标就是：在满足生产经营需要的情况下，以较低的筹资成本、较小的筹资风险，获取同样多的资金或较多的资金。

2. 企业投资管理目标

投资就是企业资金的投放和使用，包括对企业自身和对外投资两个方面。企业无论对自身和对外投资都是为了获取利润，取得投资收益。但企业在进行投资的同时，也必然会遇到投资可能成功或失败，投资可能收回也可能收不回，投资既可能赚较多的钱,也可能赚较少的钱的情况,亦即投资会产生投资风险。因此,企业投资的目标就是:以较低的投资风险与较少的资金投放和使用,获取同样多或较多的投资收益。

3. 企业利润分配管理目标

分配就是将企业取得的收入和利润在企业与相关利益体之间进行分割。这种分割不仅涉及各利益主体的经济利益,而且涉及企业的现金流出量,从而影响企业财务的稳定性和安全性;同时,由于这种分割涉及各利益主体经济利益的多少,因此,不同的分配方案也会影响企业的价值。具体而言,企业当期分配给投资者的利润较高,会提高企业的即期市场评价,但由于利润大部分被分配,企业或者即期现金不够,或者缺乏发展或积累资金,从而就会影响企业未来的市场价值。从以上分析可以看出,利润分配管理的目标是:企业合理确定利润的留分比例以及分配形式,以提高企业的潜在收益能力,从而提高企业总价值。

(二)不同发展阶段的财务目标

1. 企业初创阶段的财务目标

当企业处于初创阶段时,所面临的最大风险是市场,包括商品市场、金融市场、人力资源市场和技术市场等,而其中最为关键的是商品市场。企业只有生产出为市场所需要的产品,才能在市场站稳脚跟。因此,配合生产部门,加强生产管理和协作,确定投资方向,并筹措必要的资金就是这一阶段的财务目标。这一阶段主要强调降低风险,稳定收益。

2. 企业发展阶段的财务目标

当企业步入发展阶段后,市场占有率持续上升,企业为了不断扩大市场份额,必然要不断地增加投资,以获取最大的收益。因此,这一阶段主要强调多投资、高收益。

3. 企业成熟阶段的财务目标

当企业所生产的产品在市场上已经饱和,且企业的市场份额已经趋于稳定时,企业为了延长成熟期,必然要加强企业内部管理、加速资金周转,因而降低成本、减少资金占用就成为这一阶段的财务目标。这一阶段主要强调低成本,少资金占用,相应降低投资风险。

4. 企业进入衰退期的财务目标

当企业进入衰退期、新的替代品出现时,为了不被淘汰,其经营者必然要寻找新的经济增长点,如进行新市场的开发、资本结构的调整等,此时的财务目标就是优化资本结构,实行战略转移。因此,资本经营往往成为这一阶段财务管理的重点。这一阶段主要强调通过优化资本结构来优化资产结构,降低经营风险,谋求更多的收益。

五、财务管理目标上的矛盾与协调

企业财务管理的目标是企业价值或股东财富最大化。围绕这一目标，财务活动所涉及的不同利益主体并不能在思想上完全一致，而需要采取措施进行协调。

(一)所有者与经营者的矛盾与协调

企业价值或股东财富最大化体现的是企业所有者的利益，它与企业经营者并不存在直接的利益关系。相反，对企业经营者来说，他所得到的利益正是所有者要放弃的利益，在西方将此称为经营者的“享受成本”。从某种程度上讲，这就形成了所有者与经营者之间的矛盾。这种矛盾在实际工作中表现为：经营者希望在提高企业价值的同时，增加享受成本，而所有者则希望以较小的享受成本带来极大的企业价值的提高；经营者可能故意采取使股票市价下跌的措施，使所有者受损而自己得利。为了解决所有者与经营者在实现财务管理目标上的矛盾，通常是采取让经营者的报酬与经营业绩相联系的措施，并配合一定的监督措施。

1. 解聘

所有者发现经营者未能达到其财务管理目标，就会解聘经营者，从而使经营者为避免惨遭解聘而被迫地按所有者的意图进行工作，不再过多地考虑自身的利益。

2. 接收

如果经营者经营不力，没有让企业价值在市场上有良好体现，该企业就会被其他企业强行接收或吞并，经营者也就会随之失去原有的位置。因此，经营者为了避免企业被接收，就得努力采取积极性措施提高股票的市价。这也体现了利用市场来约束经营者行为的思路。

3. 激励

激励就是将经营者的报酬与其经营业绩挂钩，使经营者自觉地采取提高企业价值的措施。一般可采取两种形式：

(1)“股票选择权”形式，即允许经营者以固定的价格购买一定数量的本公司股票，当股票市价高于其购买时的固定价格时，经营者所得的报酬就多。这样就能激励经营者主动采取与所有者意志相一致的经营行为。

(2)“绩效股”形式，即利用相关的财务指标来评估经营者的业绩，并视其业绩大小给予经营者数量不等的股票作为报酬。如经考核评估，其经营业绩未能达到规定目标时，经营者就会丧失部分或全部原先持有的“绩效股”。这种激励办法既可以调动经营者为获取“绩效股”而采取有效行动的积极性，也可以促使经营者为实现每股市价最大化的目标而尽职尽责。

(二)所有者与债权人的矛盾与协调

所有者的企业价值最大化目标也有可能与债权人可望实现的目标发生矛

盾。例如，所有者可能不经债权人同意，指使经营者将投资用于比债权人预期风险高的项目。这样，高风险的投资项目一旦成功，额外利润就会被所有者独享；如果投资失败，债权人却要与所有者共同承担由此而造成的损失。再比如，所有者未征求债权人同意，要求经营者发行新债券或举借新债，致使旧债券或老债因偿债风险增加而价值下降。此时，如果企业破产，旧债权人就要与新债权人共同分配公司破产后的价值。所有者与债权人的上述矛盾主要由债权人来协调，其具体方式有：①限制性借款，即对借款的用途、担保条款、信用条款进行限制，使所有者不能剥夺债权人的债权价值；②收回借款，即债权人发现公司有侵蚀其债权价值的意图时，果断采取收回债权的措施。

（三）企业的社会责任

企业的社会责任包括法定责任和理性责任。企业的社会责任又与财务管理目标密切相关。

1. 法定责任

所谓法定责任，是指国家法律、法规、制度所确定的企业必须履行的社会责任。综观世界各国，对于企业必须履行的社会责任，大都通过制定法律来要求企业承担，如各项税法、环境保护法、反暴利法、保护消费者权益法等。企业的法定责任具有三个基本特征：

（1）明确性，即明确企业应承担哪些社会责任，并对容易引起误解的相关内容作出准确的解释。

（2）强制性，即强制企业承担社会责任，并以相应的法律、法规条文作为强制的依据，有关执法部门有权依法强制执行。

（3）严肃性，即对企业履行法定责任的情况进行严肃认真的检查和监督，对不履行者或违反者予以追究。

2. 理性责任

人类社会的延续和发展需要社会各界履行必要的社会责任，而这些社会责任不可能完全以法律、法规来加以规范。这时，就需要人们以社会道德准则来规范自身的行为。例如：许多企业勇于承担非法定的社会责任，如接收下岗职工就业，接收残疾人就业，安排军人家属就业等；当某地发生自然灾害时，不少企业也能纷纷向受灾地区伸出援助之手。另外，企业界还为我国贫困地区的经济发展和教育事业出钱出物。从某种意义上讲，企业的埋性责任意识往往标志着国家的文明程度，无疑值得大力提倡。

3. 财务管理目标与社会责任的关系

财务管理目标与社会责任的关系应建立在双方协调和统一的原则上。一般情况下，财务管理目标的实现与社会责任的履行是基本一致的。这是因为：

（1）为了使企业价值最大化，企业必须生产出适销对路的产品，而适销对路的产品既能满足社会需求，也能体现企业价值。

(2)为了使企业价值最大化,企业必须发展和应用高新技术,提高生产力水平,从而带动社会进步。

(3)为了使企业价值最大化,企业就要挖掘潜力,增加利润,为国家提供越来越多的税收收入,以壮大国家的财政实力。

但是,企业财务管理目标的实现并不总是与社会责任的履行保持一致,有时也会因承担社会责任而使企业即期利润减少而损伤股东利益,如为了防止环境污染,企业就要付出治理污染和防止环境遭到破坏的代价。另外,社会责任中的理性责任也很难公平合理地在企业之间进行分配。所有这些都可能使企业与社会发生矛盾,而这些矛盾需要通过商业道德的约束、政府部门的行政监督,以及社会公众的舆论监督予以协调和解决。

第三节　财务管理环节

财务管理环节是指财务管理的工作步骤与一般程序。一般说来,企业财务管理包括以下几个环节:

一、财务预测

财务预测是根据财务活动的历史资料,考虑现实的要求和条件,对企业未来的财务活动和财务成果作出科学的预计和测算。财务预测环节的主要任务是:测算各个生产经营方案的经济效益,为决策提供可靠的依据;预计财务收支的发展变化情况,以确定经营目标;测定各项定额和标准,为编制计划、分解计划指标服务。具体来说,财务预测主要包括以下几个步骤:

(一)明确预测目标

财务预测的目标亦即财务预测的对象和目的。预测目标不同,则预测资料的搜集、预测模型的建立、预测方法的选择以及预测结果的表现方式等也有所不同。为了达到预期的效果,必须根据管理决策的需要,明确预测的具体对象和目的,如降低成本、增加利润、加速资金周转等,从而规定预测的范围。

(二)搜集相关资料

根据预测的目的,要广泛搜集与预测目标相关的各种信息资料,包括内部和外部资料、财务和生产技术资料、计划和统计资料等。对所搜集的资料除进行可靠性、完整性和典型性的检查外,还必须进行归类、汇总、调整等加工处理,使资料符合预测的需要。

(三)建立预测模型

根据影响预测对象的各个因素之间的相互联系,建立相应的财务预测模型。常见的财务预测模型包括因果关系预测模型、时间序列预测模型、回归分析预测模型等。

（四）实施财务预测

将经过加工整理的资料代入财务预测模型，选取适当的预测方法，进行定性、定量分析，确定预测结果。

二、财务决策

财务决策是指财务人员在财务目标的总体要求下，采用专门的方法从各种备选方案中遴选出最佳方案。在市场经济条件下，财务管理的核心是财务决策，决策关系到企业的兴衰成败，而财务预测正是为财务决策服务的。财务决策过程主要包括以下步骤：

（一）确定决策目标

由于各种不同的决策目标所需的决策分析资料不同，所采取的决策依据也不相同，因此只有明确决策目标，才能有针对性地做好各个阶段的决策分析工作。

（二）提出备选方案

根据决策目标，运用一定的预测方法，对所搜集的资料进行进一步的加工、整理，提出实现目标的各种可供选择的方案。

（三）选择最优方案

备选方案提出后，根据决策目标，通过一定的方法，分析、评价各种方案的经济效益，进行综合权衡，从中选择出最优方案。

三、财务预算

财务预算就是运用科学的技术手段和方法，对目标进行综合平衡，制定主要的计划指标，拟定增产节约措施。财务预算是以财务决策确立的方案和财务预测提供的信息为基础编制的，是财务预测和财务决策的具体化，是控制财务活动的依据。

四、财务控制

财务控制就是在财务管理的过程中，利用有关信息和特定手段，对企业财务活动施加影响或进行调节，以便实现预算指标，提高经济效益。实行财务控制是落实预算任务、保证预算实现的有效措施。一般而言，财务控制要经过以下步骤：

（一）制定控制标准，分解落实责任

按照责权利相结合的原则，将预算任务以标准和指标的形式分解落实到车间、科室、班组乃至个人。这样，企业内部各个单位、每位职工都有明确的工作要求，便于落实责任，检查考核。

（二）实施追踪控制，及时调整误差

在日常财务活动中，应采取各种手段对资金的收付、费用的支出、物资的占用等实施事先控制。凡是符合标准的，就予以支持，并给予机动权限；凡是不符合标准的，则加以限制，并进行处理。

在预算执行过程中还应对结果与目标的差异及时进行调整，以使预算得以顺利执行。在执行过程中，要详细记录预算的执行情况，将实际数与预算数或其他标准数进行对比，考察可能出现的变动趋势，确定差异的程度和性质，明确造成差异的责任归属，随时调节掌握进度，以消除差异，顺利实现预算指标。

（三）分析执行差异，进行考核奖惩

企业在一定时期终了时，应对各责任单位的预算执行情况进行分析、评价，考核各项财务指标的执行结果，把财务指标的考核纳入各级岗位责任制，运用激励机制，实行奖优罚劣。

五、财务分析

财务分析是根据核算资料，运用特定方法，对企业财务活动过程及其结果进行分析和评价的一项工作。通过财务分析，可以掌握各项财务计划的完成情况，评价企业财务状况，研究和掌握企业财务活动的规律性，提高企业管理水平和经济效益。一般而言，财务分析包括以下步骤：

（一）占有资料，掌握信息

开展财务分析首先应充分占有相关资料和信息。财务分析所用的资料通常包括财务预算等计划资料、本期财务报表等实际资料、财务历史资料以及市场调查资料。

（二）指标对比，揭露矛盾

对比分析是揭露矛盾、发现问题的基本方法。财务分析要在充分占有资料的基础上，通过数量指标的对比来评价企业业绩，发现问题，找出差异。

（三）分析原因，明确责任

影响企业财务活动的因素，有生产技术方面的，也有生产组织方面的；有经济管理方面的，也有思想政治工作方面的；有企业内部的，也有企业外部的。这就要求财务人员运用一定的方法从各种因素的相互作用中找出影响财务指标的主要因素，以便分清责任，抓住关键。

（四）提出措施，改进工作

财务分析要在掌握大量资料的基础上，去粗取精，去伪存真，由此及彼，由表及里，找出各种财务活动之间以及财务活动同其他经济活动之间的本质联系，然后提出改进措施。措施应当明确具体，切实可行，并通过改进措施的落实，推动企业财务管理的发展。

第四节　财务管理环境

财务管理环境又称理财环境，是指对企业财务活动和财务管理产生影响的企业内外部的各种条件。按照环境—战略的对应关系，环境分析的作用在于明确特定环境下的战略地位。通过环境分析，找出环境要素对财务管理的影响规律，从而进行财务决策，制定财务战略。财务管理环境包括以下方面：

一、经济结构环境

经济结构主要指产业结构和生产力的区域分布结构或地区经济结构。经济结构环境对财务管理的影响表现在两个方面：一是企业所处的产业或地区一定程度上影响甚至决定了财务管理的性质；二是产业结构的调整和地区生产力布局的变动也要求财务管理作出相应调整。

就企业所处产业或地区对财务管理的影响而言，主要表现在：

（1）不同产业所要求的资金规模或投资规模不同。一般而言，第一、第二产业所需资金规模大，第三产业所需资金规模较小，即使同一个产业内部的不同行业所需资金规模也是不相同的，如流通批发业与零售业所需资金规模就是不相同的。

（2）不同产业所要求的资本结构不同。第一、第二产业的资本结构偏重于长期资金，第三产业的资本结构偏重于短期资金。相应，在企业筹资时，前者以长期筹资为主，后者以短期筹资为主。

（3）对不同的产业，国家有不同的产业政策，这些政策最终都会引起企业现金流入、流出量或现金净流量的变化，如税收增减、补贴都会引起现金净流量的变动。

就产业结构调整和地区生产力布局的变动对财务管理的影响而言，主要表现在：

（1）产业结构调整和生产力布局的变动意味着国家产业政策和地区发展政策的变动，企业如不做出及时反应，甚或死守、收缩产业，必然会遇到资金筹措困难，且享受不到国家给予的优惠政策。

（2）在市场经济条件下，产业结构调整和地区经济结构变动是通过竞争和资本转移自然实现的，企业要跟上这种调整和变化，必然需要进行资产重组和资本转移，由此才可能获得超额利润；若跟不上这种调整和变化，虽然不会遇到资产重组和资本转移问题，但有可能失去获取高额利润的机会。

（3）产业结构调整和地区生产力布局的变化，意味着企业投资方向要发生变化，从而决定了企业的投资方向及其对现行投资的调整。

二、财税环境

财税环境实际上是指财政政策和税收政策的变动对企业财务管理的影响和制约。

从财政政策方面来说，它会对企业财务管理形成以下影响：

(1)国家采取紧缩的财政政策时，会使企业纯收入留归企业的部分减少，企业现金流出增加，这样必然加深企业资金紧缺程度。与此相应，企业应控制投资规模，增收节支，积极寻求新的资金来源渠道，以适当增加利润留存比例。

(2)国家采取扩张的财政政策时，会使企业纯收入留归企业的部分增加，企业现金流入增加，这样必然使企业资金出现盈余。与此相应，企业应积极寻求新的投资领域，扩大投资规模，减少对外筹资数量，适当增加派现比例。

从税收政策方面来说，它会对企业财务管理形成以下影响：

(1)由于对不同组织形式的企业，国家采用不同的税收政策，因此对投资者来说，采取不同的组织形式，其经营要受税收制度的不同影响。如股份制企业股东的收益要双重征税，而独资或合伙企业只对业主个人计征所得税，对企业不征所得税。所以，选择适当的组织形式是投资者进行投资时需要考虑的因素之一。

(2)对企业筹资决策的影响。企业筹集资金有不同的渠道，具体来说有两种：一是权益式筹资，如通过发行股票筹集资金；二是负债式筹资，如通过发行债券获取所需资金。税收制度对这两种筹资所发生的筹资成本采取不同的处理方法：对后者，其利息费用一般可以在所得税前支付；而对前者，则其股息只能作为税后利润支付。因此，从税收对筹资成本的影响来看，企业必须在负债筹资和权益筹资之间作出权衡，以获取尽可能低成本的资金。

(3)对企业投资决策的影响。当企业有剩余资金时，要考虑如何将这部分资金进行投资以获取更大利益。企业可以购买别的企业的股票以获取股息收益，也可以将资金借给其他资金需求者获取利息收入。由于税收制度规定企业获取的其他企业以股息形式分配的税后利润在计算本企业应纳税所得额时，可予以调整，而企业购买国债获取的利息收入则不计入应纳税所得额，因此，企业在作投资决策时应对这些税收政策有所考虑。

(4)税收制度中对流转环节的规定会使企业纳税地点发生变化，从而影响企业资金流转，这对企业的采购、生产、销售决策都将产生影响。

三、金融环境

企业总是需要资金来从事投资和经营活动。而资金的取得，除了自有资金外，主要从金融机构和金融市场取得。金融环境的变化必然影响企业的筹资、投资和资金运营活动。所以，金融环境是企业最为重要的环境因素。

（一）金融机构

社会资金从资金供应者手中转移到资金需求者手中，大多要通过金融机构。金融机构主要包括：

1. 银行

银行是指经营存款、放款、汇兑、储蓄等金融业务，承担信用中介的金融机构。银行的主要职能是充当信用中介和企业之间的支付中介，提供信用工具，作为投资手段和国民经济的宏观调控手段。我国银行主要包括：①中央银行，即中国人民银行；②国家专业银行，如中国工商银行、中国农业银行、中国银行和中国建设银行；③国家政策性银行，如中国进出口银行、国家开发银行；④其他银行，如交通银行、中信银行、广东发展银行、招商银行、光大银行等。

2. 非银行金融机构

非银行金融机构主要包括信托投资公司、租赁公司等。信托投资公司主要办理信托存款和信托投资业务，在国外发行债券和股票，办理国际租赁等，如中国国际信托投资公司。租赁公司则介于金融机构与企业之间，它先筹集资金购买各种租赁物，然后出租给企业。租赁公司的经营租赁等于向企业提供短期资金，而融资租赁则是向企业提供中长期资金。

（二）金融市场

金融市场是指资金供应者和资金需求者双方通过信用工具进行交易而融通资金的市场，从广义上讲，就是实现货币借贷和资金融通、办理各种票据和进行有价证券交易活动的市场。金融市场的种类很多，可以用表1－1表示。

表1－1　　　　金融市场分类

- 金融市场
  - 外汇市场
  - 资金市场
    - 货币市场
      - 短期证券市场
      - 短期借贷市场
    - 资本市场
      - 长期证券市场
        - 一级市场
        - 二级市场
      - 长期借贷市场
  - 黄金市场

需要强调的是：

（1）金融市场是以资金为交易对象的市场。在金融市场上，资金被当做一种“特殊商品”来交易。

（2）金融市场可以是有形的市场，也可以是无形的市场。前者有固定的场所和工作设备，如银行、证券交易所；后者利用电脑、电传、电话等设施通过经纪人进行资金商品交易活动，而且可以跨越城市、地区和国界。

金融市场对于商品经济的运行，具有充当金融中介、调节资金余缺的功能。从总体上看，建立金融市场，有利于广泛地积聚社会资金，有利于促进地区间的资金协作,有利于开展资金融通方面的竞争,提高资金使用效益,有利于国家控制信贷规模和调节货币流通。从企业财务管理角度来看,金融市场作为资金融通的场所,是企业向社会筹集资金的必不可少的渠道。财务管理人员必须熟悉金融市场的各种类型和管理规则,有效地利用金融市场来筹措资金和进行资本投资等活动。

(三)利息率

利息率简称利率,是资金的增值额同投入资金价值的比率,是衡量资金增值程度的数量指标。从资金的借贷关系看,利率是一定时期运用资金这一资源的交易价格。资金作为一种特殊商品,以利率作为价格标准,其融通实质上是资源通过利率这个价格标准实行再分配。因此,利率在资金分配及企业财务决策中起着重要作用。

利率可按照不同的标准进行分类:

1. 按利率之间的变动关系,分为基准利率和套算利率

(1)基准利率,又称基本利率,是指在多种利率并存的条件下起决定作用的利率。所谓起决定作用的意思是说,这种利率变动,其他利率也相应变动。因此,了解基准利率的变化趋势,就可了解全部利率的变化趋势。基准利率在西方通常是中央银行的再贴现率,在我国是中国人民银行对商业银行贷款的利率。

(2)套算利率,是指在基准利率确定后,各金融机构根据基准利率和借贷款项的特点而换算出的利率。例如,某金融机构规定,贷款AAA级、AA级、A级企业的利率,应分别在基准利率基础上加0.5%、1%、1.5%,加总计算所得的利率便是套算利率。

2. 按债权人取得报酬的情况,分为实际利率和名义利率

(1)实际利率,是指在物价不变从而货币购买力不变的情况下的利率,或者是在物价有变化时,扣除通货膨胀补偿后的利率。

(2)名义利率,是指对通货膨胀补偿后的利率。

以上两者之间的关系是:

$$名义利率 = 实际利率 + 预计通货膨胀率$$

3. 按利率与市场资金供求情况的关系,分为固定利率和浮动利率

(1)固定利率,是指在借贷期内固定不变的利率。受通货膨胀的影响,实行固定利率会使债权人利益受到损害。

(2)浮动利率,是指在借贷期内可以调整的利率。在通货膨胀条件下采用浮动利率,可使债权人减少损失。

4. 按利率变动与市场的关系,分为市场利率和法定利率

(1)市场利率,是指根据资金市场上的供求关系,随着市场而自由变动的利率。

(2)法定利率,是指由政府金融管理部门或者中央银行确定的利率。

正如任何商品的价格均由供应和需求两方面来决定一样,资金这种特殊商品的价格——利率,也主要是由供给与需求来决定的。但除这两个因素外,经济周期、通货膨胀、国家货币政策和财政政策、国际经济政治关系、国家利率管制程度等,对利率的变动均有不同程度的影响。因此,资金的利率通常由三部分组成:①纯利率;②通货膨胀补偿(或称通货膨胀贴水);③风险报酬。其中风险报酬又分为违约风险报酬、流动性风险报酬和期限风险报酬三种。利率的一般计算公式可表示如下:

利率=纯利率+通货膨胀补偿率+违约风险报酬率+

流动性风险报酬率+期限风险报酬率

纯利率是指没有风险和通货膨胀情况下的均衡点利率;通货膨胀补偿率是指由于持续的通货膨胀会不断降低货币的实际购买力,为补偿其购买力损失而要求提高的利率;违约风险报酬率是指借款人无法按时支付利息或偿还本金会给债权人带来风险,债权人为了弥补这些风险而要求提高的利率;流动性风险报酬率是指由于金融资产的流动性不好会给投资人带来风险,为补偿这种风险而提高的利率;期限风险报酬率是指对于一项负债,到期日越长,债权人面临的不确定因素就越多,所承担的风险也越大,为弥补这种风险而要求提高的利率。

第五节 财务管理原则

财务管理原则,也称理财原则,是指人们对财务活动的共同的、理性的认识。它是联系理论与实务的纽带。财务管理理论是从科学角度对财务管理进行研究的成果,通常包括假设、概念、原理和原则等。财务管理实务是指人们在财务管理工作中使用的原则、程序和方法。理财原则是财务管理理论和实务的结合部分。

对于如何概括理财原则,人们的认识不完全相同。当前,管理学科中最具有代表性的理财原则有:

一、自利行为原则

自利行为原则是指人们在进行决策时按照自己的财务利益行事,在其他条件相同的情况下人们会选择对自己经济利益最大的行动。

自利行为原则的依据是理性的经济人假设。该假设认为,人们对每一项交易都会衡量其代价和利益,并且会选择对自己最有利的方案来行动。自利行为原则假设企业决策人对企业目标具有合理的认识程度,并且对如何达到目标具有合理的理解。在这种假设情况下,企业会采取对自己最有利的行动。自利行为原则并不认为钱是任何人生活中最重要的东西，或者说钱可以代表一切。商业交易的目的是获利，在进行商业交易时人们总是为了自身的利益作出选择，否则他们就不必进行商业交易。自利行为原则也并不认为钱以外的东西都是不重要的，而是说在“其他条件都相同时”，因此，所有交易者都会选择自己能获取最大经济利益的行动。

二、双方交易原则

双方交易原则是指每一项交易至少存在两方，在一方根据自己的经济利益决策时，另一方也会按照自己的经济利益决策，并且对方和你一样聪明、勤奋和富有创造力，因此，你在决策时要正确预见对方的反应。

双方交易原则建立的依据是商业交易至少有两方、交易是“零和博弈”，以及各方都是自利的。每一项交易都有一个买方和一个卖方，这是不争的事实。无论是买方市场还是卖方市场，在已经成为事实的交易中，买进的资产和卖出的资产总是一样多。例如，在证券市场上你卖出 1 股就一定有人买入 1 股。既然买入的总量与卖出的总量永远一样多，那么一个人的获利只能以另一个人的付出为基础。一个高的价格使购买人受损而卖方受益，一个低的价格使购买人受益而卖方受损，一方得到的与另一方失去的一样多。从总体上看双方收益之和等于零，故称为“零和博弈”。在“零和博弈”中，双方都按自利行为原则行事，谁都想获利而不想吃亏。那么，为什么还会成交呢？这与事实上人们的信息不对称有关。买卖双方由于信息不对称，因而对金融证券产生不同的预期。不同的预期导致高估股票价值的人买进，低估股票价值的人卖出，直到市场价格达到他们一致的预期时交易停止。如果对方不认为对自己有利，他就不会和你交易。因此，在决策时不仅要考虑自利行为原则，还要使对方有利，否则交易就无法实现，除非对方不自利或者很愚蠢，不知道自己的利益是什么。不过，这样估计商业对手无疑是不明智的。

三、信号传递原则

信号传递原则，是指行动可以传递信息，并且比公司的声明更有说服力。

信号传递原则是自利行为原则的延伸。由于人们或公司是遵循自利行为原则的，所以一项资产的买进暗示着该资产“物有所值”，买进的行为提供了有关决策者对未来的预期或计划的信息。例如，一个公司决定进入一个新领域，反映出管理者对自己公司的实力以及新领域的未来前景充满信心。

信号传递原则要求根据公司的行为判断它未来的收益状况。例如，一个经常用配股的办法找股东要钱的公司，很可能自身产生现金的能力较差；一个大量购买国库券的公司，很可能缺少好的投资机会；内部持股人出售股份，常常是公司盈利能力恶化的重要信号。有时候行动比语言更具说服力。这就是通常所说的“不但要听其言,更要观其行”。

四、净增效益原则

净增效益原则是指财务决策建立在净增效益的基础上,一项决策的价值取决于它和替代方案相比所增加的净收益。

一项决策的优劣,是与其他可替代方案(包括维持现状而不采取行动)相比较而言的。如果一个方案的净收益大于替代方案,我们就认为它是一个比替代方案好的决策,其价值是增加的净收益。在财务决策中,净收益通常用现金流量计量。一个方案的净收益是指该方案现金流入减去现金流出的差额,也称为现金流量净额。一个方案的现金流入是指该方案引起的现金流入量的增加额;一个方案的现金流出是指该方案引起的现金流出量的增加额。方案引起的增加额,是指这些现金流量依存于特定方案,如果不采纳该方案就不会产生这些现金流入和流出。

五、风险—报酬权衡原则

风险—报酬权衡原则是指风险和报酬之间存在一个对等关系,投资人必须对报酬和风险作出权衡,为追求较高报酬而承担较大风险,或者为减少风险而接受较低的报酬。所谓对等关系,是指高收益的投资机会必然伴随着高风险,风险小的投资机会必然也只有较低的收益。

在财务交易中,当其他一切条件相同时人们倾向于高报酬和低风险。如果两个投资机会除了报酬不同以外,其他条件(包括风险)都相同,人们会选择报酬较高的投资机会,这是自利行为原则所决定的。如果两个投资机会除了风险不同以外,其他条件(包括报酬)都相同,人们会选择风险小的投资机会,这是风险反感决定的。所谓风险反感,是指人们普遍对风险有反感,认为风险是不利的事情。肯定的1元钱,其经济价值要大于不肯定的1元钱。

如果人们都倾向于高报酬和低风险,而且都在按照自己的经济利益行事,那么竞争结果就产生了风险和报酬之间的权衡。你不可能在低风险的同时获取高报酬,因为这是每个人都想得到的。即使你最先发现了这样的机会并率先行动,别人也会迅速跟进,竞争会使报酬率降至与风险相当的水平。因此,现实的市场中只有高风险同时高报酬、低风险同时低报酬的投资机会。

如果你想拥有一个获得巨大收益的机会,你就必须冒可能遭受巨大损失的风险,每一个市场参与者都在他的风险和报酬之间作权衡。有的人偏好高风险、高报酬,有的人偏好低风险、低报酬,但是每个人都要求风险与报酬对等,不会去冒没有价值的风险。

六、资本市场有效原则

资本市场是指证券买卖市场。资本市场有效原则,是指在资本市场上频繁交易的金融资产的市场价格反映了所有可获得的信息，而且面对新信息完全能迅速作出调整。

资本市场有效原则要求理财时慎重使用金融工具。如果资本市场是有效的，购买或出售金融工具的交易的净现值就为零（价值与价格相等）。公司作为从资本市场上取得资金的一方，很难通过筹资获取正的净现值（增加股东财富）。公司的生产经营性投资带来的竞争，是在少数公司之间展开的，竞争不充分。一个公司，因为它有专利权、专有技术、良好的商誉、较大的市场份额等相对优势，可以在某些直接投资中取得正的净现值。资本市场与商品市场不同，其竞争程度高、交易规模大、交易费用低、资产具有同质性，使得其有效性比商品市场要高得多。所有需要资本的公司都在寻找资本成本低的资金来源，大家都平起平坐。机会均等的竞争，使财务交易基本上是公平交易。在资本市场上，只获得与投资风险相称的报酬，也就是与资本成本相同的报酬，很难增加股东财富。

七、货币时间价值原则

货币时间价值原则，是指在进行财务计量时要考虑货币时间价值因素。货币的时间价值是指货币在经过一定时间的投资和再投资所增加的价值。

货币时间价值原则的首要应用是现值概念。由于现在的 1 元货币比将来的 1 元货币经济价值大，不同时间的货币价值不能直接加减运算，需要进行折算。通常，要把不同时间的货币价值折算到“现在”时点，然后进行运算或比较。把不同时点的货币折算为“现在”时点的过程，称为“折现”。折现使用的百分率称为“折现率”，折现后的价值称为“现值”。在财务估价中，广泛使用现值计量资产的价值。

货币时间价值的另一个重要应用是“早收晚付”观念。对于不附带利息的货币收支，与其晚收不如早收，与其早付不如晚付。货币在自己手上，可以立即用于消费而不必等待将来消费，可以投资获利而无损于原来的价值，可以用于预料不到的支付。因此，早收、晚付在经济上是有利的。

复习思考题

1. 什么是财务、财务活动和财务关系？

2. 什么是财务管理？财务管理包括哪些内容？财务管理具有哪些特点？

3. 关于财务管理的目标有哪些提法？为什么说企业价值最大化观点最符合现代财务管理的实际？

4. 不同利益主体在现代财务管理目标上存在哪些矛盾？如何进行协调？

5. 企业的社会责任如何进行分类？如何处理财务管理目标与社会责任的

关系？

6. 财务管理环境如何划分更贴近实际？具体包括哪些内容？

7. 企业财务管理环境能否改变？为什么？

8. 什么是自利行为原则？“自利”与“自私”有何不同？

9. 净增效益原则的内涵是什么？

10. 如果资本市场有效，投资者在资本市场上买卖金融资产会出现怎样的结果？

第二章
资金时间价值与风险分析

第一节　资金时间价值

一、资金时间价值的概念

资金时间价值，是指一定量的资金在不同时点上的价值量的差额。众所周知，在商品经济条件下，即使不存在通货膨胀，等量资金在不同时点上的价值量也不相等。也就是说，今天的 1 元钱和将来的 1 元钱不等值，前者要比后者的经济价值大。比如，银行现行存款年利率为 10%，将 1 元钱存入银行，一年以后就是 1.10 元。可见，经过一年时间，这 1 元钱发生了 0.1 元的增值，今天的 1 元钱和一年后的 1.10 元钱等值。资金在使用过程中随时间的推移而发生的增值，即为资金的时间价值。

对资金存在时间价值这一客观现象，西方经济学家有种种解释。“节欲论”认为，资金时间价值是资本所有者不将资本用于生活消耗所得的报酬。“时间利息论”认为，资金时间价值产生于人们对现有货币的评价高于对未来货币的评价，是价值时差的贴水。“流动偏好论”则认为资金时间价值是放弃流动偏好的报酬。从以上观点不难看出，西方经济学家心目中的资金时间价值是资金所有者推迟现时的消费而要求得到的按推迟时间长短计算的报酬。显然，这种解释不全面也不确切，因为它没有揭示资金时间价值的实质和真正来源。如果说推迟消费便能得到报酬，那么资金所有者就是将钱闲置不用或埋入地下也能实现资金增值，这显然是不可能的。

马克思的劳动价值论认为，一切价值都是劳动创造的，忍欲、等待、对货币资金主观评价，以及货币资金本身，都不会使资金增大价值。资金之所以具有时间价值，根源于其在再生产过程中的运动和转化，它是生产的产物，是劳动的产物。资金的时间价值是资金在周转使用中产生的，是资金所有者让渡资金使用权而参与社会财富分配的一种形式。

通常情况下,资金的时间价值被认为是没有风险和没有通货膨胀条件下的社会平均资金利润率,这是利润平均化规律作用的结果。有关资金时间价值的计算方法同有关利息的计算方法相同,因而资金时间价值与利率容易被混为一谈。实际上,财务管理活动总是或多或少地存在着风险,而通货膨胀也是市场经济中客观存在的经济现象。因此,利率不仅包含资金时间价值,而且也包含风险价值和通货膨胀的因素。只有在购买国库券等政府债券时才可以说是几乎没有风险的,如果通货膨胀率很低的话,政府债券利率可视同资金的时间价值。

资金的时间价值是一个客观存在的经济范畴,是财务管理中必须考虑的重要因素。我国企业过去曾长期忽视资金时间价值理论的运用,这给经济工作带来许多危害,使资金使用效率低下。比如,国有资金无偿使用;企业争投资、争设备,导致许多固定资产闲置,材料物资大量积压,流动资金占用过多;不少项目建设工期长,资金回收慢,投资效果差。改革开放以来,我国社会主义市场经济得到广泛发展,逐步建立了各种资金市场,包括建立以国家银行为主的各种形式的金融机构,以银行信用为主,实行商业信用、国家信用和消费信用等多种信用方式,运用债券、股票、本票、商业票据等多种信用工具,货币借贷关系普遍存在。商品经济的高度发展和借贷关系的普遍存在正是资金时间价值产生的前提和基础。企业不仅要有资金时间价值的概念,而且要有充分运用它的意识。把资金时间价值引入财务管理,在资金筹集、运用和分配等各方面考虑这一因素,是提高财务管理水平,做好筹资、投资、分配决策的有力保证。

二、一次性收付款项的终值与现值

在某一特定时点上一次性支付(或收取),经过一段时间后再相应地一次性收取(或支付)的款项,即为一次性收付款项。这种性质的款项在日常生活中十分常见。比如存入银行现金 100 元,年利率为复利 10%,经过 3 年后一次性取出本利和 133.10 元,这里所涉及的收付款项就属于一次性收付款项。

终值又称将来值,是现在一定量的现金在未来某一时点上的价值,俗称本利和。在上文中,3 年后的本利和 133.10 元即为终值。

现值又称本金,是指未来某一时点上的一定量的现金折合为现在的价值。如上文中 3 年后的 133.10 元折合为现在的价值为 100 元,这 100 元即为现值。

终值与现值的计算涉及利息计算方式的选择。目前有两种利息计算方式,即单利和复利。单利方式下,每期都按初始本金计算利息,当期利息不计入下期本金,计算基础不变;复利方式下,以当期末本利和为计息基础计算下期利息,即利上加利。现代财务管理中一般用复利方式计算终值与现值,因此也有人称一次性收付款的现值和终值为复利现值和复利终值。

(一)单利的终值和现值

为便于同后面介绍的复利计算方式相比较,加深对复利的理解,这里先介

绍单利的有关计算方法。为计算方便,先设定如下符号:

I——利息

P——现值

F——终值

i——每一利息期的利率(折现率)

n——计算利息的期数

按照单利的计算法则,利息的计算公式为:

$$I = P \cdot i \cdot n$$

【例2.1】某人持有一张带息票据,面额为2 000元,票面利率5%,出票日期为8月12日,到期日为11月10日(90天),则该持有者到期可得利息:

$$I = 2\ 000 \times 5\% \times 90/360 = 25(元)$$

除非特别指明,在计算利息时,给出的利率均为年利率,对于不足一年的利息,以一年等于360天来折算。

单利终值的计算可依照如下公式:

$$F = P + P \cdot i \cdot n = P(1 + i \cdot n)$$

【例2.2】设P为100元,i为10%,n为3,则单利方式下各期终值为:

$$F_1 = 100 \times (1 + 10\%) = 110(元)$$

$$F_2 = 100 \times (1 + 2 \times 10\%) = 120(元)$$

$$F_3 = 100 \times (1 + 3 \times 10\%) = 130(元)$$

可以看出,第一期的利息为10元,到第二期,利息是10元的2倍,即20元。也就是说,第二期的利息仍按原始本金100元计算,而不按第一期的本利和110元计算。

单利现值的计算同单利终值的计算是互逆的,由终值计算现值称为折现。将单利终值计算公式变形,即得单利现值的计算公式:

$$P = F/(1 + i \cdot n)$$

【例2.3】某人希望在5年后取得本利和1 000元,用以支付一笔款项,则在利率为5%,单利方式计算条件下,此人现在需存入银行多少钱?

$$P = 1\ 000/(1 + 5 \times 5\%) = 800(元)$$

(二)复利的终值和现值

1. 复利的终值(已知现值P,求终值F)

资金时间价值通常是按复利计算的。复利不同于单利,它是指在一定期间(如一年)按一定利率将本金所生利息加入本金再计利息,即“利上滚利”。也就是说,它既涉及本金上的利息,也涉及利上所生的利息。

复利终值是指一定量的本金按复利计算若干期后的本利和。

【例2.4】某人将20 000元存放于银行,年存款利率为6%,则经过一年时间的本利和为:

$$F = P + P \cdot i$$
$$= P \cdot (1+i)$$
$$= 20\ 000 \times (1+6\%)$$
$$= 21\ 200(元)$$

如此人并不提走现金,将21 200元继续存在银行,则第二年本利和为:

$$F = [P \cdot (1+i)] \cdot (1+i)$$
$$= P \cdot (1+i)^2$$
$$= 20\ 000 \times (1+6\%)^2$$
$$= 22\ 472(元)$$

同理,第三年的本利和为:

$$F = [P \cdot (1+i)^2] \cdot (1+i)$$
$$= P \cdot (1+i)^3$$
$$= 20\ 000 \times (1+6\%)^3$$
$$= 23\ 820(元)$$

第n年的本利和为:

$$F = P \cdot (1+i)^n$$

式中,$(1+i)$通常称为"一次性收付款项终值系数",简称"复利终值系数",用符号$(F/P,i,n)$表示。如本例$(F/P,6\%,3)$表示利率为6%、3期复利终值的系数。复利终值系数可以通过查阅"复利终值系数表"(见附表1)直接获得。

"复利终值系数表"的第一行是利率i,第一列是计息期数n、相应的$(1+i)^n$,在其纵横相交处。通过该表可查出$(F/P,6\%,3)=1.194$,即在资金时间价值为6%的情况下,现在的1元和3年后的1.191元在经济上是等效的。根据这个系数可以把现值换算成终值。

2. 复利的现值(已知终值F,求现值P)

复利现值是复利终值的逆运算。它是指今后某一特定时间收到或付出的一笔款项,按折现率(i)所计算的现在时点价值。其计算公式为:

$$P = F \cdot (1+i)^{-n}$$

式中,$(1+i)^{-n}$通常称为"一次性收付款项现值系数",记作$(P/F,i,n)$,可以直接查阅"复利现值系数表"(见附表2)。上式也可写作:$P=F(P/F,i,n)$。

【例2.5】某投资项目预计6年后可获得收益800万元,按年利率(折现率)12%计算,问这笔收益的现在价值是多少?

$$P = F \cdot (1+i)^{-n} = F \cdot (P/F,i,n)$$
$$= 800 \times (1+12\%)^{-6} = 800 \times (P/F,12\%,6)$$

$=800\times0.5066=405.28$(万元)

三、普通年金的终值与现值

上面介绍了一次性收付款项,除此之外,在现实经济生活中,还存在一定时期内多次收付的款项,即系列收付款项。如果每次收付的金额相等,则这样的系列收付款项便称为年金。简言之,年金是指一定时期内每次等额收付的系列款项,通常记作 A。

年金的形式多种多样,如保险费、折旧、租金、等额分期收款、等额分期付款以及零存整取或整存零取储蓄等等,都存在年金问题。

年金按其每次收付发生的时点不同,可分为普通年金、即付年金、递延年金、永续年金等。

(一)普通年金终值的计算(已知年金 A,求年金终值 F)

普通年金是指一定时期内每期期末等额收付的系列款项,又称后付年金。

年金终值犹如零存整取的本利和,它是一定时期内每期期末收付款项的复利终值之和。其计算方法如图 2-1 所示。

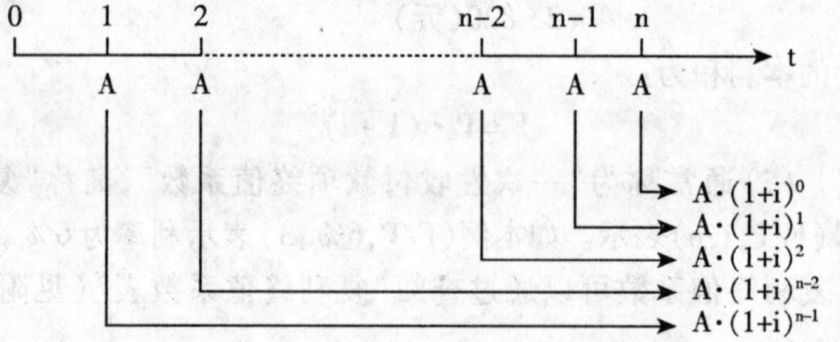

图 2-1　普通年金终值计算示意图

由图 2-1 可知,年金终值的计算公式为:

$$F=A\cdot(1+i)^0+A\cdot(1+i)^1+A\cdot(1+i)^0+\cdots\cdots$$
$$+A\cdot(1+i)^{n-2}+A\cdot(1+i)^{n-1}\qquad(1)$$

将式(1)两边同时乘上(1+i)得:

$$F\cdot(1+i)=A\cdot(1+i)^1+A\cdot(1+i)^2+A\cdot(1+i)^3+\cdots\cdots$$
$$+A\cdot(1+i)^{n-1}+A\cdot(1+i)^n\qquad(2)$$

将式(2)减去式(1)得:

$$F\cdot i=A\cdot(1+i)^n-A$$
$$F\cdot i=A\cdot[(1+i)^n-1]$$
$$F=A\cdot\left[\frac{(1+i)^n-1}{i}\right]$$

式中,方括号中的数值通常称作"年金终值系数",记作(F/A,i,n),可直接查阅"年金终值系数表"(见附表 3)。上式也可写作:F=A·(F/A,i,n)。

【例 2.6】假设某项目在 5 年建设期内每年年末向银行借款 100 万元，借款年利率为 10%，问该项目竣工时应付本息的总额是多少？

$$F=100\times\left[\frac{(1+10\%)^5-1}{10\%}\right]=100\times(F/A,10\%,5)$$

$$=100\times6.1051=610.51(\text{万元})$$

（二）年偿债基金的计算（已知年金终值 F，求年金 A）

偿债基金是指为了在约定的未来某一时点清偿某笔债务或积聚一定数额的资金而必须分次等额提取的存款准备金。由于每次提取的等额准备金类似年金存款，因而同样可以获得按复利计算的利息，故债务实际上等于年金终值，每年提取的偿债基金等于年金 A。也就是说，偿债基金的计算实际上是年金终值的逆运算。其计算公式为：

$$A=F\cdot\left[\frac{i}{(1+i)^n-1}\right]$$

式中，方括号中的数值称作“偿债基金系数”，记作（A/F，i，n），可通过年金终值系数的倒数推算出来。上式也可写作：A = F·（A/F，i，n），或 A = F·［1/（F/A，i，n）］。

【例 2.7】假设某企业有一笔 4 年后到期的借款，数额为 1 000 万元，为此设置偿债基金，年复利率为 10%，到期一次还清借款，问每年年末应存入的金额是多少？

$$A=1\,000\times\left[\frac{10\%}{(1+10\%)^4-1}\right]=1\,000\times0.2154$$

$$=215.4(\text{万元})$$

$$=215.4(\text{万元})$$

或 $$A=1\,000\times[1/(F/A,10\%,4)]$$

$$=1\,000\times[1/4.6410]$$

$$=215.4(\text{万元})$$

（三）普通年金现值的计算（已知年金 A，求年金现值 P）

年金现值是指一定时期内每期期末收付款项的复利现值之和。其计算方法如图 2-2 所示。

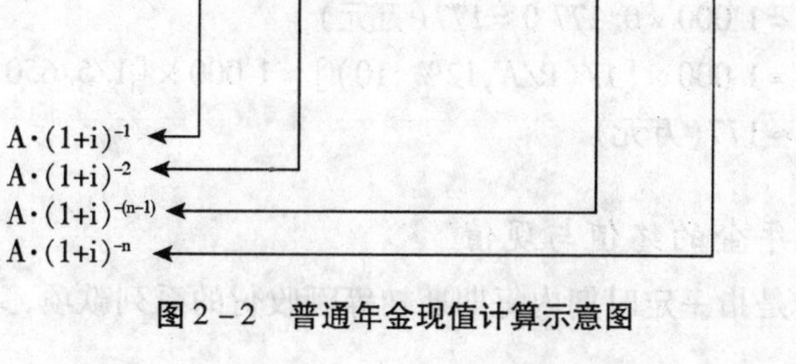

图 2-2　普通年金现值计算示意图

由图2-2可知，年金现值的计算公式为：

$$P=A\cdot(1+i)^{-1}+A\cdot(1+i)^{-2}+\cdots\cdots+A\cdot(1+i)^{-(n-1)}+A\cdot(1+i)^{-n} \quad (3)$$

将式(3)两边同乘(1+i)得：

$$P\cdot(1+i)=A+A\cdot(1+i)^{-1}+\cdots\cdots+A\cdot(1+i)^{-(n-2)}+A\cdot(1+i)^{-(n-1)} \quad (4)$$

将式(4)减去式(3)得：

$$P\cdot i=A-A\cdot(1+i)^{-n}$$

$$P\cdot i=A-A\cdot[1-(1+i)^{-n}]$$

$$P=A\cdot[\frac{1-(1+i)^{-n}}{i}]$$

式中，方括号内的数值称作“年金现值系数”，记作(P/A,i,n)，可直接查阅“年金现值系数表”(见附表4)。上式也可以写作：P=A·(P/A,i,n)。

【例2.8】假设某企业租入某设备，每年年末需要交付租金120元，年复利率为10%，问5年内应支付的租金总额的现值是多少？

$$P=120\times[\frac{1-(1+10\%)^{-5}}{10\%}]\approx120\times(P/A,10\%,5)$$

$$=120\times3.790\,8\approx455(\text{元})$$

(四)年资本回收额的计算(已知年金现值P，求年金A)

资本回收是指在给定的年限内等额回收或清偿初始投入的资本或所欠的债务。其中未收回部分要按复利计息构成偿债的内容。年资本回收额是年金现值的逆运算。其计算公式为：

$$A=P\cdot[\frac{i}{1-(1+i)^{-n}}]$$

式中，方括号内的数值称作“资本回收系数”，记作(A/P,i,n)，可利用年金现值系数的倒数求得。上式也可写作：A=P·(A/P,i,n)，或A=P·[1/(P/A,i,n)]。

【例2.9】假设某企业现在借得1 000万元的贷款，在10年内以年利率12%等额偿还，每年应付的金额是多少？

$$A=1\,000\times[\frac{12\%}{1-(1+12\%)^{-10}}]$$

$$=1\,000\times0.177\,0=177(\text{万元})$$

或 $$A=1\,000\times[1/(P/A,12\%,10)]=1\,000\times[1/5.650\,2]$$

$$\approx177(\text{万元})$$

四、即付年金的终值与现值

即付年金是指一定时期内每期期初等额收付的系列款项，又称先付年金。

即付年金与普通年金的区别仅在于付款时间的不同。

（一）即付年金终值的计算

即付年金的终值是其最后一期期末时的本利和，是各期收付款项的复利终值之和。

n 期即付年金终值与 n 期普通年金终值之间的关系可以用图 2－3 加以说明。

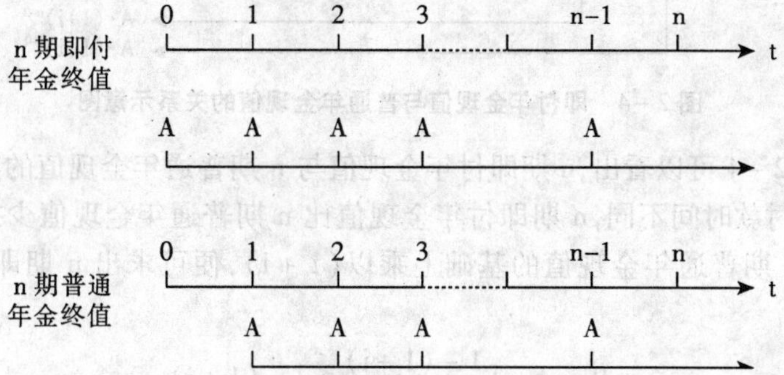

图 2－3　即付年金终值与普通年金终值的关系示意图

从图 2－3 可以看出，n 期即付年金与 n 期普通年金的付款次数相同，但由于其付款时间不同，n 期即付年金终值比 n 期普通年金终值多计算一期利息。因此，在 n 期普通年金终值的基础上乘上(1＋i)就是 n 期即付年金的终值。

$$F = A \cdot \left[\frac{(1+I)^n - 1}{i}\right] \cdot (1+i)$$

$$= A \cdot \left[\frac{(1+i)^{n+1} - (1+i)}{i}\right]$$

$$F = A \cdot \left[\frac{(1+I)^{n+1} - 1}{i} - 1\right]$$

式中，方括号内的数值称作“即付年金终值系数”，它是在普通年金终值系数的基础上，期数加 1、系数减 1 所得的结果，通常记作[(F/A,i,n＋1)－1]。这样，通过查阅“年金终值系数表”得(n＋1)期的值，然后减去 1 便可得对应的即付年金系数的值。这时可用如下公式计算即付年金的终值：

$$F = A \cdot [(F/A, i, n+1) - 1]$$

【例 2.10】某公司决定连续 5 年于每年年初存入 100 万元作为住房基金，银行存款利率为 10%，该公司在第五年末能一次取出本利和多少？

$$F = A \cdot [(F/A, i, n+1) - 1]$$

$$= 100 \times [(F/A, 10\%, 6) - 1]$$

$$= 100 \times (7.715\,6 - 11) \approx 672（万元）$$

（二）即付年金现值的计算

n 期即付年金现值与 n 期普通年金现值之间的关系，可用图 2－4 加以说明。

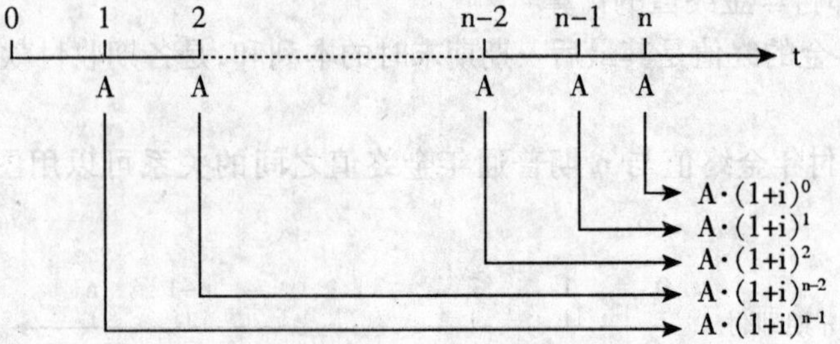

图2-4　即付年金现值与普通年金现值的关系示意图

从图2-4可以看出,n期即付年金现值与n期普通年金现值的期限相同,但由于其付款时间不同,n期即付年金现值比n期普通年金现值少折现一期。因此,在n期普通年金现值的基础上乘以(1+i),便可求出n期即付年金的现值。

$$P = A \cdot \left[\frac{1-(1+i)^{-n}}{i}\right] \cdot (1+i)$$

$$= A \cdot \left[\frac{(1+i)-(1+i)^{-(n-1)}}{i}\right]$$

$$P = A \cdot \left[\frac{1-(1+i)^{-n-1)}}{i}+1\right]$$

式中,方括号内的数值称作"即付年金现值系数",它是在普通年金系数的基础上,期数减1、系数加1所得的结果,通常记作[(P/A,i,n-1)+1]。这样,通过查阅"年金现值系数表"得(n-1)期的值,然后加1,便可得出对应的即付年金现值系数的值。这时可用如下公式计算即付年金的现值:

$$P = A \cdot [(P/A,i,n-1)+1]$$

五、递延年金和永续年金的现值

(一)递延年金现值的计算

递延年金是指第一次收付款发生时间不在第一期末,而是隔若干期后才开始发生的系列等额收付款项。它是普通年金的特殊形式,凡不是从第一期开始发生的普通年金都是递延年金。递延年金的现值是自若干时期后开始发生的每期款项的现值之和。其计算公式为:

$$P = A \cdot \left[\frac{1-(1+i)^{-(m+n)}}{i} - \frac{1-(1+i)^{-m}}{i}\right]$$

$$= A \cdot [(P/A,i,m+n)-(P/A,i,m)] \quad (5)$$

或

$$P = A \cdot \left[\frac{1-(1+i)^{-n}}{i}\right] \cdot (1+i)^{-m}$$

$$= A \cdot (P/A,i,n) \cdot (P/F,i,m) \quad (6)$$

式(5)是先计算出 m+n 期的普通年金现值,然后减去前 m 期的普通年金现值,即得递延年金的现值;式(6)是先将此递延年金视为 n 期普通年金,求出在第 m+1 期期初的现值,然后再折算到第一期期初。

【例 2.11】某人拟在年初存入一笔资金,以便能在第六年年末起每年取出 1 000元,至第十年末取完。在银行存款利率为 10% 的情况下,此人应在最初一次存入银行多少钱?

$$P = A \cdot [(P/A, 10\%, 10) - (P/A, 10\%, 5)]$$
$$= 1\,000 \times (6.144\,6 - 3.790\,8) \approx 2\,354(\text{元})$$

或

$$P = A \cdot (P/A, 10\%, 5)(P/F, 10\%, 5)$$
$$= 1\,000 \times 3.790\,8 \times 0.620\,9 \approx 2\,354(\text{元})$$

(二)永续年金现值的计算

永续年金是指无限期等额收(付)的特种年金,可视为普通年金的特殊形式,即期限趋于无穷的普通年金。存本取息可视为永续年金的例子。此外,也可将利率较高、持续期限较长的年金视同永续年金计算。

由于永续年金持续期无限,没有终止的时间,因此没有终值,只有现值。通过普通年金现值计算可推导出永续年金现值的计算公式:

$$P = A/i$$

【例 2.12】某人持有的某公司优先股,每年每股股利为 2 元,若此人想长期持有,在利率为 10% 的情况下,请对该只股票投资进行估价。

这是一个求永续年金现值的问题,即假设该优先股每年股利固定且持续较长时期,计算出这些股利的现值之和,即为该股票的估价。

$$P = A/i = 2/10\% = 20(\text{元})$$

六、资金时间价值计算的应用

(一)折现率(利息率)的推算

对于一次性收付款项,根据其复利终值(或现值)的计算公式可得折现率的计算公式为:

$$i = (F/P)^{1/n} - 1$$

若已知 F、P、n,不用查表便可直接计算出一次性收付款项的折现率(利息率)i。

永续年金折现率(利息率)i 的计算也很方便。若 P、A 已知,则根据公式 $P = A/i$,变形即得 i 的计算公式为:

$$i = A/P$$

普通年金折现率(利息率)的推算比较复杂,无法直接套用公式,而必须利用有关的系数表,有时还会牵涉到内插法的运用。下面着重对此加以介绍。

普通年金终值 F、现值 P 的计算公式分别为:

$$F = A \cdot (F/A, i, n) \tag{7}$$

$$P = A \cdot (P/A, i, n) \tag{8}$$

将式(7)、式(8)变形得相应的式(9)、(10)：

$$F/A = (F/A, i, n) \tag{9}$$

$$P/A = (P/A, i, n) \tag{10}$$

从式(9)、式(10)可看出，两式右边分别为普通年金终值系数和普通年金现值系数。若F、A、n已知，则可利用式(9)，查普通年金终值系数表，找出系数值为F/A相对应的i即可；若P、A、n已知，则可利用式(10)，查普通年金现值系数表，找出系数值为P相对应的i即可。若找不到完全对应的i，则可运用内插法求得。

可见，利用式(9)或式(10)求i的基本原理和步骤是一致的。现以式(10)为例，即已知P、A、n，说明求i的基本方法。

若P、A、n已知，则可按以下步骤推算i：

(1)计算出P/A的值，假设$P/A = \alpha$。

(2)查普通年金现值系数表，沿着已知n所在的行横向查找，若恰好能找到某一系数值等于α，则该系数值所在的行相对应的利率即为所求的i值。

(3)若无法找到恰好等于α的系数值，就应在表中n行上找与α最接近的两个左右临界系数值，设为β_1、β_2($\beta_1 > \alpha > \beta_2$，或$\beta_1 < \alpha < \beta_2$)，读出$\beta_1$、$\beta_2$所对应的临界利率，然后进一步运用内插法。

(4)在内插法下，假定利率i同相关的系数在较小范围内线性相关，因而可根据临界系数β_1、β_2和临界利率i_1、i_2计算出i。其公式为：

$$i = i_1 + \frac{\beta_1 - \alpha}{\beta_1 - \beta_2} \cdot (i_2 - i_1)$$

【例2.13】某公司于第一年年初借款20 000元，每年年末还本付息额均为4 000元，连续9年还清。问借款利率为多少？

根据题意，已知$P = 20\ 000$，$A = 4\ 000$，$n = 9$，则：

$$P/A = 20\ 000/4\ 000 = 5 = \alpha$$

即　$\alpha = 5 = (P/A, i, 9)$

查$n = 9$的普通年金现值系数表。在$n = 9$一行上无法找到恰好为α($\alpha = 5$)的系数值，于是就找大于和小于5的临界系数值，分别为$\beta_1 = 5.328\ 2 > 5$，$\beta_2 = 4.916\ 4 < 5$；同时读出临界利率为$i = 12\%$，$i = 14\%$，则：

$$\begin{aligned} i &= i_1 + \frac{\beta_1 - \alpha}{\beta_1 - \beta_2} \cdot (i_2 - i_1) \\ &= 12\% + \left[\frac{5.328\ 2 - 5}{5.328\ 2 - 4.916\ 4}\right] \times (14\% - 12\%) \\ &= 13.59\% \end{aligned}$$

按照上述方法，若利用式(9)，则计算出F/A的值，设为α，然后查普通年金终值系数表求i。

对于一次性收付款项，若应用查表法求 i，可先计算出 F/P 的值，设其为 α，然后查复利终值系数表；或先计算出 P/F 的值，设其为 α，然后查复利现值系数表。对于即付年金利率 i 的推算，同样可遵照上述方法，先求 F/A 的值，令 α = F/A + 1，然后沿(n + 1)所在的行横向在普通年金终值系数表中查找。若恰好找到等于 α，则该系数值所在行所对应的利率即为要求的 i，否则便查找临界系数值和对应的临界利率，应用内插法求出利率 i。

（二）期间的推算

期间 n 的推算，其原理和步骤与折现率（利息率）i 的推算是一样的。

现以普通年金为例，说明在 P、A 和 i 已知情况下，推算期间 n 的基本步骤。

(1) 计算出 P/A，设为 α。

(2) 查普通年金现值系数表，沿着已知 i 所在列纵向查找，若能找到恰好等于 α 的系数值，其对应的 n 值即为所求的期间值。

(3) 若找不到恰好为 α 的系数值，则查找最为接近 α 值的左右临界系数 β_1、β_2 以及对应的临界期间 n_1、n_2，然后应用内插法求 n。其计算公式为：

$$n = n_1 + \frac{\beta_1 - \alpha}{\beta_1 - \beta_2} \cdot (n_2 - n_1)$$

【例 2.14】某企业拟购买一台柴油机，以更新目前正在使用的汽油机。柴油机价格较汽油机高出 2 000 元，但每年可节约燃料费用 500 元。若利率为 10%，则柴油机至少应使用多少年对企业而言才有利可图？

依题意，已知 P = 2 000，A = 500，i = 10%，则：

$$P/A = 2\,000/500 = 4 = \alpha$$

即

$$(P/A, 10\%, n) = \alpha = 4$$

查普通年金现值系数表，在 i = 10% 的列上纵向查找，无法找到恰好为 α (α = 4) 的系数值，于是查找大于和小于 4 的临界系数值 $\beta_1 = 4.355\,3 > 4$，$\beta_2 = 3.790\,8 < 4$，对应的临界期间为 $n_1 = 6$，$n_2 = 5$，则：

$$\begin{aligned} n &= n_1 + \frac{\beta_1 - \alpha}{\beta_1 - \beta_2} \cdot (n_2 - n_1) \\ &= 6 + \left[\frac{4.355\,3 - 4}{4.355\,3 - 3.790\,8}\right] \times (5 - 6) \\ &= 5.4 (年) \end{aligned}$$

（三）名义利率与实际利率的换算

上面讨论的有关计算均假定利率为年利率，每年复利一次。但实际上，复利的计息不一定是一年，有可能是季度、月份或日。比如某些债券半年计息一次，有的抵押贷款每月计息一次，银行之间拆借资金均为每天计息一次。当每年复利次数超过一次时，这样的年利率叫做名义利率，而每年只复利一次的利率才是实际利率。

对于一年内多次复利的情况，可采取两种方法计算时间价值：

第一种方法是按如下公式,将名义利率调整为实际利率,然后按实际利率计算时间价值。

$$i=(1+r/m)^{m}-1$$

式中:i——实际利率

r——名义利率

m——每年复利次数

【例 2.15】某企业于年初存入 10 万元,在年利率为 10%、半年复利一次的情况下,到第十年年末,该企业能得本利和为多少?

依题意,P = 10,r = 10%,m = 2,n = 10,则:

$$\begin{aligned} i &= (1+r/m)^{m}-1 \\ &= (1+10\%/2)^{2}-1 \\ &= 10.25\% \end{aligned}$$

$$\begin{aligned} F &= P\cdot(1+i)^{n} \\ &= 10\times(1+10.25\%)^{10} \\ &= 26.53(\text{万元}) \end{aligned}$$

因此,企业于第十年年末可得本利和 26.53 万元。

这种方法的缺点是调整后的实际利率往往带有小数点,不利于查表。

第二种方法是不计算实际利率,而是相应调整有关指标,即利率变为 r/m,期数相应变为 m·n。

【例 2.16】利用上例中的有关数据,用第二种方法计算本利和。

$$\begin{aligned} F &= P(1+r/m)^{m\cdot n} \\ &= 10\times(1+10\%/2)^{2\times10} \\ &= 10\times(F/P,5\%,20) \\ &= 26.53(\text{万元}) \end{aligned}$$

第二节　风险与报酬

一、风险的概念

一般来说,风险是指某一预计行动实施后果所具有的不确定性。从企业的角度看,如果企业的一项行动可产生多种结果,这就说明该项行动有风险;相反,如果这项行动只有一种后果,根本不存在其他的可能性,这就说明该项行动没有风险。例如,企业将一笔现款存入银行,可以事先确知一年后将得到的本利,几乎不存在什么风险。也正因为将现款存入银行无风险性,因此,企业只能得到无风险的报酬。如果企业用该笔现款购买了某家上市公司的股票,则该项投资活动就有了风险性,企业也无法确知一年后该股票的市价是大于购买价还是小于购买价。假如该股票的市价远远大于购买价,企业就可以得到超过将现款存入银行的无风险收益的收益,而超过银行存款利息的那部分超额收益就构成了风险报酬。当然,冒风险并不等于一定会得到风险报酬。人们对风险与报酬之间所存在的匹配性,即风险小则报酬低、风险大则报酬高的认识也只能算作一种期盼,实际上这种期盼本身也具有风险。

风险是事件本身的不确定性,有其客观条件。例如,无论是个人还是企业,投资于国债,其收益的不确定性较小;投资于股票,则收益的不确定性就要大得多。这种风险是一定条件下的风险,投资者在什么时间买哪一只或哪几只股票,以及各买多少,风险是不一样的。如果投资方案确定下来,风险的大小就无法改变了。这说明,特定投资风险的大小是客观的,而投资者是否去冒风险及冒多大风险是可以选择的,也就是由主观决定的。

风险的大小随着时间的延续而变化,因此表现为一定时期内的风险。例如,投资者对一个投资项目的现金流量,事先预计的可能不很准确,但到后期则预计越准确。这说明,随着时间的延续,事件的不确定性在变小,而事件一结束,其结果也就完全肯定了。所以说,风险总是一定时期内的风险。

严格说来,风险与不确定性是有区别的。风险是指事先可以知道所有可能的后果,以及每种后果的概率;不确定性是指事先不知道所有可能的后果,或者虽然知道可能的后果但不知道它们出现的概率。因此,不确定性较之风险具有更强的"模糊性"。例如,在一新区找矿,事先只知道找到和找不到两种结果,并不知道这两种结果的可能程度各占多少比例,故此属不确定问题而非风险问题。但是,在面对实际问题时这两者又很难严格区分。因为风险问题的概率往往不能准确知道,不确定问题在适当的场合也可以估计一个概率,于是形成了实务领域对风险和不确定性的等同对待,即都视为风险问题对待。为了解决风险衡量问题,就需要着手处理概率的测定,而根据可测定概率的确定方式,人们又将概率测定分为两种:一种是客观概率,指根据大量历史的实际数据推算出来的概率;另一种是主观概率,指在没有大量实际资料的情况下,人们根据有限资料和经验合理估计的概率。显然,概率测定的准确程度对风险的衡量影响极大。风险可能给投资者带来超出预期的收益,也可能带来超出预期的损失。由于对投资者而言,意外的损失应是极力避免的,所以人们研究风险时侧重于减少损失,主要从不利的方面来考察风险。因此,从财务的角度看,风险主要指达不到预期收益的可能性。

二、风险的类别

(一)从投资者角度看,风险可分为市场风险和企业风险两类

1. 市场风险

市场风险是指能够影响所有企业的共同性风险,如战争、经济衰退、通货膨

胀、高利率等。这类风险涉及社会所有的行业，因此又称为系统风险或不可分散风险。例如，投资者购买股票，不论其选择哪一只股票，都要承担市场风险，而市场风险的出现，必然使所有的股票投资者受到牵连而无一幸免。

2. 企业风险

企业风险是指发生于个别企业的特有事件造成的风险，如罢工、新产品开发失败、没有争取到重要合同、诉讼失败等。这类事件是随机发生的，投资者可以通过多角化投资来分散，即发生于一家公司的不利事件可以被其他公司的有利事件所抵消。因此，这类风险又称为非系统风险或可分散风险。例如，对股票投资者而言，买几只不同的股票比只买一只股票风险小。

（二）从企业本身看，风险可分为经营风险（商业风险）和财务风险（筹资风险）两类

1. 经营风险

经营风险是企业经营的不确定性所引发的风险，广泛存在于市场经济环境下的所有企业。经营风险主要来自以下几方面：

（1）市场销售。主要是市场需求、市场价格、企业生产能力等方面的不确定性引起的，其中企业之间的市场竞争会加大风险。

（2）经营成本。原材料的供应和价格、机器设备的更新、员工的薪金，都是难以确定的因素，从而导致经营成本风险的产生。

（3）生产技术。由于设备事故、产品质量问题及生产技术的相对优良程度等都无法预见，因而也会形成一定的风险。

（4）其他。外部自然环境、政治环境、经济环境的变化，如自然灾害、社会动乱、通货膨胀等，这些让企业无法左右的因素的变动也会引发风险。

经营风险的存在，使得企业的经营成果变得难以确定。

2. 财务风险

财务风险是企业资金来源中包含借款而形成的风险。由于借款取决于企业的筹资决策，因此也称之为筹资风险。

例如，甲公司是一个只拥有主权资本而不存在借款的企业，企业资产总额为100万元，总资产报酬率为15%，企业当期获利15万元。第二年，企业向银行借入资金100万元，银行规定的借款年利率为10%。

（1）如果企业的当年总资产报酬率仍维持在15%的水平，则企业的财务成果为：

当年利润 $=200\times15\%-100\times10\%=20$（万元）

当年净资产报酬率 $=20\div100\times100\%=20\%$

（2）如果企业的当年总资产报酬率降为10%，则企业的财务成果为：

当年利润 $=200\times10\%-100\times10\%=10$（万元）

当年净资产报酬率 $=10\div100\times100\%=10\%$

(3)如果企业的当年总资产报酬率降为8%,则企业的财务成果为:

当年利润 = 200 × 8% - 100 × 10% = 6(万元)

当年净资产报酬率 = 6 ÷ 100 × 100% = 6%

通过上述三种变动情况的预测分析不难看出,企业举债经营加大了企业风险。当总资产报酬率高于借款利率时,举债经营给企业所有者带来更多的利益;当总资产报酬率等于借款利率时,举债经营对企业所有者而言没有利益也没有损失;当总资产报酬率低于借款利率时,举债经营则造成企业所有者的额外损失。在这里,借款利率是可知的,但资产报酬率却是未知因素,这就是举债经营之所以会形成财务风险的原因。从中我们也可以发现,如果存在财务风险,则会加大企业的经营风险。

三、风险的衡量

现实经济工作中对风险的衡量,采用的是统计方法。

1. 概率

概率是用来表示随机事件后果可能性大小的数值。通常,将必然形成的后果的概率定为1,将不可能形成的后果的概率定为0,而一般随机事件的概率则为0与1之间的某一个数。概率越大就说明形成该种后果的可能性越大;相反,概率越小则说明形成该种后果的可能性越小;而所有可能后果的概率之和为1。如将概率用 P_i 表示,那么 P_i 必须符合下列条件:

(1)$0 \leqslant P_i \leqslant 1$

(2)$\sum_{i=1}^{n} P_i = 1$

2. 概率分布与期望值

将随机事件的各种可能后果按其数值的大小顺序排列,并列出各种后果的相应概率,这种对随机事件的揭示即称为概率分布。

根据某一事件的概率分布,可以计算出预期后果。预期后果又可称为后果期望值,是指某一事件未来的各种可能结果,即以概率为权数计算的加权平均数。其计算公式如下:

$$\overline{E} = \sum_{i=1}^{n} X_i \cdot P_i$$

式中:$\overline{E}$——预期后果

X_i——第 i 种可能后果

P_i——第 i 种可能后果的概率

n——可能后果的个数

【例2.17】M公司有A、B两个投资方案,投资额相同,其投资收益的概率分布见表2-1所示。

表 2-1

经济状况	概率(P_i)	收益额(X_i)	
		A 方案	B 方案
好	$P_1=0.3$	$X_1=2\ 000$	$X_1=3\ 000$
中	$P_2=0.5$	$X_2=1\ 000$	$X_2=1\ 000$
差	$P_3=0.2$	$X_3=500$	$X_3=-1\ 000$

根据表 2-1 的概率分布情况，分别计算 A、B 两个方案的预期收益如下：

A 方案 $\overline{E}=2\ 000\times0.3+1\ 000\times0.5+500\times0.2=1\ 200$(元)

B 方案 $\overline{E}=3\ 000\times0.3+1\ 000\times0.5+(-1\ 000)\times0.2$

$=1\ 200$(元)

在预期收益相同的情况下，投资的风险程度同收益的概率分布有密切的关联。概率分布越集中，实际可能产生的结果就会越接近预期收益，从而揭示出投资的风险相对较小；反之，概率分布越分散，则揭示出投资的风险相对较大。

概率分布有两种类型：一种是不连续的概率分布，即概率分布在几个特定的随机点上，概率分布图也只有几条直线，构成离散型分布；另一种是连续的概率分布，即概率分布在一定区间的连续各点上，概率分布图形成一条曲线。

表 2-1 中假定经济状况只有好、中、差三种，概率个数为 3，因此，根据该表只能绘制不连续的概率分布图，如图 2-5(A 方案)、图 2-6(B 方案)所示。

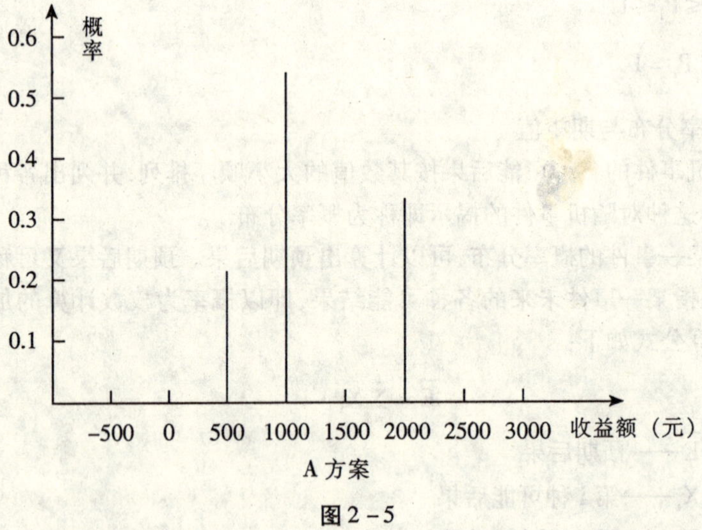

图 2-5

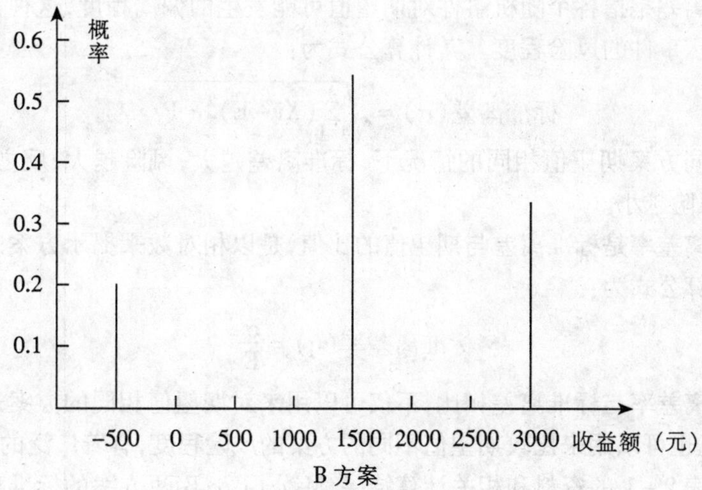

图 2－6

实践中，M 公司 A、B 两个投资方案所表现的三种可能结果并不多见，大量的情况是有无数个可能结果出现。如果对每种结果都赋予一个概率，就形成了连续型的概率分布，并可绘制连续的概率分布图。在此，不妨仍以表 2－1 的数值为基本依据，假设出现可以形成连续型概率分布的大量可能结果，以此绘制出图 2－7。

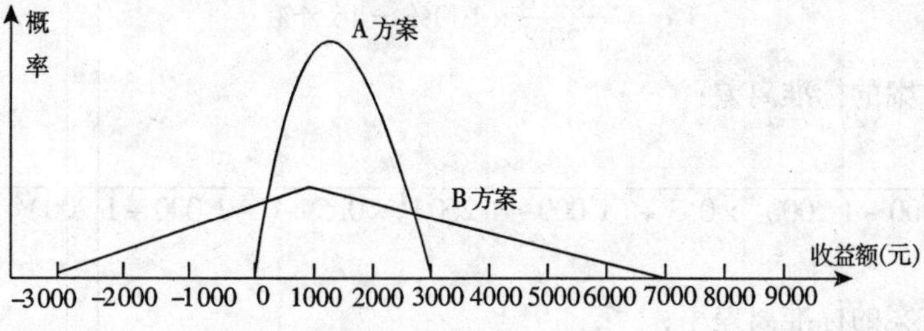

图 2－7

当不连续的概率分布转化为连续的概率分布时，由于经济状况的变化增多，每一种经济状况的概率值自然要下降，从而也就可保证 $\sum_{i=1}^{n} P_i = 1$ 的概率规则。

通过图 2－7 可以深刻领会到，概率分布越集中，概率分布图中的峰度就越高，即各种可能产生的结果越接近于预期结果，风险则小。从图中一目了然，A 方案的风险明显低于 B 方案。

3. 标准离差与标准离差率

不同事件风险程度的大小，可以通过计算其标准离差和标准离差率来进行判断和分析。

标准离差是指各个随机事件对期望值可能发生的偏离程度，这种偏离程度可用于揭示事件的风险程度。其计算公式为：

$$标准离差(\sigma)=\sqrt{\sum_{i=1}^{n}(Xi-\overline{E})^2\cdot P_i}$$

在不同方案期望值相同的情况下，标准离差越大，风险越大；反之，标准离差越小，风险越小。

标准离差率是标准离差与期望值的比值，是以相对数来揭示方案的风险程度。其计算公式为：

$$标准离差率(q)=\frac{\sigma}{E}$$

标准离差率与标准离差相比，不仅可以用来对期望值相同的方案进行风险判断，而且也可以用来比较期望值不同的方案的风险程度，有着广泛的适用性。

根据表 2-1 的资料和相关计算结果，M 公司 A、B 两方案的标准离差和标准离差率的计算过程如下：

A 方案的标准离差：

$$\sigma=\sqrt{(2\,000-1\,200)^2\times0.3+(1\,000-1\,200)^2\times0.5+(500-1\,200)^2\times0.2}=556.78$$

A 方案的标准离差率：

$$q=\frac{556.78}{1\,200}\times100\%=46.4\%$$

B 方案的标准离差：

$$\sigma=\sqrt{(3\,000-1\,200)^2\times0.3+(1\,000-1\,200)^2\times0.5+(-1\,000-1\,200)^2\times0.2}=1\,400$$

B 方案的标准离差率：

$$q=\frac{1\,400}{1\,200}\times100\%=116.67\%$$

从 A、B 两个方案标准离差和标准离差率的计算结果，可以得出结论：A 方案的风险相对较小，B 方案的风险较大。

人们对风险所持的态度不同。不同的人从自身的立场出发，对风险的处理原则也不同，但人们都希望规避不同程度的风险。小心谨慎者希望将标准离差率控制在 10% 甚至 5% 以内；而愿意冒险的人则会提高标准离差率的预期数值。

四、风险和报酬的关系

风险和报酬的基本关系是：风险越大，要求的报酬率越高。如前所述，各投资项目的风险大小是不同的，在期望投资报酬率相同的情况下，人们都会选择风险小的投资。竞争使风险增加，报酬率下降。最终，高风险的项目必须有高报酬，否则就没有人投资；低报酬的项目必须风险亦低，否则也没有人投资。风险和报酬的这种关系，是市场竞争的结果。

企业拿了投资人的钱去做生意，最终投资人要承担风险，因此，期望的报酬率与其风险相对应。风险和期望投资报酬率的关系可以用公式表示如下：

期望投资报酬率 = 无风险报酬率 + 风险报酬率

期望投资报酬率应当包括两部分，如图 2－8 所示：

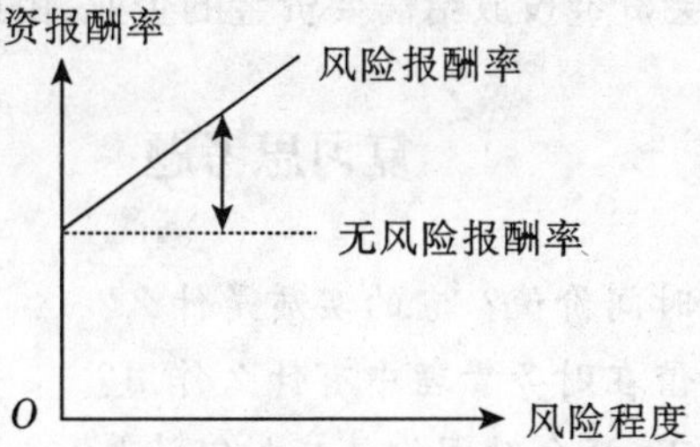

图 2－8

一部分是无风险报酬率，如购买国家发行的公债，到期连本带利收回。这种无风险报酬率，可以吸引公众储蓄，是最低的社会平均报酬率。

另一部分是风险报酬率，它与风险大小有关，风险越大则要求的报酬率越高，是风险的函数。

风险报酬率 = f(风险程度)

假设风险和风险报酬率成正比，则：

风险报酬率 = 风险报酬斜率 × 风险程度

其中，风险程度用标准离差率计量。风险报酬斜率取决于全体投资者对风险的态度，可以通过统计方法来测定。如果大家都愿意冒险，风险报酬斜率就小，风险溢价不大；如果大家都不愿意冒险，风险报酬斜率就大，风险溢价也就较大（见图 2－9）。

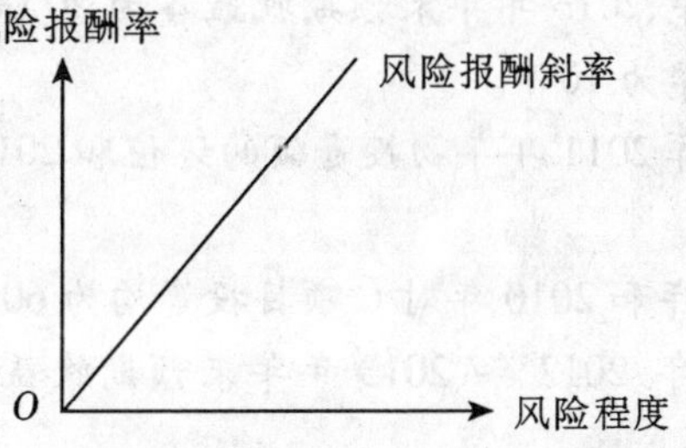

图 2－9

风险控制的主要方法是多元化经营和多元化筹资。

现代企业大多采用多元化经营的方针，主要原因是它能分散风险。多经营几个品种，它们景气程度不同，盈利和亏损可以相互抵消，降低风险。从统计学上可以证明，几种商品的利润率和风险是独立的或是不完全相关的。在这种情况下，企业的总利润率的风险也就能够因多种经营而降低。

企业通过多元化筹资，把投资的风险（也包括报酬）不同程度地分散给它的股东、债权人，甚至供应商、职工和政府。就整个社会来说，风险是肯定存在的，问题只是谁来承担及各承担多少。如果大家都希望风险小，都不肯承担风险，高风险的项目没人做，那么社会发展速度就会趋缓。金融市场之所以能存在，就是因为它吸纳社会资金投放给需要资金的企业，由此来分散风险，分配利润。

复习思考题

1. 什么是资金时间价值？它的实质是什么？
2. 资金时间价值在财务管理中有什么作用？
3. 在复利条件下，资金时间价值应如何计算？
4. 什么是风险？财务管理中的风险主要有哪些？
5. 风险应如何衡量？
6. 什么是风险报酬？

计算分析题

1. 甲公司2009年年初对A项目投资100 000元，该项目于2011年年初完工投产；2011年、2012年、2013年年末预期收益分别为20 000元、30 000元、50 000元；银行存款单利利率为12%。

要求：按单利计算2011年年初投资额的终值和2011年年初各年预期收益的现值之和。

2. 乙公司2007年年初对B项目投资100 000元，该项目于2011年初完工投产；2011年、2012年、2013年年末预期收益各为20 000元、30 000元、50 000元；银行存款复利利率为10%。

要求：按复利计算2011年年初投资额的终值和2011年年初各年预期收益的现值之和。

3. 丙公司2009年和2010年对C项目投资均为60 000元，该项目2011年年初完工投产；2011年、2012年、2013年年末预期收益均为50 000元；银行存款复利利率为8%。

要求：按年金计算2011年年初投资额的终值和2011年年初各年预期收益的现值。

4. 某人现在存入银行一笔现金，计划8年后每年年末从银行提取现金6 000元，连续提取10年。在年利率为7%的情况下，他现在应存入银行多少钱？

5. 某人5年后需用现金40 000元。如果每年年末存款一次，在年利率为6%的情况下，此人每年年末应在银行存入现金多少元？

6. 某人现在存入银行现金20 000元，在银行存款利率为6%的情况下，今后10年内每年年末可提取现金多少元？

7. 某人拟于明年年初借款42 000元，从明年年末开始，每年年末还本付息额均为6 000元，连续10年还清。假设预期最低借款利率为8%，问此人是否能按其计划借到款项？

8. 某公司于今年初存入银行20万元。在年利率为12%、每月复利一次的情况下，到第五年年末，该企业可以取得本利和多少元？

9. 某公司拟购置一种设备，目前有A、B两种可供选择。A设备的价格比B设备高50 000元，但每年可节约维修保养费等费用10 000元。假设A设备的经济寿命为6年，利率为8%，该公司在A、B两种设备中必须择一的情况下，应选择哪一种设备？

10. 某企业集团准备对外投资，现有三家公司可供选择，分别为甲公司、乙公司和丙公司。这三家公司的年预期收益及其概率的资料如下表所示：

市场状况	概率	年预期收益(万元)		
		甲公司	乙公司	丙公司
良好	0.3	40	50	80
一般	0.5	20	20	-20
较差	0.2	5	-5	-30

要求：假设你是该企业集团的稳健型决策者，请依据风险与收益原理作出选择。

第三章 财务分析

第一节 财务分析概述

一、财务分析的概念

财务分析是运用财务报表及其他有关资料，采用专门的方法，系统分析和评价企业过去的和现在的财务状况及经营成果，以便为企业财务决策、计划和控制提供信息支持。

二、财务分析的目的

对外发布的财务报表，是根据使用人的一般要求设计的，并不一定适合特定报表使用人的特定要求。报表使用人要从中选择自己需要的信息，去粗取精，并研究其相互关系，使之符合特定决策的要求。企业财务报表的主要使用人有七种，他们对财务报表分析的目的各不相同。

(1)债权人。首要目的是评估企业的短期及长期偿债能力，因而他们关心的是企业的资本结构、资金的主要来源及用途，据以制定贷款的利率水平、贷款限额、保障条款等。因此，债权人对企业财务报表的分析着重关心的是企业未来的偿债能力，为决定是否出让债权，要评价其价值。

(2)投资人。因对企业的净资产拥有所有权，同时也是企业最终风险的承担者，因而他们更关心企业的当前收益、未来收益及稳定增长趋势，以企业的获利能力为其财务分析的首要目的。为了考查经营者的业绩，还要分析企业资产的盈利水平、破产风险和竞争能力。

(3)经营者。为了进行有效的财务决策而进行财务分析，涉及的内容最广泛，几乎包括外部使用人关心的所有问题。

(4)供应商。通过财务报表分析，尽量多地了解客户的信用状况，以决定是否长期合作及是否改变信用政策。

(5)政府。通过财务分析了解企业纳税情况、遵守政府法规和市场秩序的情况,监督企业对社会责任的履行程度。

(6)雇员和工会。要通过分析判断企业盈利与雇员的收入、保险、福利之间是否相适应。

(7)中介机构(会计师事务所)。注册会计师通过财务分析可以确定审计的重点,他们通过财务分析为各类报表使用人提供专业咨询服务。

三、财务分析的方法

(一)比较分析法

比较分析,即对两个或几个有关的可比数据进行对比,揭示差异和矛盾。比较分析法的作用在于揭露矛盾,评价业绩,提示不足,挖掘潜力。有比较才有鉴别,任何事物的好坏都是相比较而存在的。只有在事物的相互联系中进行比较,才能认识和研究事物的差别。比较是分析的最基本方法,没有比较,分析就无法开始。所以,比较法几乎是任何分析工作中都会用到的方法。

比较分析的具体方法种类繁多,一般而言,有下列几种:

1. 按比较对象分类(和谁比)

(1)与本企业历史比,即不同时期指标相比,也称“趋势分析”;

(2)与同类企业比,即与行业平均数或竞争对手比较,也称“横向比较”;

(3)与计划预算比,即实际执行结果与计划指标比较,也称“差异分析”。

2. 按比较内容分类(比什么)

(1)比较会计要素的总量。总量是指报表项目的总金额,如总资产、净资产、净利润等。总量比较主要用于时间序列分析,如研究利润的逐年变化趋势,看其增长潜力。有时也用于同业对比,看企业的相对规模和竞争地位。

(2)比较结构百分比。就是把损益表、资产负债表、现金流量表转换成结构百分比报表。结构百分比报表用于发现有显著问题的项目,揭示进一步分析的方向。

(3)比较财务比率。财务比率是各会计要素的相互关系,反映其内在联系。财务比率的比较是最重要的方法,它们是相对数,排除了规模的影响,使不同比较对象建立起可比性。

(二)因素分析法

因素分析是依据分析指标和影响因素的关系,从数量上确定各因素对指标的影响程度。企业的活动是一个有机整体,每个指标的高低都受若干个因素的影响。从数量上测定各因素的影响程度,可以衡量各个因素影响程度的大小,有利于查找原因、分清责任,使评价结果更有说服力。

四、财务分析的一般步骤

（一）明确分析目的

前已述及，不同的报表使用者其分析目的不同。因此，在报表分析之前，首先要明确分析的目的。概括起来，报表分析目的主要有：资信能力评价、投资分析、经营决策分析等。

（二）收集并整理有关信息

分析目的确定之后，分析者要根据分析目的的不同要求，制订分析方案，具体安排分析的时间、进度、人员分工及信息的收集整理等事项。

（三）进行具体分析

就是围绕分析目的，对收集的资料进行评价，揭示经营中存在的问题及其形成原因。该阶段是整个财务分析的核心。在进行具体分析时，要合理把握分析方法的选择及运用，视不同的分析对象，采用相应的方法进行全面系统分析并且注意控制分析成本，确保分析顺利进行。

（四）得出分析结论，撰写分析报告

该阶段是整个分析工作的终结，体现了分析的价值及成果，提供的分析报告也将极大地影响报告使用者的决策行为。因此，分析结论要体现科学性和真实性，并有一定的前瞻性。也就是说，分析结论要在占有大量真实可靠信息的基础上，点面结合，综合评判，并结合定性与定量分析方法，以评价分析对象的现状和发展趋势。

分析报告是在分析结论基础上进行加工整理而形成的，在撰写过程中，要做到简明扼要，重点突出，层次清楚，通俗易懂。

第二节　基本财务比率

根据财务报表中的数据，可以计算出很多有意义的比率，这些比率涉及企业经营管理的各个方面。财务比率通常可以分为以下四类：变现能力比率、负债比率、资产管理比率和盈利能力比率。

一、变现能力比率

变现能力是企业产生现金的能力，它取决于可变现的流动资产的多少，用于反映企业的短期偿债能力。变现能力的财务比率主要有流动比率、速动比率。

（一）流动比率

1. 什么是流动比率

流动比率是流动资产除以流动负债的比值。其计算公式为：

$$流动比率=\frac{流动资产}{流动负债}$$

【例3.1】为了便于说明，本节各项财务比率的计算将主要以通达公司为例。该公司的资产负债表、简化损益表如表3-1、表3-2所示。

表3-1　　通达公司资产负债表(2011年12月31日)　　单位：万元

资　产	年初数	期末数	负债及所有者权益	年初数	期末数
流动资产：			流动负债：		
货币资金	620	850	短期借款	110	140
交易性金融资产	200	240	应付票据	310	350
应收票据	45	70	应付账款	230	280
应收账款	90	120	预收账款	50	60
预付账款	56	45	其他应付款	20	30
其他应收款	20	30	未交税费	450	320
存货	360	450	长期待摊费用	50	90
其他流动资产	135	204	流动负债合计	1 220	1 270
流动资产合计	1 526	2 009	长期负债：		
长期股权投资	800	1 200	长期借款	6 000	6 500
固定资产：			应付债券	2 300	2 400
固定资产原价	8 000	12 000	其他长期负债	50	80
减：累计折旧	3 000	4 500	长期负债合计	8 350	8 980
固定资产净值	5 000	7 500	所有者权益：		
减：固定资产减值准备	200	234	实收资本	8 000	8 000
固定资产净额	4 800	7 266	资本公积	400	400
无形资产	6 780	8 900	盈余公积	500	600
其他长期资产	5 200	5 600	未分配利润	636	5 725
			所有者权益合计	9 536	14 725
资产总计	19 106	24 975	负债及所有者权益总计	19 106	24 975

该公司2011年年末的流动资产是2 009万元，流动负债是1 270万元。依上式计算流动比率为：

$$流动比率=\frac{2\ 009}{1\ 270}=1.58$$

流动比率可以反映短期偿债能力。它表明企业每1元流动负债有多少流动资产作为偿付担保，反映企业可用在短期内转变为现金的流动资产偿还到期流动负债的能力。通常情况下，这个比率越高，表示短期偿债能力越强，流动负债获得清偿的机会越大，债权人的安全性也越大。但是，过高的流动比率也并非好现象。过高的流动比率可能是由于企业滞留在流动资产上的资金过多所致，这恰恰反映了企业未能有效地利用资金，从而会影响企业的获利能力。企业能否偿还短期债务，要看有多少债务，以及有多少可变现偿债的流动资产。流动资产越多，短期债务越少，则偿债能力越强。

2. 流动比率分析

根据经验，生产企业合理的最低流动比率为2。计算出来的流动比率，只有和同行业平均流动比率、本企业历史流动比率进行比较，才能知道这个比率是高还是低。一般情况下，营业周期、流动资产中的应收账款数额和存货的周转速度是影响流动比率的关键因素。

表3-2　　通达公司2011年度简化利润表　　单位:万元

项　　目	上年实际	本年累计
一、营业收入	4 337.90	12 660.91
减:营业成本	2 503	2 740
营业税金及附加	280	288
二、营业利润	1 554.90	9 632.91
加:其他业务利润	36	20
减:销售费用	50	70
管理费用	240	246
财务费用	417.5	449
三、营业利润	883.40	8 887.91
加:投资收益	24	40
营业外收入	17	10
减:营业外支出	5	20
四、利润总额	919.40	8 917.91
减:所得税费用	303.40	2 942.91
五、净利润	616	5 975

(二)速动比率

1. 什么是速动比率

速动比率是从流动资产中扣除存货、其他流动资产等部分，再除以流动负债的比值。速动比率的计算公式为：

$$速动比率 = \frac{流动资产 - 存货 - 其他流动资产}{流动负债}$$

【例 3.2】通达公司 2011 年年末的存货为 450 万元、其他流动资产为 204 万元，则其速动比率为：

$$速动比率 = \frac{2\ 009 - 450 - 204}{1\ 270} = 1.07$$

为什么在计算速动比率时要把存货从流动资产中剔除呢？主要是因为：

(1)在流动资产中，存货的变现速度最慢；

(2)由于某种原因，部分存货可能已损失报废还没作处理；

(3)部分存货已抵押给某债权人；

(4)存货估价还存在着成本与合理市价相差悬殊的问题。

综合上述原因，把存货从流动资产总额中扣除计算的速动比率，更能够客观地反映企业的短期偿债能力。

2. 速动比率分析

根据经验，正常的速动比率为 1，低于 1 的速动比率被认为是短期偿债能力偏低。这仅是一般的看法，因为行业不同，速动比率会有很大差别，没有统一标准的速动比率。

影响速动比率可信性的重要因素是应收账款的变现能力。账面上的应收账款不一定都能变成现金，实际坏账可能比计提的准备要多；季节性的变化，可能使报表的应收账款数额不能反映平均水平。这些情况，外部使用人不易了解，但财务人员却有可能作出估计。

由于各行业之间存在差别，在计算速动比率时，除扣除存货以外，还可以从流动资产中去掉其他一些可能与当前现金无关的项目（如待摊费用等），以计算更进一步的变现能力，如采用保守速动比率（或称为超速动比率）。其计算公式如下：

$$保守速动比率 = \frac{现金 + 短期证券 + 应收账款净额}{流动负债}$$

将通达公司的有关数据代入：

$$保守速动比率 = \frac{850 + 240 + 120}{1\ 270} = 0.95$$

（三）影响变现能力的其他因素

上述变现能力指标，都是从财务资料中取得的。还有一些财务报表资料中没有反映出来的因素，也会影响企业的短期偿债能力。财务报表的使用者多了解些这方面的信息，有利于作出正确的判断。

1. 增强变现能力的因素

企业流动资产的实际变现能力，可能比财务报表项目反映的变现能力要好一些，主要有以下几个因素：

(1)可动用的银行贷款指标;

(2)准备很快变现的长期资产;

(3)偿债能力的声誉。

2. 减弱变现能力的因素

减弱企业流动资产变现能力的因素,未在财务报表中反映的主要有:

(1)未作记录的或有负债;

(2)担保责任引起的负债。

二、负债比率

负债比率是指债务和资产、净资产的关系。它反映企业偿付到期的长期债务的能力。

(一)资产负债率

1. 什么是资产负债率

资产负债率是负债总额除以资产总额的百分比,也就是负债总额与资产总额的比例关系。资产负债率反映在总资产中有多大比例是通过借债来筹资的,也可以衡量企业在清算时保护债权人利益的程度。这一比率越小,表明企业债务偿还的稳定性、安全性越大,企业长期偿债能力越强。其计算公式如下:

$$资产负债率=\frac{负债总额}{资产总额}$$

公式中的负债总额不仅包括长期负债,还包括短期负债。公式中的资产总额则是扣除累计折旧后的净额。

【例3.3】通达公司2011年度资产总额为24 975万元,负债总额为10 250万元。依上式计算其资产负债率为:

$$资产负债率=\frac{10\ 250}{24\ 975}=41.22\%$$

2. 资产负债率分析

这个指标反映债权人所提供的资本占全部资本的比例。这个指标也被称为举债经营比率。它有以下几个方面的含义:

(1)从债权人的立场看,他们最关心的是贷给企业的款项的安全程度,也就是能否按期收回本金和利息。因此,他们希望债务比例越低越好,企业偿债有保证,贷款不会有太大的风险。

(2)从股东的角度看,在全部资本利润率高于借款利息率的条件下,增加负债能为股东创造更多的财富,该比例越大越好。

(3)从经营者的立场看,企业应当审时度势,全面考虑,在利用资产负债率作出借入资本决策时,必须充分估计预期的利润和增加的风险,在两者之间权衡得失,作出正确决策,也就是下文要专章讨论的筹资决策中的资本结构问题。

(二)产权比率

1. 什么是产权比率

产权比率也是衡量长期偿债能力的指标之一。这个指标是负债总额与股东权益总额之比率,也叫做债务股权比率。其计算公式如下:

$$产权比率 = \frac{负债总额}{股东权益}$$

【例3.4】通达公司2011年度期末所有者权益合计为14 725万元。依上式计算其产权比率为:

$$产权比率 = \frac{10\ 250}{14\ 725} = 0.7$$

2. 产权比率分析

(1)该指标反映由债权人提供的资本与股东提供的资本的相对关系,反映企业基本财务结构是否稳定。一般来说,股东资本大于借入资本较好,但也不能一概而论。从股东来看,在通货膨胀时期,企业多借债可以把一些损失和风险转嫁给债权人;在经济繁荣时期,多借债可以获得额外的利润;在经济萎缩时期,少借债可以减少利息负担和财务风险。产权比率高,是高风险、高报酬的财务结构;产权比率低,是低风险、低报酬的财务结构。从上例的计算结果看,该企业债权人提供的资本是股东提供资本的1.13倍,如果经营状况不是很好,则表明该企业举债经营的程度偏高,财务结构不是很稳定。

(2)该指标同时也表明债权人投入的资本受股东权益保障的程度,或者说是企业清算时对债权人利益的保障程度。国家规定债权人的索偿权在股东前面。按上例的情况看,如果通达公司进行清算,则债权人的利益因股东提供的资本所占比重较小而缺乏保障。

资产负债率与产权比率具有共同的经济意义,两个指标可以相互补充。因此,对产权比率的分析可以参见对资产负债率指标的分析。

(三)有形净值债务率

1. 什么是有形净值债务率

有形净值债务率是企业负债总额与有形净值的百分比。有形净值是股东权益减去无形资产净值后的净值,即股东具有所有权的有形资产的净值。其计算公式为:

$$有形净值债务率 = \frac{负债总额}{股东权益 - 无形资产净值}$$

【例3.5】通达公司2011年度期末无形资产净值为8 900万元,依上式计算有形净值债务率为:

$$有形净值债务率 = \frac{10\ 250}{14\ 725 - 8\ 900} = 176\%$$

2. 有形净值债务率分析

并非企业所有的资产都可以作为偿债的物质保证，无形资产能否用于偿债，存在着极大的不确定性。有形净值债务率指标实质上是产权比率指标的延伸，能更为谨慎、保守地反映在企业清算时债权人投入的资本受股东权益保障的程度。从长期偿债能力来讲，该比率越低越好。该指标其他方面的分析与产权比率相同。

（四）已获利息倍数

1. 什么是已获利息倍数

从债权人立场出发，他们向企业投资的风险，除了计算资产负债率、审查企业借入资本占全部资本的比例以外，还要计算营业利润与利息费用的倍数。它反映了公司获利能力对债务利息偿付的保证程度。利用这一比率，可以测试债权人投入资本的风险。

已获利息倍数指标是指企业息税前利润与利息费用的比率，用以衡量企业偿付借款利息的能力，也叫利息保障倍数。其计算公式如下：

$$\text{已获利息倍数}=\frac{\text{息税前利润}}{\text{利息费用}}$$

公式中的“息税前利润”是指损益表中未扣除利息费用和所得税之前的利润。它可以用“利润总额加利息费用”来测算。由于我国现行损益表“利息费用”没有单列，而是混在“财务费用”之中，外部报表使用人只好用“利润总额加财务费用”来估计。

公式中的“利息费用”是指本期发生的全部应付利息，不仅包括财务费用中利息费用，还包括计入固定资产成本的资本化利息。资本化利息虽然不在损益表中扣除，但仍然是要偿还的。利息保障倍数的重点是衡量企业支付利息的能力，没有足够大的息税前利润，利息的支付就会发生困难。

【例3.6】通达公司2011年度税后净收益为5 975万元，利息费用为449万元，所得税为2 942.91万元。该公司已获利息倍数为：

$$\text{已获利息倍数}=\frac{5\ 975+449+2\ 942.91}{449}=20.86$$

2. 已获利息倍数分析

（1）已获利息倍数指标反映企业经营收益为所需支付的债务利息的多少倍，不仅反映了企业获利能力的大小，而且反映了获利能力对到期债务偿还的保障程度。它既是企业举债经营的依据，也是衡量企业长期偿债能力大小的重要标志。由此可以得到这样的启示：若要维持正常偿债能力，从长期看，已获利息倍数至少应当大于1，且比值越高，企业长期偿债能力也就越强，否则相反。

（2）合理确定企业的已获利息倍数，需要将该企业的这一指标与其他企业，特别是本行业平均水平进行比较，来分析决定本企业的指标水平。同时，从稳健性的角度出发，最好比较本企业连续几年的该项指标，并选择最低指标年度的数据作为标准。若遇特殊情况，需结合实际来确定。

（五）影响长期偿债能力的其他因素

除了上述通过损益表、资产负债表中有关项目之间的内在联系，计算出各种比率，用以评价和分析企业的长期偿债能力以外，还有一些因素会影响企业的长期偿债能力，必须引起足够的重视。它们是：

（1）长期租赁；

（2）担保责任；

（3）或有项目。

三、资产管理比率

资产管理比率又称运营效率比率，是用来衡量公司在资产管理方面的效率的财务比率。资产管理比率包括：营业周期、存货周转率、应收账款周转率、流动资产周转率和总资产周转率。

（一）营业周期

营业周期是指从取得存货开始到销售存货并收回现金为止的这段时间。营业周期的长短取决于存货周转天数和应收账款周转天数。营业周期的计算公式如下：

$$\text{营业周期} = \text{存货周转天数} + \text{应收账款周转天数}$$

把存货周转天数和应收账款周转天数加在一起计算的营业周期，指的是需要多长时间能将期末存货全部转变为现金。一般情况下，营业周期短，说明资金周转速度快；营业周期长，说明资金周转速度慢。营业周期的长短取决于存货周转天数和应收账款周转天数。换句话说，决定流动比率高低的主要因素是存货周转天数和应收账款周转天数。

（二）存货周转率

存货周转率是衡量和评价企业购入存货、投入生产、销售收回等各环节管理状况的综合性指标。它是销售成本被平均存货所除而得到的比率，或叫存货的周转次数。其计算公式为：

$$\text{存货周转率} = \frac{\text{销货成本}}{\text{平均存货}}$$

$$\text{存货周转天数} = \frac{360}{\text{存货周转率}} = \frac{360}{\frac{\text{销货成本}}{\text{平均存货}}} = \frac{360 \times \text{平均存货}}{\text{销货成本}}$$

公式中的销货成本数据来自损益表，平均存货数据来自资产负债表中的“期初存货”与“期末存货”的平均数。

【例 3.7】通达公司 2011 年度产品销售成本为 2 740 万元，年初存货为 360 万元，期末存货为 450 万元。该公司的存货周转率为：

$$存货周转率=\frac{2\ 740}{\frac{360+450}{2}}=6.77(次)$$

$$存货周转天数=\frac{360}{6.77}=53.18(天)$$

一般来讲，存货周转速度越快，存货的占用水平越低，流动性越强，存货转换为现金或应收账款的速度越快。提高存货周转率可以提高企业的变现能力，而存货周转速度越慢则变现能力越差。

存货周转率、存货周转天数指标的好坏反映了存货管理水平的高低，它不仅影响企业的短期偿债能力，也是整个企业管理的重要内容。企业管理者和有条件的外部报表使用者，除了分析存货批量因素、季节性生产的变化等情况外，还应对存货的结构以及影响存货周转速度的重要项目进行分析，如分别计算原材料周转率或某种存货的周转率。

存货周转分析的目的是从不同的角度和环节找出存货管理中的问题，使存货管理在保证生产经营连续的同时，尽可能少占用经营资金，提高资金的使用效率，增强企业短期偿债能力，促进企业管理水平的提高。

在计算存货周转率时应注意以下几个问题：

(1)过高的存货周转率有可能因存货不足而丧失销售机会，所以存货周转率并不是越高越好，而应当根据企业的实际情况具体分析。

(2)计算存货周转率公式中的分子采用销货成本而不是销售收入净额，这主要是为了剔除毛利对周转速度的虚假影响。因为存货是按成本计价的，分子、分母应当保持口径一致。

(3)为了分析影响存货周转速度的具体原因，在工业企业中，还可以进一步分别按原材料、在产品和产成品计算周转率，考察在供、产、销不同阶段存货的运营情况，评价各环节的工作业绩。

(4)采用不同的存货计价方法，对存货的周转率具有较大的影响，因此在计算、分析时应保持口径一致。当存货计价方法变动时，应对此加以说明，并计算这一变动对周转率的影响程度。

(三)应收账款周转率

反映应收账款周转速度的指标是应收账款周转率。它是一定时期内商品或产品营业收入净额与平均应收账款余额的比值，也就是年度内应收账款转为现金的平均次数，说明应收账款流动的速度。用时间表示的周转速度是应收账款周转天数，也叫平均应收账款回收期或平均收现期，它表示企业从取得应收账款的权利到收回款项、转换为现金所需要的时间。其计算公式为：

$$应收账款周转率=\frac{销售收入}{平均应收账款}$$

$$应收账款周转天数=\frac{360}{应收账款周转率}=\frac{360\times 平均应收账款}{销售收入}$$

公式中的“销售收入”数据来自损益表，是扣除折扣和折让后的销售净额。以后的计算也是如此，除非特别指明，“销售收入”一词均指销售净额。“平均应收账款”是指未扣除坏账准备的应收账款与应收票据之和，它是资产负债表中“年初应收账款与应收票据余额”与“年末应收账款与应收票据余额”的平均数。

【例 3.8】通达公司 2011 年度销售收入为 12 660.91 万元，年初应收账款余额为 90 万元、应收票据 45 万元，年末应收账款余额为 120 万元、应收票据 70 万元，依上式计算应收账款周转率为：

$$应收账款周转率=\frac{12\ 660.91}{\frac{135+190}{2}}=77.91(次)$$

$$应收账款周转天数=\frac{360}{77.91}=4.62(天)$$

一般来说，应收账款周转率越高，平均收账期越短，说明应收账款的收回越快；否则，企业的营运资金会过多地呆滞在应收账款上，影响正常的资金周转。

(四) 流动资产周转率

流动资产周转率是销售收入与全部流动资产的平均余额的比值。其计算公式为：

$$流动资产周转率=\frac{销售收入}{平均流动资产}$$

其中，$平均流动资产=\frac{年初流动资产+年末流动资产}{2}$

【例 3.9】通达公司年初流动资产为 1 526 万元，年末流动资产为 2 009 万元，依上式计算流动资产周转率为：

$$流动资产周转率=\frac{12\ 660.91}{\frac{1\ 526+2\ 009}{2}}=7.16(次)$$

流动资产周转率反映流动资产的周转速度。周转速度快，会相对节约流动资产，等于相对扩大资产投入，增强企业盈利能力；而延缓周转速度，需要补充流动资产参加周转，造成资金浪费，削弱企业盈利能力。

(五) 总资产周转率

总资产周转率是销售收入与平均资产总额的比值。其计算公式为：

$$总资产周转率=\frac{销售收入}{平均资产总额}$$

其中，$平均资产总额=\frac{年初资产总额+年末资产总额}{2}$

续前例，通达公司总资产周转率为：

$$总资产周转率=\frac{12\ 660.91}{\frac{19\ 106+24\ 975}{2}}=0.57(次)$$

该指标可用来分析企业全部资产的使用效率,反映资产总额的周转速度,周转越快,销售能力越强。企业可以通过薄利多销的办法,加速资金的周转,带来利润绝对额的增加。

总之,各项资产的周转指标可用于衡量企业运用资产赚取收入的能力,经常和反映盈利能力的指标结合在一起使用,可全面评价企业的盈利能力。

四、盈利能力比率

盈利能力就是企业赚取利润的能力。不论是投资人、债权人还是企业经理,都关心企业的盈利能力。

反映企业盈利能力的指标很多,主要有销售净利率、销售毛利率、总资产净利率、净资产收益率。

(一)销售净利率

1. 什么是销售净利率

销售净利率是指净利与销售收入的百分比。其计算公式为:

$$销售净利率=\frac{净利}{销售收入}$$

【例3.10】通达公司2011年的净利是5 975万元,销售收入是12 660.91万元。该公司的销售净利率为:

$$销售净利率=\frac{5\ 975}{12\ 660.91}=47.19\%$$

2. 销售净利率分析

(1)该指标反映每1元销售收入带来的净利润的多少,表示销售收入的收益水平。从销售净利率的指标关系看,净利额与销售净利率成正比关系,而销售收入额与销售净利率成反比关系。企业在增加销售收入额的同时,必须相应地获得更多的净利润,才能使销售净利率保持不变或有所提高。通过分析销售净利率的升降变动,可以使企业在扩大销售的同时,注意改进经营管理,提高盈利水平。

(2)销售净利率能够分解成销售毛利率、销售税金率、销售成本率、销售期间费用率,可以做进一步分析。

(二)销售毛利率

1. 什么是销售毛利率

销售毛利率是毛利占销售收入的百分比,其中毛利是指销售收入与销售成本的差。其计算公式如下:

$$销售毛利率=\frac{销售收入-销售成本}{销售收入}$$

续前例,通达公司 2011 年度的销售毛利率为:

$$销售毛利率=\frac{12\ 660.91-2\ 740}{12\ 660.91}=78\%$$

2. 销售毛利率分析

销售毛利率表示每 1 元销售收入扣除销售产品或商品的成本后,有多少钱可以用于各项期间费用和形成盈利。毛利率是企业销售净利率的最初基础,没有足够大的毛利率便不能盈利。该比率越高,说明企业的获利能力越强。

(三)总资产净利率

1. 什么是总资产净利率

总资产净利率是企业净利与平均资产总额的百分比。其计算公式如下:

$$平均资产总额=\frac{期初资产总额+期末资产总额}{2}$$

$$总资产净利率=\frac{净利润}{平均资产总额}$$

【例 3.11】通达公司 2011 年度期初资产为 19 106 万元,期末资产为 24 975 万元,净利润为 5 975 万元。该公司的总资产净利率为:

$$总资产净利率=\frac{5\ 975}{\frac{19\ 106+24\ 975}{2}}=27.11\%$$

2. 总资产净利率分析

(1)把企业一定期间的净利润与企业的资产相比较,表明企业资产利用的综合效果。该指标越高,表明资产的利用效率越高,说明企业在增收节支和节约资金使用等方面取得了良好的效果,否则相反。

(2)企业的资产是由投资人投入或举债形成的。净利的多少与企业资产的数量、资产的结构、经营管理水平有着密切的关系。资产净利润水平的潜力,可以用该指标与本企业前期、与计划、与本行业平均水平和本行业内先进企业进行对比,分析形成差异的原因。一般而言,影响资产净利率高低的因素主要是产品的价格和单位成本的高低、产品产量和销售数量的多少、资金占用量的大小等。

(3)可以利用总资产净利率来分析经营中存在的问题。提高销售利润率、加速资金周转是提高总资产净利率的主要途径。

(四)净资产收益率

1. 什么是净资产收益率

净资产收益率是净利润与平均净资产的百分比,也叫净值报酬率或权益净利率。其计算公式为:

$$净资产收益率=\frac{净利润}{平均净资产}\times 100\%$$

其中，平均净资产 $=\dfrac{\text{年初净资产}+\text{年末净资产}}{2}$

续前例，通达公司 2011 年净资产收益率为：

$$\text{净资产收益率}=\frac{5\ 975}{\dfrac{9\ 536+14\ 725}{2}}=49.26\%$$

该公式的分母是“平均净资产”，也可以使用“年末净资产”。中国证监会发布的《公开发行股票公司信息披露的内容与格式准则第二号〈年度报告的内容和格式〉》中规定的公式为：

$$\text{净资产收益率}=\frac{\text{净利润}}{\text{年度末股东权益}}\times 100\%$$

这是基于股份制企业的特殊性。在增加股份时股东要超面值缴入资本并获得同股同权的地位，期末股东对本年利润拥有同等权利。此外，这样计算也可以和每股收益、每股净资产等按“年末股份数”的计算保持一致。

2. 净资产收益率分析

净资产收益率反映公司所有者权益的投资报酬率，具有很强的综合性。其具体内容的分析见下一节中的杜邦分析法。

第三节　财务分析的应用

一、杜邦财务分析体系

本章第二节阐述了用比率分析法分析企业的偿债能力、营运能力、获利能力，以评价企业的财务状况和经营业绩。但上述分析都是从某一特定的角度就企业经营的某一方面进行分析，不能全面评价企业的总体财务状况和经营业绩。美国杜邦公司设计的财务比率分析体系弥补了这一不足。杜邦财务分析体系是利用各个主要财务比率之间的内在联系，综合地分析和评价企业财务状况和盈利能力的方法。它是以净资产收益率为龙头，以总资产净利率为核心的完整的财务指标分析体系。图 3－1 是通达公司的杜邦财务分析图。

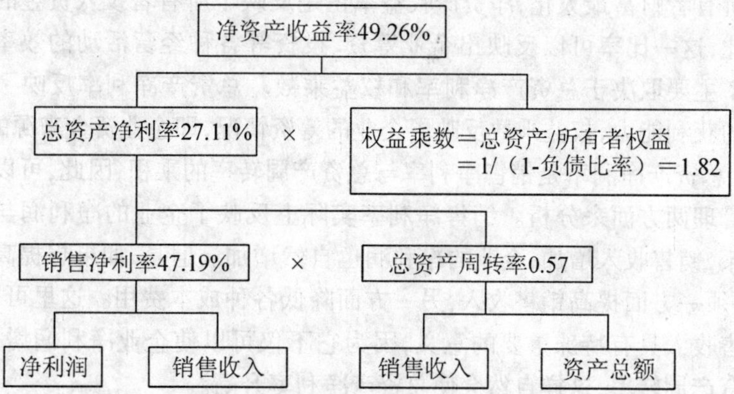

图 3－1　通达公司杜邦财务分析图

图的左侧是对销售净利率的分解，底部列出了各项费用和成本支出，求和后形成公司总成本。在这里，销售收入减去总成本即为股东的净收益。这个净收益被销售收入所除，即为销售净利率。

图的右侧是公司资产的分解。销售收入除以资产总额，即得到总资产周转率。销售净利率与总资产周转率相乘，便得到总资产净利率。

图中所用数据来自表 3－1、表 3－2。

从图 3－1 可知，杜邦财务分析体系反映了以下几种主要关系：

$$\text{净资产收益率}=\frac{\text{净利润}}{\text{平均所有者权益}}$$

$$=\frac{\text{净利润}}{\text{平均资产总额}}\times\frac{\text{平均资产总额}}{\text{平均所有者权益}}$$

$$=\text{总资产净利率}\times\text{权益乘数}$$

$$\text{总资产净利率}=\frac{\text{净利润}}{\text{平均资产总额}}$$

$$=\frac{\text{净利润}}{\text{销售收入}}\times\frac{\text{销售收入}}{\text{平均资产总额}}$$

$$=\text{销售净利率}\times\text{总资产周转率}$$

$$\text{销售净利率}=\frac{\text{净利润}}{\text{销售收入}}$$

$$\text{总资产周转率}=\frac{\text{销售收入}}{\text{平均资产总额}}$$

杜邦分析是对企业的财务状况进行的综合分析。它通过几种主要财务指标之间的关系，直观、明了地反映出企业的财务状况。从杜邦财务分析体系可以了解到下面的财务信息：

(1)从杜邦财务分析图中可以看出，净资产收益率是一个综合性极强、最有代表性的财务比率，它是杜邦财务分析体系的核心。财务管理的一个重要目标就是使所有者财富最大化,净资产收益率正是反映了所有者投入资金的获利能力。因此,这一比率可以反映出企业筹资、投资等各种经营活动的效率。净资产收益率主要取决于总资产净利率和权益乘数。总资产净利率反映了企业全部资产的获利能力,权益乘数反映了企业的筹资情况,即企业资金来源的结构。

(2)总资产净利率是销售净利率与总资产周转率的乘积,因此,可以从销售与资产管理两方面来分析。销售净利率实际上反映了企业的净利润与销售收入的关系,销售收入增加,企业的净利润也自然增加。但是,如果想提高销售净利率,必须一方面提高销售收入,另一方面降低各种成本费用。这里可以看到,提高销售收入具有特殊重要的意义,因为它不仅可以使企业净利润增长,也会提高总资产周转率,这样自然会使总资产净利率升高。

(3)从杜邦财务分析图中,也可以分析企业成本费用的结构是否合理。这样有利于进行成本费用分析,加强成本控制,尤其应该分析企业净利润与利息费用。如果企业所承担的利息费用太高,就应该考虑企业的权益乘数或负债比率是否合理,不合理的筹资结构会影响股东的收益。

(4)在资产方面,应该分析流动资产与非流动资产的结构是否合理。资产的流动性体现了企业的偿债能力,也关系到企业的获利能力。如果流动资产中货币资金占的比重过大,就应分析企业是否有现金闲置现象,现金持有量是否合理。现金持有量过大会影响企业的获利能力。如果流动资产中存货或应收款项过多,就应该分析企业的存货周转率与应收账款周转率是否合理。

(5)总的来说,从杜邦财务分析图可以看出,企业的获利能力涉及企业经营活动的方方面面。所有者权益报酬率与企业的筹资结构、销售、成本控制、资产管理密切相关。这些因素构成了一个系统。只有协调好系统内每个因素之间的关系,才能使净资产收益率达到最大,从而实现企业价值最大化目标。

二、上市公司财务报告分析

对于上市公司来说,最重要的财务指标是每股收益、每股净资产和净资产收益率。证券信息机构会定期公布按照这三项指标高低排序的上市公司排行榜,可见其重要性。净资产收益率前文已经讨论过,下面主要介绍每股收益和每股净资产的计算与分析。

(一)每股收益

1. 什么是每股收益

每股收益是本年净利润与流通股数的比值。其计算公式一般为:

$$每股收益=\frac{净利-优先股股利}{发行在外的加权平均普通股股数}$$

由于我国《公司法》中没有关于发行优先股的规定,故一般不存在扣除优先股股利问题。

【例3.12】光明公司是一家上市公司，当年净利为12 000万元，发行在外的普通股平均2 000万股，无优先股，则每股收益为：

$$每股收益=\frac{12\ 000}{2\ 000}=6(元/股)$$

2. 每股收益分析

每股收益是衡量上市企业盈利能力的指标之一，该指标反映普通股的获利水平，指标值越高，每1股份可得的利润越高，股东的投资效益越好，反之则越差。这个指标用于衡量普通股持有者获得报酬的程度。

(二)市盈率

1. 什么是市盈率

每股市价与每股收益的比率称为市盈率。其计算公式为：

$$市盈率=\frac{每股市价}{每股收益}$$

公式中的每股市价是指普通股每股在证券市场上的买卖价格。

续前例，光明公司普通股每股收益为6元，年终时每股市价为30元，依上式计算：

$$市盈率=\frac{30}{6}=5(倍)$$

2. 市盈率分析

该指标是衡量上市企业盈利能力的重要指标，用每股收益与每股市价进行比较，反映投资者对每元利润所愿支付的价格。这一比率越高，意味着公司未来成长的潜力越大。一般说来，市盈率越高，说明公众对该股票的评价越高。

(三)每股股利

1. 什么是每股股利

每股股利是股利总额与流通股数的比值。其计算公式为：

$$每股股利=\frac{股利总额}{流通股数}$$

公式中的股利总额是指用于分配普通股现金股利的总数。

【例3.13】沿用上例资料，假设光明公司当年分配股利总额为9 000万元，流通股数为2 000万股，依上式计算每股股利为：

$$每股股利=\frac{9\ 000}{2\ 000}=4.5(元/股)$$

2. 每股股利分析

每股股利也用于衡量上市企业的获利能力。该指标表现的是每一普通股获取股利的大小，该指标越大说明股本获利能力越强。影响每股股利高低的因素，除了获利大小外，还取决于企业的股利支付政策。如果企业为了扩大再生产，多留收益留存，那么每股股利必然会减少，反之则会增加。

(四)股票获利率

股票获利率是指每股股利与股票市价的比率,亦称市价股利比率。其计算公式为:

$$股票获利率=\frac{每股股利}{每股市价}\times 100\%$$

$$光明公司的股票获利率=\frac{4.5}{30}=15\%$$

股票获利率反映股利和股价的比例关系。股票持有人取得收益的来源有两个:一是取得股利;二是取得股价上涨的收益。只有股票持有人认为股价将上升,才会接受较低的股票获利。如果预期股价不能上升,股票获利率就成了衡量股票投资价值的主要依据。

(五)留存盈利比率

1. 什么是留存盈利比率

留存盈利是指企业的税后留利。企业经常要留一部分利润用于扩大再生产和集体福利,剩下来的才用于发放股利。留存盈利不是指每年累计下来的盈利,而是指当年利润中留下的部分。留存盈利比率是企业税后净利润减去全部股利的余额与企业净利润的百分比。其计算公式为:

$$留存盈利比率=\frac{净利润-全部股利}{净利润}$$

公式中的全部股利,包括发放的优先股利和普通股利。

【例3.14】光明公司税后净利润为12 000万元,当年发放股利总额为9 000万元。依上式计算当年的留存盈利比率为:

$$留存盈利比率=\frac{12\ 000-9\ 000}{12\ 000}=25\%$$

2. 留存盈利比率分析

留存盈利直接关系到分发到投资人(股东)手中股利的多少,留存盈利比率的高低体现了企业的经营方针。如果企业认为有必要积累资金,高速发展,尽快扩大经营规模,经董事会同意,从长远利益考虑,可能决定留存盈利的比例大些。如果认为可以通过其他方式筹集资金,则可能决定留存盈利的比例小些。

(六)股利支付率

1. 什么是股利支付率

股利支付率是每股股利与每股收益的百分比。其计算公式为:

$$股利支付率=\frac{每股股利}{每股收益}$$

【例3.15】光明公司普通股每股收益为6元,而发放每股股利为4.5元。依上式计算其股利支付率为:

$$股利支付率=\frac{4.5}{6}=75\%$$

2. 股利支付率分析

该指标反映普通股股东从每股的全部盈余中分到手的部分是多少。就单独的普通股投资人来讲，这一指标比每股收益更能直接体现当前利益，因此与股东个人联系更为紧密。

（七）股利保障倍数

1. 什么是股利保障倍数

股利支付率的倒数，称为股利保障倍数。股利保障倍数越大，支付股利的能力越强。其计算公式为：

$$\text{股利保障倍数}=\frac{\text{每股收益}}{\text{每股股利}}$$

$$\text{光明公司的股利保障倍数}=\frac{6}{4.5}=1.33(\text{倍})$$

2. 股利保障倍数分析

股利保障倍数是一种安全性指标，可以看出净利润减少到什么程度公司仍能按目前水平支付股利。

（八）每股净资产

1. 什么是每股净资产

每股净资产是股东权益总额与发行在外的年度末普通股股数的比值。其计算公式为：

$$\text{每股净资产}=\frac{\text{股东权益总额}}{\text{发行在外的年度末普通股股数}}$$

【例3.16】光明公司2011年年末股东权益总额为62 400万元，普通股数量为2 000万股。依上式计算，每股净资产为：

$$\text{每股净资产}=\frac{62\ 400}{2\ 000}=31.2(\text{元})$$

2. 每股净资产分析

该指标反映的是发行在外的每股普通股所代表的账面上的股东权益额。从理论上讲，当股票市价低于其账面价值时，说明企业发展前景黯淡，而市价高于账面价值时，则认为这个企业有希望、有潜力。对投资人来讲，该指标非常重要，它反映了企业发展的潜在能力。

复习思考题

1. 什么是企业财务分析？为什么要进行财务分析？
2. 财务分析的主体有哪些？它们所分析的内容有何不同？
3. 财务分析的一般步骤有哪些？
4. 杜邦财务分析的基本内容是什么？

5. 对上市公司进行财务分析最常用的财务指标有哪些？如何计算(举例说明)？

6. 对市盈率进行分析时应注意哪些问题？

计算分析题

1. 某公司拥有80万元的流动资产及50万元的流动负债，下列业务对流动比率有哪些影响？

(1)用10万元银行存款购买设备；

(2)借入10万元短期借款支持同等数量的应收账款的增加；

(3)增发20万元的普通股，所得资金用于更新改造项目；

(4)增加应付账款支付4万元的现金股利。

2. 使用下面提供的信息，填充资产负债表空白项目：

现金		应付票据和应付账款	10万
应收账款		长期负债	
存货		普通股	10万
厂房设备		留存收益	10万
合计		负债和股东权益合计	

3. 某公司年销售总额(全部为赊销)40万元，其销售毛利率为20%，该公司的流动资产为8万元，流动负债为6万元，存货3万元，现金1万元。

要求计算：

(1)如果管理层希望存货周转率为4，那么平均存货应是多少？

(2)如果管理层希望平均应收账款占用资金5万元，那么应收账款多少天内必须收回(假设一年为360天)？

4. 某公司年销售收入600万元，总资产周转率为6，净利润为12万元。

要求计算：

(1)该公司总资产利润率是多少？

(2)该公司打算购置一台新设备，它会使资产提高20%，而且预计使销售净利率从2%提高到3%时销售情况不变。那么，购置这种设备对公司的资产报酬率和盈利能力会产生什么影响？

5. ABC公司2011年的销售额62 500万元，比上年提高28%，有关的财务比率见下表：

财务比率	2009 年 （同业平均）	2010 年 （本公司）	2011 年 （本公司）
应收账款回收期(天)	35	36	36
存货周转率	2.50	2.59	2.11
销售毛利率	38%	40%	40%
销售息税前利润率	10%	9.6%	10.63%
销售利息率	3.73%	2.4%	3.82%
销售净利率	6.27%	7.20%	6.81%
总资产周转率	1.14	1.11	1.07
固定资产周转率	1.4	2.02	1.82
资产负债率	58%	50%	61.3%
已获利息倍数	2.68	4	2.78

要求：

(1)运用杜邦财务分析法，比较 2009 年公司与同业平均的净资产收益率，定性分析其产生差异的原因。

(2)运用杜邦财务分析法，比较公司 2011 年与 2009 年的净资产收益率，定性分析其变化的原因。

第四章 企业筹资方式

第一节 企业筹资概述

一、企业筹资的分类与意义

企业筹资是指企业根据其生产经营、对外投资及调整资本结构的需要,通过一定的渠道,采取适当的方式,获取所需资金的一种行为。筹资管理是企业财务管理的一项基本内容。

(一)企业筹资的分类

企业筹集的资金可按多种标准进行不同分类,现介绍两种最主要的分类方式。

1. 按资金使用期限的长短分类

按照资金使用期限的长短,可把企业筹集的资金分为短期资金与长期资金两种。

短期资金一般是指供一年以内使用的资金。短期资金主要投资于现金、应收账款、存货等,一般在短期内可收回。短期资金常采用商业信用、短期借款等方式来筹集。

长期资金一般是指供一年以上使用的资金。长期资金主要投资于新产品的开发和推广、生产规模的扩大、厂房和设备的更新,一般需几年甚至十几年才能收回。长期资金通常采用吸收投资、发行股票、发行债券、长期借款、融资租赁、留存收益等方式来筹集。

2. 按资金的来源渠道分类

按照资金的来源渠道不同,可将企业资金分为所有者权益和负债两大类。

所有者权益是指投资人对企业净资产的所有权,包括投资者投入企业的资本及持续经营中形成的经营积累,如资本公积金、盈余公积金和未分配利润等。

资本是企业在工商行政管理部门登记的注册资金，是各类投资者以实现盈利和社会效益为目的，用于生产经营、承担民事责任而投入的资金。

负债是企业所承担的能以货币计量、须以资产或劳务偿付的债务。

企业通过发行股票、吸收直接投资、内部积累等方式筹集的资金都属于企业的所有者权益。所有者权益一般不用还本，因而称之为企业的自有资金或主权资金。

企业通过发行债券、银行借款、融资租赁等方式筹集的资金属于企业的负债，到期要归还本金和利息，因而又称为企业的借入资金或负债资金。企业采用借入资金的方式筹集资金，一般要承担较大风险，但相对而言，付出的资本成本较低。企业采用自有资金的方式筹集资金，财务风险小，但付出的资本成本相对较高。

(二)企业筹资的意义

任何一个企业，为了保证生产经营的正常进行，都必须持有一定数量的资金。由于季节性和临时性等原因，或由于扩大生产经营规模的需要，都需要筹集资金。所以说，资金筹集既是企业生产经营活动的前提，又是企业再生产顺利进行的保证。同时，筹资也为投资提供了基础和前提，没有资金的筹集，就无法进行资金的投放。从一定意义上来讲，筹资的数量与结构会直接影响企业效益，进而影响企业收益分配。因此，筹资在财务管理中处于极其重要的地位。

企业资金可以从多种渠道、用多种方式来筹集，其使用时间的长短、附加条款的限制、财务风险的大小、资本成本的高低都不一样。企业在筹集资金时，要充分考虑各种筹资方式给企业带来的资本成本的高低和财务风险的大小，以便选择最佳筹资方式，实现财务管理总体目标。

二、企业筹资渠道与方式

企业筹资活动需要通过一定的渠道并采用一定的方式来完成。

(一)筹资渠道

筹资渠道是指筹措资金来源的方向与通道，体现了资金的来源与供应量。认识和了解各筹资渠道及其特点，有助于企业充分拓宽和正确利用筹资渠道。我国企业目前的筹资渠道主要有以下几种：

1. 国家财政资金

国家对企业的直接投资是国有企业最主要的资金来源，特别是国有独资企业，其资本全部由国家投资形成。从产权关系看，属于国家投入的资金，产权归国家所有。

2. 银行信贷资金

银行对企业的各种贷款，是我国目前各类企业最为重要的资金来源。我国银行分为商业性银行和政策性银行两类。商业银行是以盈利为目的、从事信贷资金投放的金融机构，它主要为企业提供各种商业性贷款；政策性银行是为特定企业提供政策性贷款的金融机构。

3. 非银行金融机构资金

非银行金融机构主要指信托投资公司、保险公司、租赁公司、证券公司、企业集团所属的财务公司等。它们所提供的各种金融服务，既包括信贷资金投放，也包括物资的融通，还包括为企业承销证券等金融服务。

4. 其他企业资金

企业在生产经营过程中，往往会形成部分暂时闲置的资金，并为一定的目的而进行相互投资。另外，企业间的购销业务可以通过商业信用方式来完成，从而形成企业间的债权债务关系，形成债务人对债权人的短期信用资金占用。企业间的相互投资和商业信用的存在，使其他企业资金也成为企业资金的重要来源。

5. 居民个人资金

居民个人（包括企业职工）的结余货币，作为游离于银行及非银行金融机构等之外的个人资金，可用于企业投资，形成民间资金来源渠道，为企业所用。

6. 企业自留资金

自留资金是指企业内部形成的资金，也称企业内部资金，主要包括计提折旧、提取盈余公积金和未分配利润等。这些资金的重要特征之一，是它们无须企业通过一定的方式去筹集，而直接由企业内部自动生成或转移。

各种筹资渠道在体现资金供应量的多少时，存在着较大的差别。有些渠道的资金供应量多，如银行信贷资金和非银行金融机构资金等；而有些相对较少，如企业自留资金等。这种资金供应量的多少，在一定程度上取决于财务管理环境的变化，特别是宏观经济体制、银行体制和金融市场发展速度等因素。

（二）筹资方式

筹资方式是指企业筹集资金所采用的具体形式。如果说筹资渠道属于客观存在，那么筹资方式则属于企业主观能动行为。企业筹资管理的重要内容是如何针对客观存在的筹资渠道，选择合理的筹资方式进行筹资。认识筹资方式的种类及各种筹资方式的特点，有利于企业选择适宜的筹资方式并有效地进行筹资组合，降低筹资成本，提高筹资效益。

目前我国企业的筹资方式主要有以下几种：①吸收直接投资；②发行股票；③银行借款；④商业信用；⑤发行债券；⑥融资租赁。这些筹资方式的含义及特点，将在本章以后各节中讲述。

（三）筹资渠道与筹资方式的对应关系

筹资渠道解决的是资金来源问题，筹资方式则解决通过何种方式取得资金的问题，它们之间存在一定的对应关系。一定的筹资方式可能只适用于某一特定的筹资渠道，但是同一渠道的资金往往可采用不同的方式取得。它们之间的对应关系，可用表4－1表示。

表4－1　　筹资方式与筹资渠道的对应关系

	吸收直接投资	发行股票	银行借款	发行债券	商业信用	融资租赁
国家财政资金	√	√				
银行信贷资金			√			
非银行金融机构资金	√	√	√	√		√
其他企业资金	√	√		√	√	√
居民个人资金	√	√		√		
企业自留资金	√					

三、筹资方式的国际比较

（一）西方发达国家企业的筹资方式

按梅耶斯（Myers）和迈基里夫（Majuf）的筹资“啄食顺序”理论，由于发行成本和信息不对称，企业筹资存在一种优先顺序，即企业在拥有内部自有资本的情况下，往往首先利用内部自有资本为其投资项目筹资，然后考虑资本成本较低的债务筹资，最后才会选择股权筹资。

从美国、加拿大、英国、法国、德国、意大利、日本七国总体的筹资方式和比例来看（见表4－2），西方发达国家企业在筹资过程中基本符合这一“筹资定律”。1990—2005年，七国内部筹资比例平均高达54.57%，外部筹资比例平均为45.43%，而在外部筹资中，股权筹资仅占筹资总额的9.14%，债务筹资则占36.14%。尽管各国在筹资结构上有一定的差异，但在本质上没有什么区别，都是以内部筹资为首选，债务筹资次之，股权筹资的比重最小。

表4－2　　1990—2005年西方七国的筹资结构　　单位：%

	美国	加拿大	英国	法国	德国	意大利	日本
留存收益	66.9	54.2	72.0	44.1	55.2	38.5	33.7
资本转让	0	0	2.9	1	6.7	5.7	0
短期证券	1.4	1.4	2.3	0	0	0.1	—
银行贷款	23.1	12.8	21.4	41.5	21.1	38.6	40.7
商业信贷	8.4	8.6	2.8	4.7	2.2	0	18.3
公司债券	9.7	6.1	0.8	2.3	1.7	2.4	3.1
股票	0.8	11.9	4.9	10.6	2.1	10.8	3.5

表4－2(续)

	美国	加拿大	英国	法国	德国	意大利	日本
其他	－6.1	4.1	2.2	0	11.9	1.6	0.7
统计误差	－4.1	0.8	－9.4	－7.3	－1	2.3	—
总 计	100.1	99.9	99.9	99.9	99.9	100	100

(二)我国企业的筹资方式

考察我国企业的筹资行为(见表4－3),可以看到我国上市公司表现出与国外企业筹资顺序刚好相反的偏好,即内部筹资在筹资结构中的比例非常低,而外部筹资的比例较高。2000—2005年,未分配利润大于0的上市公司内部筹资比例平均为14.97%,外部筹资比例平均为85.03%。在外部筹资中,债务筹资占筹资总额的34.42%,股权筹资占筹资总额的50.61%。这充分说明我国上市公司具有股权筹资的偏好,其筹资顺序为首选股权筹资,其次为债务筹资,最后才是内部筹资。

表4－3　我国上市公司的内部筹资和外部筹资结构　单位:%

年份	未分配利润大于0的上市公司			未分配利润小于0的上市公司		
	内部筹资	外部筹资		内部筹资	外部筹资	
		股权筹资	债务筹资		股权筹资	债务筹资
2000	12.49	51.48	36.13	9.50	48.78	41.73
2001	14.75	49.40	35.85	3.23	39.38	57.40
2002	15.43	52.23	32.35	－3.28	47.05	56.23
2003	13.73	46.18	40.10	－10.55	50.63	59.93
2004	14.23	51.15	34.63	－15.83	55.33	60.50
2005	19.19	53.23	27.59	—	—	—

(三)影响企业选择筹资方式的因素

1. 筹资成本的高低

筹资方式的选择在很大程度上受到筹资成本的制约。首先,相对于外部筹资而言,内部筹资不需要对外支付利息,不发生筹资费用,其筹资成本远远低于外部筹资,而且对于这部分资本,企业的管理当局具有充分的调度权,有利于增加企业的财务灵活性,因此它是西方发达国家企业首选的筹资方式。但是我国上市公司在进行筹资时却首选股权筹资,其原因之一是股权筹资的资本成本低。在我国,上市公司的盈利能力普遍较低,这样就导致企业给股东支付的股利也较低。原因之二是我国大多数的流通股股东追求的是短期的买卖价差利润，并不看重公司的股利收入。所以，大部分上市公司选择不分配股利政策，即使分配也多采用送股、转增等形式，而真正能够连续分红并能超过存款利率水平的上市公司少之又少，这样企业使用股权资本的压力小、风险小、成本低。因此，我国企业更愿意选择成本相对较低的股权筹资。

2. 企业债券市场的发展程度

在国际成熟的证券市场上，发行债券是企业再筹资的一个重要手段，企业通过债券筹资的金额往往是其通过股票筹资金额的 3～10 倍。而长期以来，我国企业债券市场筹资相对于股票市场筹资显得微不足道，企业债券市场与股票市场的发展很不协调。

3. 股权结构特征

股权结构是指公司的股票被各类股东所持有的比例。股权结构也是影响企业选择筹资方式的一个重要因素。例如，美、英两国的股权结构以股权分散化为特征。在美国，上市公司的控股股东持股比例较低，股权的一半左右由公众持有，且相当分散。如通用电气控股股东的股权不到 10%，迪斯尼乐园控股股东的股权仅为 5% 左右。在这样的股权结构下，对公司经理人员的约束主要来自股票市场。在发达国家成熟的证券市场上，股票价格一般是企业价值的真实表现，企业经营不善、业绩不佳，股票价格就会下跌，企业将陷入被收购的危机，企业经理同样面临着声誉下降、丧失在职利益和被他人替换的风险。由此可见，股权筹资对企业经理来说并非“免费的午餐”。为了防止控制权旁落，回避分红派现的压力，企业的外部资本则多选择负债筹资而不是股权筹资。

我国上市公司的筹资方式同样受到股权结构的影响。我国上市公司大多数是由国有企业改制而来的，国家拥有高度集中的股权，但由于国家所有权主体“缺位”，无法对企业进行有效的监督和控制，而社会公众股又极端分散且具有严重的投机性和“搭便车”行为，导致股东控制权的残缺，从而弱化了对管理者的约束，使管理者更易于按个人意志和价值取向选择筹资方式。由于负债筹资具有还本付息硬约束的特点，可能会使企业陷入财务危机，对管理者的职位、薪金等构成威胁，因此，管理者更倾向于股权筹资。

第二节　普通股筹资

一、股票的意义

股票是股份公司为筹措自有资本而签发给股东（投资者）证明其投资入股、拥有公司股权的有价证券。股票具有如下四个特征：

（1）股票是有价证券。有价证券是某种权利的化身，股票的持有者是股份公司的股东，股东拥有如下权利：①对公司董事会选举有表决权；②有按其相应股份取得股息或红利权,对公司的剩余财产有请求权。股东的上述权利与股票的持有不可分离,权利的大小与占有股份的多少密切相关。

(2)股票属要式证券。股票必须按法定形式记载重要事项:公司名称,设立登记或发行新股变更登记年月日,发行股数及每股金额,特别股票应载明特别事项。

(3)股票具有可转让性。上市股票能在市场进行交易,可随时转让,变现性强。

(4)股票持有者面临较大的风险。股票一经购买,不能退回本金,股票的收益也带有很大的不确定性,公司破产时要承担有限责任。

二、股票的种类

股票的种类很多,对其可从不同角度进行分类,以便对股票有较全面的了解。

(一)按股东享有的权利不同,可分为普通股和优先股两类

普通股股东享有对公司的经营管理权、红利分配权、剩余财产索求权。优先股较普通股具有如下优先权利:①股息支付在先;②股息固定;③公司解散时,对剩余财产有优先索取权。

(二)按票面是否标明股东姓名,可分为记名股票和无记名股票两类

将股东姓名记于股票票面并记入股东名册的股票称为记名股票。记名股票丢失,别人不能冒领,这就有利于维护股东利益。但记名股票不能随意转让,转让时要办理过户手续并交纳一定的手续费。凡票面不记载股东姓名的股票称为无记名股票。无记名股票可以自由转让,凭票面所附票息领取股息,丢失会给股东带来损失。

(三)按票面是否标明金额,可分为面值股票和无面值股票两类

票面标有金额的股票称为面值股票。票面金额的大小代表股东对公司的原始投资的多少,它在股本总额中所占的比例反映股东享有的权利和承担的义务的大小。面值与现实价格往往背离。票面不标明金额,只记载股份数或股份比例的股票称为无面值股票。无面值股票虽不能了解投资者的原始投资额,但它有利于促使投资者在进行交易时计算股票的真实价值。

(四)按发行对象不同,可分为A种股票、B种股票和H种股票

A种股票又称人民币股票,它是以人民币标明面值,并以人民币认购并进行交易的股票。B种股票是以人民币标明面值,以外币认购并进行交易的股票。B种股票是专供外国和我国香港、澳门、台湾地区投资者买卖的股票。H种股票与B种股票发行对象相同,只是它在香港上市,而B种股票是在深圳和上海上市。

三、发行股票的条件

利用发行股票筹资涉及面很广,它不仅影响企业的生存和发展,而且涉及

国家的产业政策、投资者的权益维护。为了使股票投资充分发挥其积极作用，对股票发行一般都规定有严格的发行条件。根据我国有关规定，要区别如下三种情况：

（一）股份公司发行股票的条件

设立股份有限公司，申请公开发行股票，应符合如下条件：①发起人在近三年内没有重大违法行为；②公司生产经营必须符合国家产业政策；③发起人认购的股本数额不得少于公司股本发行总额的35%；④除国家另有规定外，发起人认购的股本在拟发行总额中不得少于人民币3 000万元；⑤向社会公众发行的部分，不少于公司拟发行股本总额的25%；⑥国务院证券委员会（以下简称“证券委”）规定的其他条件。

（二）原企业改组设立股份公司发行股票的条件

除符合上述条件外，还应符合如下三个条件：①发行前一年年末净资产在总额中所占比例不低于30%，无形资产在净资产中所占比例不高于20%，证券委另有规定的除外；②近三年连续盈利；③国有企业改组设立股份有限公司公开发行股票，国家拥有股份在公司拟发行股本总额中所占的比例，由国务院授权部门规定。

（三）股份有限公司增资发行股票的条件

除符合上述所有条件外，还应符合如下条件：①前次公开发行股票所得资金的使用，与原招股说明书所述用途相符且使用效益良好；②距前一次股票公开发行的时间不少于12个月；③从前一次公开发行股票到本次申请期间，公司没有重大违法行为。上市公司申请发行新股，还应当符合以下具体要求：①具有完善的法人治理结构，与对其具有实际控制权的法人或其他组织及其他关联企业人员、资产、财务上分开，保证上市公司人员、财务独立以及资产完整；②公司章程符合我国《公司法》和《上市公司章程指引》的规定；③股东大会的通知、召开方式、表决方式和决议内容符合我国《公司法》的有关规定；④本次新股发行募集资金数额原则上不超过公司股东大会批准的拟投资项目的资金需要数额；⑤不存在资金、资产被具有实际控制权的个人、法人或其他组织及其关联人占用的情形或其他损害公司利益的重大关联交易；⑥公司有重大购买或出售资产行为的，应当符合中国证监会的有关规定；⑦中国证监会规定的其他要求。

四、运用普通股票筹资的步骤

发行股票筹资应按如下六个步骤进行：

1. 公司做出发行股票筹资的决议

在该步骤公司应提出股票发行计划，提交发起人会议或股东大会讨论通过作为股票筹资的决议。决议通常包括如下内容：①发行股票的目的；②筹资用途；③所发行股票的名称及种类；④发行总额、每股价格；⑤发行对象及范围；

⑥发起人认购数额;⑦筹资期限;⑧出资方式。

2. 报批公开发行股票的申请

在我国申请公开发行股票实行四级审批制度:

第一级是申请发行股票的公司首先必须按照隶属关系分别向省、自治区、直辖市、计划单列市人民政府(及地方政府)或中央企业主管部门提交公开发行股票申请。在国家规定的发行规模内,地方政府对地方企业的发行申请进行审批;中央企业主管部门在与申请人所在地的地方政府协商后对中央企业的发行申请进行审批。该步骤的审批期限一般不超过30天。第二级是将第一级的审批结果再抄报证券委审批。第三级是将前两级批准的发行申请再报送证券监督委员会复审。第四级是经证监会复审同意后,申请人再向证券交易所上市委员会提出申请,上市委员会同意接受上市方可发行股票。该步骤要报送如下文件:申请报告,发行股票的决议,批准设立股份有限公司的文件,工商行政管理部门颁发的营业执照或公司筹建登记证明,公司章程或章程草案,招股说明书,经会计师事务所、律师事务所、专业评估机构和人员审计签字盖章的财务报告、审计报告、资产评估报告、验资报告、法律意见书、股票发行承销方案和协议,以及地方或中央主管部门要求报送的其他文件。

3. 签订承销协议

我国有关文件规定,公开发行股票应当由证券经营机构承销。为了明确公司与证券发行机构的权责关系,发行人应与发行机构签订承销协议。承销协议应载明如下重要事项:当事人的名称、住所、法定代表人,承销方式,承销股票的种类、数量、金额、发行价格;承销起止日期;承销付款方式、承销费用的计算,支付方式和日期;违约责任及其他约定事项。

4. 公司招股说明书

招股说明书是招认投资者认购股票的书面文件。它是投资者认识招股企业、了解公司财务状况、进行股票投资的重要参考。招股说明书一般应载明如下主要内容:发行股票公司的名称及住址;发起人、发行人简况;筹资目的;公司现有股本总额;本次发行股票的种类、总额、每股面值、售价;发行前的每股净资产和发行结束后的每股预期净产值,发行费和佣金;发行的地点、对象、时间及认购交款方式;承销机构的名称;承销方式和数量;所筹资金的使用计划及收益和风险预测;公司近期发展规划和盈利预测;重大经济合同;涉及公司的重大诉讼事项;公司董事、监事及其简历;近三年或公司成立以来的生产经营状况和有关业务发展的基本情况;经会计师事务所审计的公司近三年或公司成立以来的财务报告和有两个以上注册会计师及其所在事务所签字盖章的审计报告;证监会要求载明的其他事项。在获准公开发行股票后,按规定发行人应当在承销期开始前2~5个工作日期间公布招股说明书。招股说明书有效期6个月,自招股说明书签署完毕之日起计算。

5. 按规定程序招认股份

招认股份顺序有先后，一般是发起人、原有股东有优先认购权，筹资公司有关人员也有优先认购权，最后是公众认购。

6. 认股人交纳股款，向认股人交割股票

在该步骤，认股人办理交款手续，发行公司在规定期限内向认股人交付所售股票。

五、股票发行决策

股票发行决策就是对与股票发行密切相关的若干重大问题作出决定。与股票发行密切相关的重大问题主要有发行股票的种类、数量、发行价格、发行时间、承销商的选择等。现分述如下：

(一)发行股票的种类选择

可供选择的股票种类很多，在公司筹资时究竟选择哪一种股票筹资，是一项重要的决策。进行这种选择，一般要考虑如下因素：

(1)相关法律的限制。主要有《公司法》、《证券法》、《股票发行与交易管理条例》、境内公司境外募集股份和上市的规定等。选择股票种类不能与这些法律法规相违背。

(2)股东对公司的控股权。发行普通股有可能稀释原有普通股股东对公司的控制权，发行优先股对此就不产生影响。为了不影响原有普通股股东对公司的控制权，一般都规定原有股东有优先认购权。

(3)资本成本问题。优先股资金使用成本低且固定，普通股资金使用成本高且不固定，究竟选用哪一种，要看公司的财务状况。在公司财务状况欠佳时，使用优先股筹集资金会加重公司的财务负担。

(4)股东对公司的其他要求。综合考虑上述各因素，才能作出科学的决策。

(二)股票发行额度的决策

股票发行额度指发行股票所需筹资的总规模。总的来说，发行股票是为了筹措企业需要的资金，但从股票发行的具体目的来看，又可分为两种：设立发行和增资扩股。对于因设立股份有限公司而发行股票我国《公司法》有最低要求，即股份有限公司资本的最低限额为1 000万元。该类公司设立所发行股票的数额可以等于或高于它，但不得低于它。至于现有股份有限公司为扩大企业规模而增资扩股，其增发股票数额则应视企业未来长远发展的预期需要以及优化资本结构的要求分析确定。

(三)股票发行方式的选择

我国的新股发行方式经历了一个不断探索的过程。在总结经验教训的基础上，证监会规定目前国内新股的发行主要采用上网定价发行，全额预缴、比例配售，上网发行和对法人配售相结合这三种方式。

1. 上网定价发行

上网定价发行是指主承销商利用证券交易所的交易系统，由主承销商作为股票唯一的"卖方"，投资者在指定的时间内，按现行委托买入股票的方式进行股票申购的股票发行方式。由于上网定价发行具有高速、安全和低成本等特点，所以它已成为我国企业公开发行股票的主要方式。

2. 全额预缴、比例配售

全额预缴、比例配售是指投资者在规定的申购时间内，将全额申购款存入主承销商在收款银行设立的专户中，申购结束后全部冻结，在对到账资金进行验资和确定有效申购后，根据股票发行量和申购总量计算配售比例，进行股票配售的发行方式。

3. 上网发行和对法人配售相结合

上网发行和对法人配售相结合的方式适合于大盘股票的发行。1999 年 7 月 28 日，中国证监会发布了《关于进一步完善股票发行方式的通知》（以下简称《通知》），并成功地进行了"首钢股份"等四家公司股票发行的试点。该《通知》规定，股本总额在 4 亿元人民币以上的公司，可采用对一般投资者上网发行和对法人配售相结合的方式发行股票。参与股票配售的法人是指除证券经营机构以外的有权购买人民币普通股的法人。与发行公司有股权关系或为同一企业集团的法人不得参加配售。法人不得同时参与配售和上网申购。

（四）股票发行价格的制定

从 2003 年 3 月我国股票发行体制由审批制转向核准制后，我国 A 股新股发行先后采用过市盈率定价法、竞价法以及询价和竞价相结合的方法。

1. 市盈率定价法

市盈率定价法是根据拟发行上市公司的每股净收益和所确定的发行市盈率来决定发行价格的一种新股定价方法。其计算公式为：发行价格 = 每股净收益 × 发行市盈率。其中，每股净收益可以用每股税后利润来表示，其确定方法有两种：

（1）加权平均法，即用发行前两年的每股税后利润加上发行年度的加权每股税后利润除以 3。例如，A 股份有限公司 2011 年 3 月 9 日公布的招股说明书列示，该公司 2009 年、2010 年的实际每股税后利润分别为 0.66 元和 0.85 元，2011 年 2 月实际每股税后利润为 0.18 元。假设当时二级市场同类股票的市盈率为 22 倍，则该公司股票发行价格为 $[0.66 + 0.85 + (0.18 \div 2 \times 12)] \div 3 \times 22 = 18.99$ 元。

（2）全面摊薄法，即用发行年度预测全年税后利润除以总股本。这种方法是发行公司和主承销商根据对可比公司的分析，选择行业相同、流通股本相当、盈利能力接近的 10 家可比公司进行分析，根据可比上市公司最近 15 个交易日和最近 30 个交易日的平均收盘价、平均市盈率、总股本、流通股本、营业收入等指标确定发行价格。具体计算公式为：

$$股票发行价格=\frac{发行当年预测税后利润}{发行当年加权平均股本数}\times 市盈率$$

$$=\frac{发行当年预测税后利润}{\begin{matrix}发行前\\总股本\end{matrix}+\begin{matrix}本次公开\\发行股本数\end{matrix}\times\frac{12-发行月份}{12}}\times 市盈率$$

假设B公司2011年11月23日以25倍市盈率确定发行价格，该公司1～10月份实际完成税后利润为1 600万元，预测11～12月税后利润为420万元，新股发行后总股本为4 000万股，则其发行价格为(1 600+420)÷4 000×25=12.63元。

影响股票发行价格确定的另一个重要因素是市盈率。发行公司在确定市盈率时，应考虑所属行业的发展前景、同行业公司在股市上的表现，以及近期二级市场的规模、供求关系和总体走势等因素，以利于确定一个较为准确的发行市盈率。目前市场上取得共识的发行市盈率是不超过20倍，但由于管理层没有制定制度性规定，所以现在就制度而言发行市盈率是没有倍数限制的。

市盈率定价方式确定的发行价格不是以市场需求信息为基础，而是在很大程度上依靠发行公司及承销商的谈判能力，虽然双方讨价还价的结果会在一定程度上反映市场状态，但价格的确定缺乏对市场需求的调查了解，往往会出现定价不准确的情况。但由于这种方法确定发行价格的程序相对简单、成本较低，因此2000年以来一直在我国的新股定价中广泛使用。

2. 竞价法

竞价法是由发行人先确定发行底价、发行时间和每个投资者的申购限额，投资者则在规定的时间内按不低于发行底价的价格通过交易柜台认购。申购期满，由交易所的交易系统将所有有效申购按价格优先、时间优先原则，认购委托从高价位向低价位排列，并由高价位到低价位累计有效申购数量。累计数量恰好达到或超过本次发行数量时的价格即为本次发行价格。若在发行底价之上累计有效申购数量达不到本次发行股票的数量时，就以发行底价作为发行价格。

一般而言，竞价法主要适用于公用事业等受管制的行业，因为这些行业的收益比较稳定，现金流量容易测算，普通投资者可以比较准确地判断其投资价值。但是竞价法也存在一个很大的问题，由于发行价格不能事先确定，发行量和募集资金总量不能同时确定，在新股需求量很大的情况下，如果事先确定发行量，则募集资金总量会大大超过计划额，容易造成资金浪费。如果事先确定募集资金总量，则发行数量会大幅减少，不利于建立有效的公司治理结构。

3. 询价和竞价相结合的方法

询价和竞价相结合的方法是指主承销商和发行人采用“预路演”的方式，进行多项资本市场调查，以此来确定股票发行价格的申购区间。机构投资者和散户投资者可以在该价格区间内进行竞价申购。但在实际操作中，主承销商和发行人对资本市场的调查进行得很不充分，几乎所有申购到新股的价格都是价格区间的上限，使价格区间失去了意义，在实质上同以前的上网定价发行没有区别。这也意味着目前通过询价确定的价格区间偏低，不能发挥竞价方式的优越性。

（五）股票发行时间的决策

在何时发行股票，是利用股票筹资的又一决策内容，有时它关系到股票发行的成败，必须给予重视。确定股票发行时间一般要考虑如下主要因素：①公司需用资金的时间；②股票发行所需要的时间；③招股说明书的有效期限；④股票市场行情；⑤公司的财务状况等。

（六）承销商的选择

在公司采用承销方式发行股票时，承销商的选择也十分重要，它直接影响股票发行的速度和工作质量。公司选择承销商一般要考虑如下因素：①专业资格；②股票发行的资历和经验；③研究能力；④诚意；⑤费用；⑥组织协调能力；⑦资本实力等。综合比较以上方面，在有资格承销股票的机构中进行筛选，然后确定。

六、股票上市

股票上市是指股份有限公司公开发行的股票经批准在证券交易所挂牌交易。经批准在证券交易所上市交易的股票称为上市股票。根据国际惯例，非公开募集发行的股票或未向证券交易所申请上市的非上市股票，应在证券交易所外的店头市场上流通、转让，即场外交易。只有公开募集发行并经批准上市的股票才能进入证券交易所流通转让。我国《公司法》规定，股东转让其持有的股份必须在依法设立的证券交易所进行。

（一）股票上市的目的

股份公司申请股票上市，其目的在于：①分散风险。股票上市之后，资本社会化，可以在更大的范围内分散风险。②提高股票的变现力。股票上市之后，如同一般商品一样，可以在公开市场上交易，自然提高了股票的变现力。③便于筹集新的资本。股票上市后股票价格的波动，形成对公司业绩的一种市场评价机制，那些业绩优良、成长性好的公司的股价一直保持在较高的水平上，使公司能以较低的成本筹集大量的资本，步入资本快速、连续扩张的轨道。④提高公司的知名度。股票上市后，公司的有关信息就会引起各种媒体和社会公众的关注，由此提高了公司的知名度，有助于公司树立产品品牌形象，扩大市场的销售量，提高公司的业务扩张能力。⑤便于确定公司的价值。股票上市之后，公司的股价市场化，便于确定公司的价值。

（二）股票上市的条件

我国《公司法》规定，股份有限公司申请股票上市，必须符合如下条件：①股票经国务院证券管理部门批准已向社会公开发行。不允许公司在设立时直接申请股票上市。②公司股本总额不少于人民币5 000万元。③开业时间在3年以上,最近3年连续盈利。如果属于国有企业依法改组而设立的股份有限公司,或者在《公司法》实施后新组建成立,其主要发起人为国有大中型企业的股份有限公司可以连续计算。④持有股票面值人民币1 000元以上的股东不少于1 000人,向社会公开发行的股份达到公司股份总数的25%以上;公司股本总额超过人民币4亿元的,其向社会公开发行股份的比例为15%以上。⑤公司在最近3年内无重大违法行为,财务会计报告无虚假记载。⑥国家法律、法规、规章及交易所规定的其他条件。

具备上述条件的股份有限公司经过申请,由国务院或国务院授权的证券管理部门批准,其股票方可上市。股票上市公司必须公告其上市报告,并将申请文件存放在指定的地点供公众查阅。股票上市公司还必须定期公布其财务状况和经营情况,每个会计年度内每半年公布一次财务会计报告。

(三)股票上市的暂停与终止

股票上市公司存在下列情形之一的,由国务院证券管理部门决定暂停其股票上市:①公司股本总额、股权分布等发生变化,不再具备上市条件(限期内未能消除的终止其股票上市);②公司不按规定公开其财务状况,或者对财务报告做虚假记载(后果严重的终止其股票上市);③公司有重大违法行为(后果严重的终止其股票上市);④公司最近3年连续亏损(限期内未能消除的,终止其股票上市)。

当上市公司出现下列情况之一时,终止其股票上市:第一,上述暂停情况②、③出现时,经查实后果严重;第二,上述暂停情况①、④出现时,经查实后果严重,不具备上市条件,在证券管理部门限定的时间内未能消除暂停上市原因;第三,公司决定解散、被行政主管部门依法责令关闭或者宣告破产的。

七、普通股筹资的优缺点

普通股筹资的优点主要表现在:①普通股筹资没有固定的到期日,不需偿还。利用普通股筹集的资金是永久性的资金,在公司持续经营期间可长期使用,能够保证企业最低的资金需求。②普通股筹资没有固定的利息负担。公司发行普通股进行筹资,每年应支付给股东多少股利,取决于公司的盈利水平和股利政策,而不像债券筹资那样,无论是否盈利都要支付固定的利息。③能增强公司的举债能力。利用普通股筹集的主权资本是公司借入资金的基础,公司的主权资本越多,对债务偿还的保证能力就越强。因此,普通股筹资可以提高企业的信誉,同时也为使用更多的债务资本提供了强有力的支持。④股票筹资比债券筹资更容易。由于普通股的预期收益大于债券收益,而且在通货膨胀时期,由于公司不动产的增值会使股票的价值随之提高,所以普通股比债券得到的保障大。

普通股筹资的缺点主要表现在:①普通股筹资的资本成本较高。一方面,普通股股利要在税后利润中支付,即股利不能抵扣所得税;另一方面,从股东的角度来看,由于股票投资风险大,所以股东要求较高的收益率作为补偿,因此,普通股的资本成本大于债券的资本成本。②容易分散控制权。当公司发行新股、引进新股东时,会导致公司控制权的分散。③稀释每股收益,降低股票价格。当公司增加股票发行时,新股东对公司已积累的盈余具有分配权,这就会降低普通股的每股收益,从而可能引起普通股市价下跌。

第三节 长期负债筹资

一、长期负债筹资的特点

负债筹资是指通过负债筹集资金。负债是企业一项重要的资金来源,几乎没有一家企业是只靠自有资本,而不运用负债就能满足资金需要的。负债筹资是与普通股筹资性质不同的筹资方式。与普通股筹资相比,负债筹资的特点表现为:①筹集的资金具有使用上的时间性,需到期偿还;②不论企业经营好坏,需固定支付债务利息,从而形成企业固定的负担;③其资本成本一般比普通股筹资成本低,且不会分散投资者对企业的控制权。

按照所筹资金可使用时间的长短,负债筹资可分为长期负债筹资和短期负债筹资两类。

长期负债是指期限超过一年的负债。筹措长期负债资金,可以解决企业长期资金不足的问题,如满足长期性固定资产的需要。另外,由于长期负债的归还期长,债务人可对债务的归还作长期安排,还债压力或风险相对较小。但长期负债筹资一般成本较高,即长期负债的利率一般会高于短期负债利率;负债的限制较多,即债权人经常会向债务人提出一些限制性的条件,以保证其能够及时、足额收回债务本金和利息,从而形成对债务人的种种约束。

二、长期借款筹资

(一)长期借款的含义和种类

长期借款是企业向银行等金融机构取得的期限在一年以上的借款,是企业生产经营资金的重要来源,尤其是企业长期资产的重要资金来源。

长期借款按照提供机构,可分为政策性银行贷款、商业性银行贷款和其他金融机构贷款;按照有无抵押,分为抵押贷款和信用贷款;按照用途,分为固定资产投资借款、更新改造借款、科技开发和新产品试制借款等。

（二）长期借款的程序

企业要取得长期借款，首先要向银行提出借款申请，在申请时要说明借款的原因、金额、期限和还款计划等。

银行接到企业申请后，要按照有关政策和贷款条件，对企业进行审查。审查内容包括；企业的财务状况、资信情况、盈利能力、发展能力、借款项目的可行性和还款计划的可靠性等。

银行对借款申请审核通过后，就可以和企业签订借款合同，就借款数量、借款时间、利率、用途、抵押品、还款的资金来源和方式、保护性条款和违约责任等进行约定。借款合同一旦签订，就具有了法律效力，企业便可按合同约定取得借款，并按照规定支付利息和偿还本金。

（三）长期借款的保护性条款

银行为了降低贷款风险，在提供贷款的同时往往会提出一些保护性条款。主要包括以下内容：

(1)企业须持有一定的现金及其他流动资产，以保持资产的流动性及偿债能力；

(2)限制支付现金股利和再购入股票，以限制现金外流；

(3)限制资本性支出的规模，以降低企业日后不得不变卖固定资产以偿还贷款的可能性；

(4)限制其他长期债务，以防止其他债权人取得对企业资产的优先求偿权；

(5)不准在正常情况下出售较多资产，以保持企业正常的生产经营能力；

(6)不准以任何资产作为其他承诺的担保或抵押，以避免企业有过重的负担；

(7)不准贴现应收票据或出售应收账款，以避免或有负债；

(8)限制租赁固定资产规模，防止企业因承担巨额租金而削弱其偿债能力。

（四）长期借款筹资的优缺点

(1)长期借款筹资的优点。长期借款筹资的优点主要包括：筹资速度快、弹性好、借款成本低、可带来财务杠杆利益等。和发行股票、债券相比，以长期借款方式筹集资金的速度较快。在借款时和借款后，企业能就借款金额、偿还时间等方面面对面地与银行协商，筹资弹性好。长期借款利率一般低于债券利率，和股息相比，利息在税后支付，具有抵税作用，筹资费用少，资本成本低。在企业经营状况良好时，借入资金利息率通常会低于企业全部资本报酬率，可以提高自有资金收益水平，增加股东财富。

(2)长期借款筹资的缺点。长期借款筹资的缺点主要有财务风险大、限制性条件多等。长期借款加大了企业负债比重，固定利息和到期的本金支付将加大企业的财务压力和财务风险。长期借款取得时的保护性条款在降低银行风险的同时，使企业在筹资和投资方面受到了极大的限制，降低了企业生产经营的灵活性,影响了企业未来的资金运作。

三、发行公司债

(一)公司债的含义

公司债也称企业债券,是公司为筹集资金而发行的、约定在一定期限还本付息的有价证券,反映了企业与债券持有人之间的债权债务关系。发行债券筹资是企业向社会筹集资金的重要方式。

(二)公司债的种类

1. 记名债券和无记名债券

记名债券是券面上和公司债券存根簿上记有持券人的姓名或名称及住所的债券。公司只对记名人偿还本金,持券人凭印鉴支取利息。债券转让要以背书形式或法律法规规定的其他方式进行,并由公司变更存根簿的债券持有人姓名或名称及住所。

无记名债券是券面上和公司债券存根簿上不记有债券持有人姓名或名称及住所的债券。债券持有人凭债券领取利息、收取本金。无记名债券的转让无需办理过户手续,比较自由、方便。

2. 抵押债券和信用债券

按照债券发行时有无抵押品,可分为抵押债券和信用债券。抵押债券是以特定财产作为抵押品而发行的债券,用于抵押的可以是公司的全部财产,如不动产、机器设备、股票等。不需要以财产作抵押即可发行的债券为信用债券。这种债券通常由信誉良好、实力较强的企业发行,其利率通常略高于抵押债券。

3. 固定利率债券和浮动利率债券

按照利率在发行期内是否可以调整,债券可分为固定利率债券和浮动利率债券。固定利率债券的利率在发行时即已确定并载于债券券面,即使市场利率发生了变化也不予调整。浮动利率债券是利率水平在发行债券之初不固定,在发行期内随某一基准利率(如银行存款利率、政府债券利率)的变动方向进行调整的债券。

4. 一次偿还债券和分期偿还债券

按照债券本金的偿还方式,可将其分为一次偿还债券和分期偿还债券。分期偿还债券可以减轻发行企业偿还债务的压力,降低债权人的风险。

5. 可转换债券和不可转换债券

按照债券能否转换为普通股票,可将其分为可转换债券和不可转换债券。可转换债券是指在规定的时间内,可以将其按照一定的价格和比率转换成普通股票的债券。与之相反,不能转换为普通股票的债券为不可转换债券。

(三)债券发行的资格和条件

股份有限公司、国有独资公司和国有有限责任公司具有发行债券的资格。

要发行债券，还必须具备以下条件：

(1)股份有限公司的净资产额不低于人民币3 000万元，有限责任公司净资产额不低于人民币6 000万元。

(2)累计债券总额不超过公司净资产的40%。

(3)最近3年的平均可分配利润足以支付公司债券1年的利息。

(4)所募集资金的投向符合国家的产业政策。

(5)债券利率不超过国家规定的水平。

(6)其他。

(四)债券发行的程序

1. 做出发行债券的决议

股份有限公司或有限责任公司根据生产经营的需要拟发行债券时，要由董事会制订方案，股东大会做出决定；国有独资公司发行公司债券，应由国家授权投资的机构或者国家授权的部门做出决定。发行决议应包含债券发行总额、票面金额、发行价格、资金用途、募集办法、利率、偿还方式和日期等内容。

2. 发行债券的申请和批准

公司做出发行债券的决议后，应向国务院证券发行管理部门提出申请，并提交公司登记证明、公司章程、债券募集办法、资产评估报告和验资报告等文件。国务院证券管理部门根据有关规定，对公司的申请予以核准。

3. 制定募集办法并予以公告

债券发行申请被批准后，应由发行公司制定公司募集办法，并公告社会。募集办法应包含公司名称、债券总额、票面金额、利率、还本付息办法和方式、债券发行起止日、公司净资产、已发行的尚未到期的公司债券总额、发行承销机构等内容。

4. 募集借款

募集办法公告后，公司即可以在规定的期限内发行债券，募集资金。

(五)债券发行的方式

债券发行分为私募发行和公募发行两种方式。

私募发行是指债券发行公司直接将债券发售给特定的少数投资者的方式。私募发行具有发行费用低、募集资金时间短、限制性条件少等优点。其缺点是债券利率高于公募发行，债券一般不能上市流通，流动性差，发行者的经营管理易受债权人干涉。

公募发行是指债券发行公司直接或间接将债券发售给非特定的、广大的社会投资者的方式。间接公募发行要通过证券中介机构进行。公募发行的优点是：发行对象广泛、筹资数额大，有利于提高企业的知名度、扩大社会影响，债券利率低于私募发行债券的利率，一般可以上市流通，流动性好。公募发行的缺点是：发行费用高、募集资金时间长。

（六）债券发行价格的确定

虽然债券上标明了面值，但债券的发行价格不一定等于其面值。两者产生差异的主要原因是债券印刷和发行时的市场利率有差异。债券发行价格应等于其未来支付的利息和偿还的本金按发行时的市场利率计算的现值。对于一次还本、分期付息的债券而言，当票面利率和发行时的市场利率相等时，债券应按面值发行；当票面利率大于发行时的市场利率时，债券应溢价发行；当票面利率低于发行时的市场利率时，债券应折价发行。

1. 一次还本、分期付息的债券

一次还本、分期付息的债券，其发行价格可按下列公式计算：

$$P = F \times i \times (P/A, k, n) + F \times (P/F, k, n)$$

其中：P 为债券发行价格；F 为债券面值；i 为债券的票面利率；k 为债券发行时的市场利率；n 为债券期限。

【例 4.1】某公司发行面值为 1 000 元的 5 年期债券，债券票面利率为 8%，每半年付息一次。当市场利率分别为 8%、10% 和 6% 时，发行价格可计算如下：

当市场利率为 8% 时：

$$P = 1\,000 \times 4\% \times (P/A, 4\%, 10) + 1\,000 \times (P/F, 4\%, 10)$$
$$= 40 \times 8.110\,9 + 1\,000 \times 0.675\,6 = 1\,000 (元)$$

当市场利率为 10% 时：

$$P = 1\,000 \times 4\% \times (P/A, 5\%, 10) + 1\,000 \times (P/F, 5\%, 10)$$
$$= 40 \times 7.721\,7 + 1\,000 \times 0.613\,9 = 922.77 (元)$$

当市场利率为 6% 时：

$$P = 1\,000 \times 4\% \times (P/A, 3\%, 10) + 1\,000 \times (P/F, 3\%, 10)$$
$$= 40 \times 8.530\,2 + 1\,000 \times 0.744\,1 = 1\,085.31 (元)$$

2. 一次还本付息、不计复利的债券

一次还本付息、不计复利的债券的发行价格可按下列公式计算：

$$P = F \times (1 + in) \times (P/F, r, n)$$

式中字母含义同上。

【例 4.2】某公司发行面值为 1 000 元的 5 年期债券，票面利率为 8%，到期一次还本付息，不计复利。当市场利率分别为 8%、10% 和 6% 时，发行价格可计算如下：

当市场利率为 8% 时：

$$P = 1\,000 \times (1 + 5 \times 8\%) \times (P/F, 8\%, 5) = 1\,400 \times 0.680\,6 = 952.84 (元)$$

当市场利率为 10% 时：

$$P = 1\,000 \times (1 + 5 \times 8\%) \times (P/F, 8\%, 5) = 1\,400 \times 0.620\,9 = 869.26 (元)$$

当市场利率为 6% 时：

$$P = 1\,000 \times (1 + 5 \times 8\%) \times (P/F, 6\%, 5) = 1\,400 \times 0.747\,3 = 1\,046.22(\text{元})$$

（七）债券的信用评级

由于企业发行的债券品种繁多，信誉优劣各异，所以投资者希望有专门的机构对债券的质量高低进行评价。所谓债券的信用评级是由专门的中介机构对债券发行企业的经营状况、财务质量、偿债能力等进行评估，以不同的级别表示债券的信用高低、风险大小。投资者可根据评级结果选择债券进行投资。当前国际上最著名的债券评级机构是穆迪投资者服务公司（Moody's Investor Service）和标准普尔公司（Standard and Poor，S&P），它们对债券的分级见表4-4。

表4-4　债券信用评级表

名称		较高等级	高级	投机级	低级
标准普尔（S&P）		AAA AA	A BBB	BB B	CCC CC C D
穆迪（Moody's）		Aaa Aa	A Baa	Ba B	Caa Ca C D
标准普尔	穆迪	说明			
AAA	Aaa	AAA级和Aaa级是债券等级中的最高级别，表明债券具有极强的偿付本利的能力			
AA	Aa	AA级和Aa级债券有较强的本利偿付能力，它同最高等级债券一起构成债券的最高级别			
A	A	A级债券偿还本利能力强，但是它比较容易随环境和经济状况的变动而发生不利的变动			
BBB	Baa	评为BBB级和Baa级的债券被视为具有足够的能力偿还本金和利息，因为它一般都规定有充分的保护措施。比起高级别债券，不利的经济状况或环境变化更能削弱该级别债券的本利偿付能力。这类债券属于中级债务			
BB B CCC CC	Ba B Caa Ca	一般认为该等级债券具有显著的投机性。BB级和Ba级债券的投机度最低，CC级和Ca级债券的投机度最高。尽管这种债券可能具有某种特质与保护性特点，然而最重要的是，它们带有更大的不确定性或者更有可能经历不利的情况			
C	C	该等级债券归属从未支付利息的收益债券			
D	D	无力清偿债务的债券被判定为D级债券，该种债券无法按时支付利息以及归还本金			

注：有时穆迪和标准普尔会调整债券等级。标准普尔使用加、减号：A+代表A级中的最高级别，A-则代表A级中的最低级别。穆迪采用的是符号1、2或3，其中1代表最高级别。

由表4-4可见，债券的最高等级是AAA级或Aaa级，这类债券具有最高质量和最低风险程度。D级是债券等级中最低的级别，它表明发行公司无法履行偿还义务。从20世纪80年代开始，越来越多的公司利用低等级债券，即"垃圾债券"筹资。"垃圾债券"是指被权威评级机构评为低于"投资等级"的债券（即信用评级低于标准普尔公司的BB级或穆迪公司的Ba级的债券）。这类债券的风险较大，收益率较高，体现了"高风险、高收益"的公司理财观念，因此，吸引了越来越多的投资者关注这类筹资工具。

我国的债券评级工作正处于起步阶段,还没有统一的债券等级标准和系统的评级制度。如果企业要向社会公开发行债券,则按中国人民银行的有关规定,由中国人民银行及其授权的分行指定资信评级机构进行信用评级。目前,我国已发行债券的信用等级都为AAA,并且都由信誉卓著的第三者提供担保。

(八)债券筹资的优缺点

1. 债券筹资的优点

(1)资本成本较低。由于债权人承担的风险小于股东承担的风险,加之债券的利息在所得税前支付,具有一定的抵税作用,因此,债券筹资的成本低于股票筹资的成本。

(2)筹资对象广,市场大。与银行借款相比,发行债券所面对的是众多的社会投资者,资金充裕,筹资潜力大。

(3)可获得财务杠杆利益。当全部资本报酬率大于借款利息率时,债券筹资可以提高自有资金的收益率,带来财务杠杆利益。

2. 债券筹资的缺点

(1)财务风险大。债券筹资提高了企业的负债比率,固定的利息支付负担和本金偿还义务加大了企业的财务负担和破产风险,增加了企业未来举债的难度。

(2)限制性条件多。首先企业发行债券要具备相应的资格,符合严格的条件,这在一定程度上限制了企业对债券筹资方式的使用。其次,发行债券时的各种限制性条款将会影响到公司的正常发展及未来的举债能力。

四、可转换债券筹资

(一)可转换债券的含义

可转换债券是指按照约定条件可以将其转换为普通股股票的特殊债券。可转换债券是兼有权益性质和债券性质的混合型证券。

(二)可转换债券的主要内容

和普通债券一样,可转换债券同样具备面值、期限、票面利率等要素。可转换债券的利率一般比普通债券利率低2~4个百分点。此外,可转换债券还具备如下要素:

1. 转换期限

转换期限是债券发行时约定的可以将债券转换为股票的有效期限。转换期限可以有以下四种情况:①发行日~到期日;②发行日~到期日前某日;③发行日后某日~到期日;④发行日后某日~到期日前某日。

2. 转换价格

转换价格是债券在约定的期限内转换为股票时的股票每股价格,是影响投资人转换收益和转换成功与否的关键。如果转换价格低于转换时的股票市价，投资人可以获取股票的价差收益，两者的差异越大，投资者的收益越高。反之，如果转换价格等于或高于股票市价，投资人将无法获取价差收益，债券的转换将不会发生。

3. 转换比率

转换比率是每张债券可以转换成股票的数量。转换比率和转换价格成反比，即转换比率 $=\frac{债券面值}{转换价格}$。如面值为 1 000 元的可转换债券，转换价格为 100 元，则转换比率为 10，即每张债券可以转换为普通股 10 股。

4. 赎回和回售条款

可转换债券通常还制定有赎回或回售条款，约定在一定的条件下发行公司可以赎回债券或债权人可以将债券回售给发行公司。赎回条款的设立主要是为了保障发行公司的利益。当市场利率降低时，赎回条款可以使发行公司收回旧的债券从而以更低的成本筹集资金；当股票涨幅过高时，赎回条款可以使发行公司减少按转换价格转换债券造成的损失。例如，发行新股的市场价格为 10 元，转换价格为 5 元时，债券转换将使发行公司每股损失 5 元，而赎回条款可以使发行公司的这种损失得到控制。回售条款主要是为了保障债权人的利益。当市场情况使债券持有人无法得到债券转换的好处时，债权人可以要求发行公司收回债券，以降低可转换债券低利率带来的损失。如转换价格为 5 元，市场价格为 3 元，转换无法实现，通过回售条款可以减少投资者的这种损失。

（三）可转换债券筹资的优缺点

1. 可转换债券筹资的优点

可转换债券具有比普通债券更为突出的优点：

（1）可以取得成本较低的资金。因为可转换债券的利率低于正常债券的利率。

（2）有利于企业长期经营。因为可转换债券为中长期债券，无论转换能否成功，都可以成为企业稳定的资金来源。

（3）拓宽了企业筹资的渠道。可转换债券由于具有可转换性，对投资者有较大的吸引力，对改善企业筹资环境，扩大筹资渠道，实现多元化筹资有着重要的意义。

2. 可转换债券筹资的缺点

（1）转换失败将加大企业的财务压力。如果转换失败，发行公司将面临巨大的债券利息支付和本金偿还的压力。

（2）转换后失去了低成本的好处。债券转换一旦成功，债权转换为股权，其低成本的好处将丧失殆尽。

（3）回售条款有可能造成公司损失。回售条款主要是为了保障债权人的利益,回售时大量的现金支付将降低公司资产的流动性,同时支付的回售溢价也给公司带来了损失。

(4)转换价低于新股发行市价给公司带来的损失,主要是减少了公司的筹资量。

五、融资租赁

(一)租赁的含义

租赁是指资产的所有者以收取一定资金为条件,在契约或合同规定的期限内将资产的使用权让渡给出资者的经济行为。其中资产的所有者为出租人,支付资金并取得资产使用权者为承租人,支付的资金为租金。租赁是企业取得短期使用资产或资金不足时融通资金的重要手段。办理出租业务的一般是专业的租赁公司,承租者一般是资金短缺的各类企业,租赁物一般是各种机器设备等固定资产。

(二)租赁的种类

1. 经营租赁

经营租赁也称营业租赁或业务租赁,是由出租人向承租人提供租赁设备及设备维护保养和人员培训等服务的租赁方式。这类租赁一般为短期租赁,是承租人为取得资产的短期使用权而采用的租赁方式。

经营租赁具有以下特点:①期限短。租赁期仅是设备使用寿命的一小部分,对出租方来说,一次租赁的租金不足以弥补其资产的成本。②出租人为承租人提供设备维护保养和人员培训等服务。③灵活方便。承租企业可随时根据需要向出租人承租资产;在合理的条件下,承租人有权在租赁期间预先通知出租人后解除租约或要求更换租赁物。④租赁期满后资产由出租人收回自用或多次出租。⑤资产的风险由出租人承担。经营租赁的对象通常是单位价值较高、使用频率低的机器设备等。

2. 融资租赁

融资租赁又称财务租赁、资本租赁,是一种以融资为主要目的的租赁方式。通常由租赁公司按照承租企业的要求融资购买设备,并在契约或合同规定的期限内以收取租金为条件,将设备的使用权让渡给承租企业的信用性业务。融资租赁是以融资为主要目的、集融资与融物为一体的长期租赁形式。

融资租赁具有以下特点:①期限长。租赁期大多在设备使用寿命的一半以上,对出租方来说,一次租赁的租金基本可以弥补其资产的成本。②出租人不提供设备维护保养和人员培训等服务,承租企业负责设备的维修保养和管理,但不能自行拆卸改装。③承租人对设备和供应商具有选择的权利和责任,一般由承租企业向出租方提出正式的申请,由出租方根据承租人的要求融通资金购买设备给承租企业使用。④融资租赁合同是一种不可随意解约的合同,在规定的租期内,除非双方同意,任何一方无权中途解约。⑤租赁期满后资产可由出租人收回、承租人续租或将设备作价转让给承租方。

融资租赁按业务上的不同特点,可分为直接租赁、售后回租和杠杆租赁三种。

(1)直接租赁。直接租赁是融资租赁的典型方式,由承租人支付租金给出租人,租入所需资产。出租方一般为融资租赁公司或设备制造商。租赁协议一般只涉及承租企业、租赁公司两方。

(2)售后回租。售后回租是指承租企业将已有设备出售给租赁公司,然后再从租赁公司租赁的方式,是解决企业资金短缺的有效手段。该租赁方式使企业通过出售资产取得了所需资金,通过租赁保留了资产的使用权,其代价是今后要不断支付租金,租金总额将大于资产的售价。该租赁协议一般只涉及承租企业、租赁公司双方。

(3)杠杆租赁。杠杆租赁是指租赁公司通过借贷方式取得部分资金购置资产,然后将资产出租给承租企业使用的融资租赁方式。杠杆租赁和直接租赁的唯一区别是出租人的部分资金(通常为60% ~80%)是借入资金,出租人将用以后收取的租金来偿还借入资金的本金和利息。杠杆租赁协议将涉及承租方、租赁公司、设备供应商、贷款人等各方。对出租人而言,只垫付部分资金便可获得租赁资产的所有权,而且租赁收益大于贷款成本支出,可获得杠杆利益。因此,杠杆租赁成为国际上流行的特殊的融资租赁方式。

(三)融资租赁租金的确定

1. 融资租赁租金的构成

融资租赁的租金包括两部分:资产成本和租息。资产成本包括资产购买价格、运杂费、途中保险费等,它是租金的主要组成部分。租息包括租赁公司的融资成本和租赁手续费。其中,融资成本是指租赁公司为购买租赁设备所筹集资金的成本,如借款利息、自有资金的机会成本等;手续费包括租赁公司的经营费用和一定的利润。

2. 融资租赁租金支付方式的分类

租金的支付按照时间间隔可分为年付、半年付、季付和月付等形式;按照支付金额可分为等额支付和不等额支付;按照支付时间的先后可分为先付租金和后付租金。先付租金是指在每期期初支付租金,后付租金是指在每期期末支付租金。实践中大多为等额的后付或先付租金。租金支付方式将影响每期支付租金的金额。

3. 融资租赁租金的计算

融资租赁租金的计算可分两种情况:第一种情况不考虑资金时间价值;第二种情况要考虑资金时间价值。

(1)不考虑资金时间价值。如果不考虑资金时间价值,可采用平均分摊法,即将租赁期内的租金总额除以支付期数,作为每期等额租金。

【例4.3】某企业以融资租赁方式租入设备一套,租赁期5年,设备价值100万元,年利率按8%计算。租赁手续费为设备价值的2%,租金每年年末支付一次,租赁期满设备归承租企业,采用平均分摊法计算每期租金。

租赁期内每年等额还本额为:$\frac{100}{5}=20$(万元)

租赁期内每年年末本金余额分别为:第一年80万元;第二年60万元;第三年40万元;第四年20万元;第五年0万元。

租赁期内每年年末应付利息为:第一年8万元;第二年6.4万元;第三年4.8万元;第四年3.2万元;第五年1.6万元。

租赁期内的利息总额为 $=8+6.4+4.8+3.2+1.6=24$(万元)

采用平均分摊法计算的每期租金为:

$$\frac{100+24+100\times 2\%}{5}=25.2\text{(万元)}$$

(2)考虑资金时间价值。如果要考虑资金的时间价值,则每期支付的租金折成现值应等于设备的价值与租赁手续费之和。计算现值时的折现率包括租赁公司的融资成本和手续费两部分。

【例4.4】沿用上例资料,假定折现率为10%,每期期末支付的租金计算结果如下:

$$\frac{100+100\times 2\%}{(P/A,10\%,5)}=\frac{102}{3.790\ 8}=26.91\text{(万元)}$$

若租金在每期期初支付,则可按先付租金的方法计算各年租金:

$$\frac{102}{(P/A,10\%,4)+1}=\frac{102}{3.166\ 9+1}=24.48\text{(万元)}$$

(四)融资租赁筹资的优缺点

1. 融资租赁筹资的优点

(1)速度快。融资租赁集融资与融物于一体,在融资的同时就取得了资产的使用权,有利于迅速形成生产能力。

(2)限制性条件少。与借款、发行债券等负债筹资方式相比,融资租赁的限制性条件少,能保持企业生产经营的灵活性。

(3)财务负担均衡。租金在整个租赁期内陆续支付,可以均衡财务负担,避免集中偿还的压力。

(4)抵税作用。租金在所得税之前支付,可减少应纳税所得额,等于减轻了企业的实际租金负担。

(5)设备淘汰风险较小。在租赁期相对较短、期满后设备由租赁公司收回的情况下,由于科学技术的进步或生产水平的提高导致设备提前报废或贬值的风险一般由出租方承担;但在租赁期较长、签订租赁合同时没有充分考虑设备提前报废或贬值因素的情况下,承租企业也将承担一定的设备淘汰风险。如果是自购设备,企业将承担全部设备淘汰风险。

2. 融资租赁筹资的缺点

(1)租赁成本高。融资租赁的租金不仅要补偿租赁公司的融资成本,还要补偿其营业成本,并为其提供一定的利润。租金总额比企业借款或发行债券的本利和高。

(2)形成了固定的财务负担。每期必须支付的租金,形成了企业固定的财务负担和财务压力。

第四节 短期筹资与营运资金政策

一、短期负债筹资

(一)短期负债筹资的特点

短期负债筹资所筹资金的可使用时间较短,一般不超过一年。短期负债筹资具有如下一些特点:

1. 筹资速度快,容易取得

长期负债的债权人为了保护自身利益,往往要对债务人进行全面的财务调查,筹资所需时间一般较长,且不易取得;而短期负债在较短时间内即可归还,故债权人顾虑较少,容易取得。

2. 筹资富有弹性

通过长期负债筹资,债权人或有关方面经常会向债务人提出很多限定性条件或管理规定;而短期负债的限制则相对宽松,使筹资企业的资金使用较为灵活、富有弹性。

3. 筹资成本较低

一般来讲,短期负债的利率低于长期负债,因此短期负债筹资的成本也就较低。

4. 筹资风险高

短期负债需在短期内偿还,因而要求筹资企业在短期内拿出足够的资金偿还债务,若企业届时资金安排不当,就会陷入财务危机。此外,短期负债利率的波动比较大,有时高于长期负债的利率水平也是可能的。

(二)短期负债筹资的主要形式

短期负债筹资最主要的形式是商业信用和短期借款。

1. 商业信用

商业信用是指在商品交易中由于延期付款或预收货款所形成的企业间的借贷关系。商业信用产生于商品交换之中,是所谓的"自发性筹资",它运用广泛，在短期负债筹资中占有相当大的比重。商业信用的具体形式有应付账款、应付票据、预收账款等。

(1)应付账款。应付账款是企业购买货物暂未付款而欠对方的款项，即卖方允许买方在购货后“一定时期内”支付货款的一种形式。卖方利用这种方式促销。而对买方来说，延期付款则等于向卖方借用资金购进商品，可以满足短期的资金需要。

与应收账款相对应，应付账款也有付款期、折扣等信用条件。应付账款可以分为：免费信用，即买方企业在规定的折扣期内享受折扣而获得的信用；有代价信用，即买方企业放弃折扣付出代价而获得的信用；展期信用，即买方企业超过规定的信用期推迟付款而强制获得的信用。

①应付账款的成本。倘若买方企业购买货物后在卖方规定的折扣期内付款，便可以享受免费信用。在这种情况下，企业不会因为享受信用而付出代价。

【例4.5】某企业按2/10、N/30的条件购入10万元货物。如果该企业在10天内付款，便可享受10天的免费信用期，并获得折扣0.2万元（$10\times2\%$），免费信用额为9.8万元（$10-0.2$）。

倘若买方企业放弃折扣，在10天后（不超过30天）付款，则该企业便要承担因放弃折扣而造成的隐含利息成本。一般而言，放弃现金折扣的成本可由下式求得：

$$\frac{\text{放弃现金}}{\text{折扣成本}}=\frac{\text{折扣百分比}}{1-\text{折扣百分比}}\times\frac{360}{\text{信用期}-\text{折扣期}}$$

运用上式，该企业放弃折扣所负担的成本为：

$$\frac{2\%}{1-2\%}\times\frac{360}{30-10}=36.7\%$$

公式表明，放弃现金折扣的成本与折扣百分比的大小、折扣期的长短同方向变化，与信用期的长短呈反方向变化。可见，如果买方企业放弃折扣而获得信用，其代价是较大的。然而，企业在放弃折扣的情况下，推迟付款的时间越长，其成本便会越小。比如，如果企业延至50天付款，其成本则为：

$$\frac{2\%}{1-2\%}\times\frac{360}{50-10}=18.4\%$$

②利用现金折扣的决策。在附有信用条件的情况下，由于获得不同信用要付出不同的代价，因而买方企业就要在不同条件的信用之间作出决策。一般说来，如果能以低于放弃折扣的隐含利息成本（实质是一种机会成本）的利率借入资金，便应在现金折扣期内用借入的资金支付货款，享受现金折扣。比如，与上例同期的银行短期借款年利率为12%，则买方企业应利用更便宜的银行借款在折扣期内偿还应付账款；反之，企业应放弃折扣。

如果在折扣期内将应付账款用于短期投资，所得的投资收益高于放弃折扣的隐含利息成本，则应放弃折扣而去追求更高的收益。当然，即使企业放弃折扣优惠,也应将付款日推迟至信用期内的最后一天(如上例中的第 30 天),以减少放弃折扣的成本。

如果企业因缺乏资金而欲展延付款期(如上例中将付款日推迟到第 50 天),则需在降低了的放弃折扣成本与展延付款带来的损失之间作出选择。展延付款带来的损失主要是指因企业信誉恶化而对供应商乃至其他贷款人丧失信用,或日后须接受苛刻的信用条件。

如果面对两家以上提供不同信用条件的卖方,应通过衡量放弃折扣成本的大小,选择信用成本最小(或所获利益最大)的一家。比如,上例中另有一家供应商提出 1/20、N/30 的信用条件,其放弃折扣的成本为:

$$\frac{1\%}{1-1\%}\times\frac{360}{30-20}=36.4\%$$

与上例中 2/10、N/30 信用条件相比,后者的成本较低。如果买方企业估计会拖延付款,那么就应选择第二家供应商。

(2)应付票据。应付票据是企业进行延期付款商品交易时开具的反映债权债务关系的票据。根据承兑人的不同,应付票据分为商业承兑汇票和银行承兑汇票两种,支付期最长不超过 9 个月。应付票据可以带息,也可以不带息。由于应付票据的利率一般比银行借款的利率低,且不用保持相应的补偿余额和支付协议费,所以应付票据的筹资成本低于银行借款成本。但是应付票据到期必须归还,如若延期便要交付罚金,因而风险较大。

(3)预收账款。预收账款是卖方企业在交付货物之前向买方预先收取部分或全部货款的信用形式。对于卖方来讲,预收账款相当于向买方借用资金后用货物抵偿。预收账款一般用于生产周期长、资金需要量大的货物销售。

此外,企业往往还存在一些在非商品交易中产生、但也属于自发性筹资的应付费用,如应付工资、应交税费、其他应付款等。应付费用使企业受益在前、费用支付在后,相当于享用了授款方的借款。应付费用的支付期限具有强制性,不能由企业自由斟酌使用,但通常不需花费代价。

商业信用筹资的特点:商业信用筹资最大的优越性在于容易取得。首先,对于多数企业来说,商业信用是一种持续性的信贷形式,且无需正式办理筹资手续;其次,如果没有现金折扣或使用不带息票据,则商业信用筹资不负担成本。其缺陷在于期限较短,在放弃现金折扣时的机会成本较高。

2. 短期借款

短期借款指企业向银行和其他非银行金融机构借入的期限在一年以内的借款。

(1)短期借款的种类。我国目前的短期借款按照目的和用途分为若干种,主要有生产周转借款、临时借款、结算借款等等。按照国际通行做法,短期借款还可依偿还方式的不同,分为一次性偿还借款和分期偿还借款;依利息支付方法的不同,分为收款法借款、贴现法借款和加息法借款;依有无担保,分为抵押借款和信用借款等等。

企业在申请借款时,应根据各种借款的条件和需要加以选择。

(2)短期借款的取得。企业举借短期借款,首先必须提出申请,经审查同意后借贷双方签订借款合同,注明借款的用途、金额、利率、期限、还款方式、违约责任等;然后,企业根据借款合同办理借款手续;最后,借款手续完毕,企业取得借款。

(3)短期借款的信用条件。按照国际通行做法,银行发放短期借款往往带有一些信用条件,主要有:

①信贷限额。信贷限额是银行对借款人规定的无担保贷款的最高额。信贷限额的有效期限通常为一年,但根据情况也可延期一年。一般来讲,企业在批准的信贷限额内,可随时使用银行借款,但是,银行并不承担必须提供全部信贷限额的义务。如果企业信誉恶化,即使银行曾同意按信贷限额提供贷款,企业也可能得不到借款。在这种情况下,银行不会承担法律责任。

②周转信贷协定。周转信贷协定是银行具有法律义务地承诺提供不超过某一最高限额的贷款协定。在协定有效期内,只要企业的借款总额未超过最高限额,银行就必须满足企业任何时候提出的借款要求。企业享用周转信贷协定,通常要就贷款限额的未使用部分付给银行一笔承诺费。

例如,某周转信贷额为 1 000 万元,承诺费率为 0.5%,借款企业年度内使用了 600 万元,余额 400 万元。借款企业该年度就要向银行支付承诺费 2 万元(400 ×0.5%),这是银行向企业提供此项贷款的一种附加条件。

周转信贷协定的有效期通常超过一年,但实际上贷款是每隔几个月发放一次,因而这种信贷具有短期和长期借款的双重特点。

③补偿性余额。补偿性余额是银行要求借款企业按贷款限额或实际借用额一定百分比(一般为 10% ~20%)在银行中保持的最低存款余额。从银行的角度讲,补偿性余额可降低贷款风险,补偿其可能遭受的贷款损失;对于借款企业来讲,补偿性余额则提高了借款的实际利率。

【例 4.6】某企业按年利率 8% 向银行借款 10 万元,银行要求其保持贷款限额 15% 的补偿性余额,那么企业实际可用的借款只有 8.5 万元,该项借款的实际利率则为:

$$\frac{10 \times 8\%}{8.5} \times 100\% = 9.4\%$$

④借款抵押。银行向财务风险较大的企业或对其信誉难以把握的企业发放贷款,有时需要抵押品担保,以降低自己可能蒙受损失的风险。短期借款的抵押品经常是借款企业的应收账款、存货、股票、债券等。银行接受抵押品后,将根据抵押品的面值决定贷款金额,一般为抵押品面值的 30% ~90%。这一比

例的高低，取决于抵押品的变现能力和银行的风险偏好。抵押借款的成本通常高于非抵押借款，这是因为银行主要向信誉好的客户提供非抵押贷款，而将抵押贷款看成一种风险投资，所以要收取较高的利息。同时，由于银行管理抵押贷款要比管理非抵押贷款更难，因而往往要另收手续费。

对于企业来讲，向贷款人提供抵押品会限制其财产的使用和将来的借款能力。

⑤偿还条件。贷款的偿还有到期一次偿还和在贷款期内定期（每月、季）等额偿还两种方式。一般来讲，企业不希望采用后一种偿还方式，因为它会提高借款的实际利率；而银行则不希望采用前一种偿还方式，因为它会加重企业的财务负担，增加企业的拒付风险，同时还会降低实际贷款利率。

⑥其他承诺。银行有时会要求企业为取得贷款而作出其他承诺，如及时提供财务报表、保持适当的财务水平（如特定的流动比率）等等。如企业违背所作出的承诺，银行则可要求企业立即偿还全部贷款。

（4）短期借款利率及其支付方法。短期借款的利率多种多样，利息支付方法亦不相同，银行将根据借款企业的具体情况选用。

①借款利率。借款利率一般包括：

优惠利率。这是银行向财力雄厚、经营状况良好的企业贷款时收取的名义利率，为贷款利率的最低限。

浮动优惠利率。这是一种随其他短期利率的变动而浮动的优惠利率，即随市场条件的变化而随时调整变化的利率。

非优惠利率。这是银行贷款给一般企业时收取的高于优惠利率的利率。这种利率经常在优惠利率的基础上加一定的百分比。比如，银行按高于优惠利率1%的利率向某企业贷款，若当时的最优利率为8%，向该企业贷款收取的利率即为9%；若当时的最优利率为7.5%，则向该企业贷款收取的利率就为8.5%。非优惠利率与优惠利率之间差距的大小，由借款企业的信誉、与银行的往来关系及当时的信贷状况所决定。

②借款利息的支付方法。一般来讲，借款企业可以用三种方法支付银行贷款利息。

收款法。收款法是在借款到期时向银行支付利息的方法，银行向工商企业发放的贷款大都采用这种方法收息。

贴现法。贴现法是银行向企业发放贷款时，先从本金中扣除利息部分、而到期时借款企业要偿还贷款全部本金的一种计息方法。采用这种方法，企业可利用的贷款额只有本金减去利息部分后的差额，因此贷款的实际利率高于名义利率。

【例4.7】某企业从银行取得借款10 000元，期限1年，年利率（即名义利率）8%，利息额800元（10 000×8%）。按照贴现法付息，企业实际可利用的贷

款为 9 200 元(10 000 - 800),该项贷款的实际利率为:

$$\frac{800}{10\ 000-800}\times 100\% = 8.7\%$$

加息法。加息法是银行发放分期等额偿还贷款时采用的利息收取方法。在分期等额偿还贷款的情况下,银行要将根据名义利率计算的利息加到贷款本金上,计算出贷款的本息和,并要求企业在贷款期内分期偿还本息之和的金额。由于贷款分期均衡偿还,因而借款企业实际上只平均使用了贷款本金的半数,却要支付全额利息。这样,企业所负担的实际利率便高于名义利率大约 1 倍。

【例 4.8】某企业借入年利率(名义)为 12% 的贷款 20 000 元,分 12 个月等额偿还本息。该项借款的实际利率为:

$$\frac{20\ 000\times 12\%}{20\ 000\div 2}\times 100\% = 24\%$$

(5)企业对银行的选择。随着金融信贷业的发展,可向企业提供贷款的银行和非银行金融机构增多,企业有可能在各贷款机构之间作出对自己最为有利的选择。

首先要选用适宜的借款种类,比较借款成本和借款条件,此外还应考虑下列有关因素:

①银行对贷款风险的态度。通常银行对贷款风险有着不同的态度,有的倾向于保守,只愿承担较小的贷款风险;有的勇于开拓,敢于承担较大的贷款风险。

②银行对企业的态度。不同银行对企业的态度各不一样。有的银行能积极地为企业提供建议,帮助分析其潜在的财务问题,乐于为具有发展潜力的企业发放大量贷款,在企业遇到困难时帮助其渡过难关;也有的银行很少提供咨询服务,在企业遇到困难时一味地为追偿贷款而对其施加压力。

③贷款的专业化程度。一些大银行设有不同的专业部门,分别处理不同类型的贷款。企业与这些拥有专门人才和丰富经验的专业化的贷款行合作,会更多受益。

④银行的稳定性。业务稳定的银行可以保证企业的借款不至于中途发生变故。银行的稳定性取决于它的资本规模、存款水平波动程度和存款结构。一般来讲,资本雄厚、存款水平波动小、定期存款比重大的银行稳定性好;反之则稳定性差。

(6)短期借款筹资的特点。在短期负债筹资中,短期借款的重要性仅次于商业信用。短期借款可以随企业的需要安排,使用灵活,且取得亦较简便。但其突出的缺点是短期内要归还,特别是在带有诸多附加条件的情况下更使借款风险加剧。

二、营运资金政策

营运资金通常是指流动资产与流动负债的差额。营运资金政策包括营运资金持有政策和营运资金筹集政策。其分别研究的是如何确定营运资金持有量和如何筹集营运资金两个方面的问题。

(一)营运资金持有政策

营运资金持有量的高低,影响着企业的收益和风险。较高的营运资金持有量,意味着在固定资产和流动负债一定的情况下,流动资产额较高,即企业拥有较多的现金、有价证券和保险储备量较高的存货。这会使企业有较大把握按时支付到期债务,及时供应生产用料和准时向客户提供产品,从而在风险较小的情况下,保证经营活动平稳地进行。但是,由于流动资产的收益性一般低于固定资产,所以较高的流动资产比重会降低企业的收益,而较低的营运资金持有量带来的后果则正好相反。此时,因为流动资产所占比重偏低,故使企业的收益率较高。但较少的现金、有价证券和较低的存货保险储备量却会降低偿债能力和采购的支付能力,造成信用损失、材料供应中断和生产阻塞。另外,企业还将因不能准时向购买方供货而失去客户。这些都会加大企业的风险。

通过以上分析可以看到,营运资金持有量的确定,就是在收益和风险之间进行权衡。所以,我们将持有较高的营运资金称为宽松的营运资金政策;而将持有较低的营运资金称为紧缩的营运资金政策。前者的收益、风险均较低;后者的收益、风险均较高;而介于两者之间的,是适中的营运资金政策。在适中的营运资金政策下,营运资金的持有量不会过高也不会过低,现金恰好能满足支付之需,存货足以保证生产和销售所用,除非利息高于资本成本(这种情况不大可能发生)。也就是说,适中的营运资金政策,理论上对于投资者财富最大化来讲是最佳的选择。然而,我们却难以量化地描述适中的营运资金政策的资金持有量。这是因为营运资金水平是多种因素共同作用的结果,包括销售量、存货和应收账款的周转速度等等。所以,各企业应当根据自身的具体情况和环境条件,按照适中的营运资金政策的原则,确定适当的营运资金持有量。

(二)营运资金筹集政策

营运资金筹集政策,是营运资金政策的研究重点。要研究营运资金的筹集政策,需要先对构成营运资金的两要素——流动资产和流动负债作进一步的分析,然后再考虑两者间的匹配。

1. 流动资产和流动负债分析

一般来说,我们经常按照周转时间的长短对企业的资金进行分类,即周转时间在一年以下的为流动资产,包括货币资金、短期投资、应收账款、应收票据、存货等;周转时间在一年以上的为长期资产,包括长期股权投资、固定资产、无形资产等。对于流动资产,如果按照用途再作区分,则可以分为临时性流动资产和永久性流动资产。临时性流动资产指那些受季节性、周期性影响的流动资产，如季节性存货、销售和经营旺季（如零售业的销售旺季在春节期间）的应收账款；永久性流动资产则指那些即使企业处于经营低谷也仍然需要保留的、用于满足企业长期稳定需要的流动资产。

企业的负债则按照债务时间的长短，以一年为界限，分为短期负债和长期负债。短期负债包括短期借款、应付账款、应付票据等；长期负债包括长期借款、长期债券等。短期负债的特点在前文已有论述，主要是成本低、风险大。与流动资产按照用途划分的方法相对应，流动负债也可以分为临时性负债和自发性负债。临时性负债指为了满足临时性流动资金需要所发生的负债，如商业零售企业春节前为满足节日销售需要，超量购入货物而举借的债务；食品制造企业为赶制季节性食品，大量购入某种原料而发生的借款等。自发性负债指直接产生于企业持续经营中的负债，如商业信用筹资和日常运营中产生的其他应付款，以及应付工资、应付利息、应交税费等。

2. 流动资产和流动负债的配合

营运资金筹集政策，主要是就如何安排临时性流动资产和永久性流动资产的资金来源而言的。一般可以区分为三种，即配合型筹资政策、激进型筹资政策和稳健型筹资政策。

(1)配合型筹资政策。配合型筹资政策的特点是：对于临时性流动资产，即运用临时性负债筹集资金满足其资金需求；对于永久性流动资产和固定资产（统称为永久性资产，下同），即运用长期负债、自发性负债和权益资本筹集资金满足其资金需求（见图4-1）。

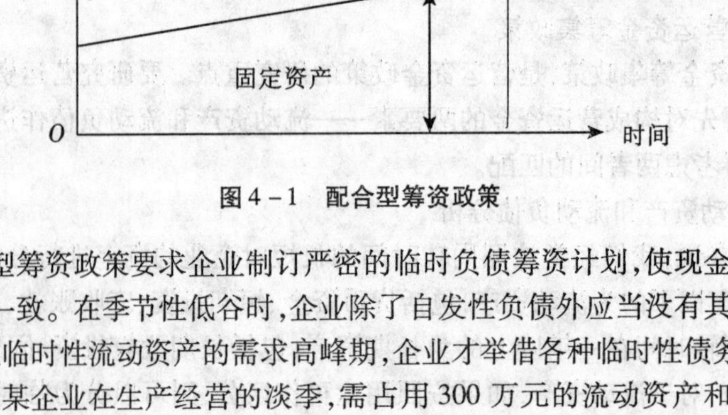

图4-1 配合型筹资政策

配合型筹资政策要求企业制订严密的临时负债筹资计划，使现金流动与预期安排相一致。在季节性低谷时，企业除了自发性负债外应当没有其他流动负债；只有在临时性流动资产的需求高峰期，企业才举借各种临时性债务。

例如，某企业在生产经营的淡季，需占用300万元的流动资产和500万元的固定资产，而在生产经营的高峰期，会额外增加 200 万元的季节性存货需求。若执行配合型筹资政策，其做法是：企业只在生产经营的高峰期借入 200 万元的短期借款；而不论何时，800 万元永久性资产（即 300 万元永久性流动资产和 500 万元固定资产之和）均由长期负债、自发性负债和权益资本解决。

这种筹资政策的基本思想是将资产与负债相配合，以尽可能降低企业不能偿还到期债务的风险和债务的资本成本。但是，事实上由于资产使用寿命的不确定性，往往达不到资产与负债的完全配合。比如上文中的那个企业，如果在生产经营高峰期内的销售不理想，未能获得销售现金收入，便会使临时性负债发生偿还困难。因此，配合型筹资政策是一种理想的、对企业有着较高资金使用要求的营运资金筹集政策。

（2）激进型筹资政策。激进型筹资政策的特点是：临时性负债不但能满足临时性流动资产的资金需求，而且还要解决部分永久性资产的资金需求（见图 4－2）。

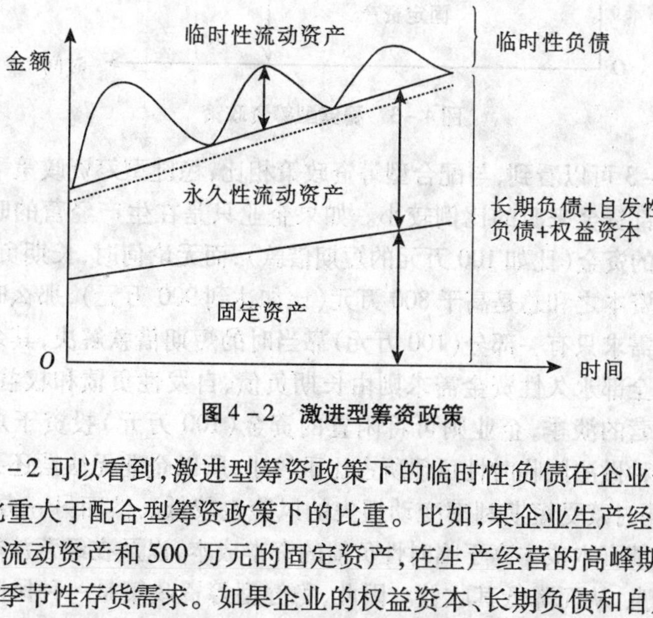

图 4－2　激进型筹资政策

从图 4－2 可以看到，激进型筹资政策下的临时性负债在企业全部资金来源中所占比重大于配合型筹资政策下的比重。比如，某企业生产经营淡季占用 300 万元的流动资产和 500 万元的固定资产，在生产经营的高峰期，额外增加 200 万元的季节性存货需求。如果企业的权益资本、长期负债和自发性负债的筹资额低于 800 万元（即低于正常经营期的流动资产占用与固定资产占用之和），假设只有 700 万元甚至更少，那么就会有 100 万元或者更多的永久性资产和 200 万元的临时性流动资产（在经营高峰期）由临时性负债筹资解决。这种情况表明，企业实行的是激进型筹资政策。由于临时性负债（如短期银行借款）的资本成本一般低于长期负债和权益资本的资本成本（关于资本成本的计算将在第十章详细讲述），而激进型筹资政策下临时性负债所占比重较大，所以该政策下企业的资本成本较低。但是，为了满足永久性资产的长期资金需求，企业必然要在临时性负债到期后重新举债或申请债务展期。这样，企业就会变为经常性地举债和还债，从而加大筹资困难和风险，还可能面临由于短期负债利率的变动而产生的增加企业资本成本的风险。所以，激进型筹资政策是一种收益性和风险性均较高的营运资金筹资政策。

(3)稳健型筹资政策。稳健型筹资政策的特点是：临时性负债只融通部分临时性流动资产的资金需求，另一部分临时性流动资产和永久性资产则由长期负债、自发性负债和权益资本作为资金来源（见图4-3)。

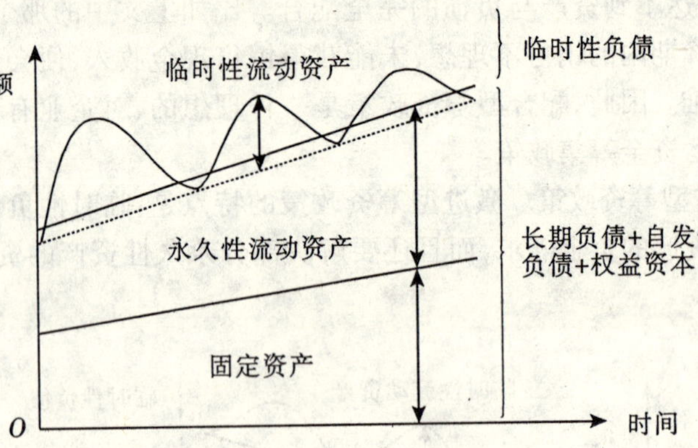

图4-3　稳健型筹资政策

从图4-3可以看到，与配合型筹资政策相比，稳健型筹资政策下临时性负债占企业全部资金来源的比例较小。如果企业只是在生产经营的旺季借入低于200万元的资金（比如100万元的短期借款），而无论何时，长期负债、自发性负债和权益资本之和总是高于800万元（比如达到900万元），那么旺季季节性存货的资金需求只有一部分（100万元）靠当时的短期借款解决，其余部分的季节性存货和全部永久性资金需求则由长期负债、自发性负债和权益资本提供。而在生产经营的淡季，企业则可将闲置的资金（100万元）投资于短期有价证券。采用这种做法因临时性负债所占比重较小，所以企业无法偿还到期债务的风险较低，同时蒙受短期利率变动损失的风险也较低。然而另一方面，企业却会因长期负债资本成本高于临时性负债的资本成本，以及在经营淡季仍需负担长期负债利息，从而降低其收益。因此，稳健型筹资政策是一种风险性和收益性均较低的营运资金筹集政策。

一般来讲，如果企业能够驾驭资金的使用，则采用收益和风险配合得较为适中的配合型筹资政策更为有利。

复习思考题

1. 企业的筹资目的是什么？
2. 企业的筹资渠道和筹资方式有哪些？相互间有何联系？

3. 企业筹资如何分类？筹资中应考虑哪些因素？

4. 比较分析股票筹资和债券筹资的优缺点。

5. 债券的发行价格主要受哪些因素影响？

6. 长期贷款的保护条款有哪些？

7. 利用商业信用筹资，在何种情况下应放弃折扣？

8. 配合型筹资政策有何特点？

计算分析题

1. 振兴公司将发行 5 年期的债券，面值为 1 000 元，付息期为 1 年，票面利率为 10%。

要求：

(1)计算市场利率为 8% 时的债券发行价格；

(2)计算市场利率为 12% 时的债券发行价格。

2. 某企业按年利率 10% 从银行借入款项 100 万元，银行要求企业按贷款额的 15% 保持补偿性余额，试计算该项贷款的实际利率。

3. 某企业发行面值为 1 000 元、期限为 5 年、利率为 12% 的长期债券，但因市场利率变化，企业决定以 1 116. 80 元的价格售出，试确定当时的市场利率为多少。

4. 某企业从银行取得借款 500 万元，期限 1 年，名义利率 8%，利息 40 万元，按贴现法付息，计算该项贷款的实际利率。

5. 某公司欲采购一批商品，供应商报价如下：

(1)立即付款，价格为 9 630 元；

(2)30 天内付款，价格为 9 750 元；

(3)31 ~60 天内付款，价格为 9 870 元；

(4)61 ~90 天内付款，价格为 10 000 元。

假设银行短期借款利率为 15%，每年按 360 天计算，要求：

计算放弃现金折扣的成本，并确定对该公司最有利的付款日期和价格。

6. 某公司融资租入设备一台，该设备的买价为 480 000 元，租赁期限为 10 年，租赁公司考虑融资成本、融资收益及其相关手续费后的折现率为 16%。请分别计算租赁公司要求企业在每年年末或年初等额支付的年租金。

7. 某企业生产淡季占用流动资产 20 万元，固定资产 140 万元，生产旺季还要增加 40 万元的临时性存货。若企业权益资本为 100 万元，长期负债 50 万元，其余则要靠借入短期负债解决。该企业实行的是哪种营运资金政策？

第五章
财务预测与预算

第一节　财务预测

一、财务预测的意义和目的

广义的财务预测，是指根据企业以往的历史资料运用科学的方法，推测企业未来的销售、成本、利润、资金需求量等相关财务数据的一种财务管理方法。狭义的财务预测，是指估计企业未来的融资需求。财务预测的目的可以概括为以下两个方面：

（一）财务预测是融资计划的前提

企业要对外提供产品和服务，必须要有一定的资产。销售增加时，要相应增加流动资产，甚至还需增加固定资产。为取得扩大销售所需增加的资产，企业要筹措资金。这些资金，一部分来自留存收益，另一部分通过外部融资取得。通常，销售增长速度较快时留存收益不能满足资金需要，即使获利良好的企业也需从外部融资。对外融资，需要寻找提供资金的人，向他们作出还本付息的承诺或提供盈利前景，并使之相信其投资是安全的并且可以获利。这个过程往往需要较长时间。因此，企业需要预先知道自己的财务需求，提前安排融资计划，否则就可能发生资金周转问题。

（二）财务预测有助于改善投资决策

根据销售情况估计出的融资需要不一定总能得到满足，因此，就需要根据可能筹措到的资金来安排销售增长，以及有关的投资项目，使投资决策建立在可行的基础上。财务预测的真正目的是帮助企业适应外部财务环境的变化。财务预测与其他预测一样，都不可能很准确。从表面上看，不准确的预测只能导致不准确的计划，从而使预测和计划失去意义。其实并非如此。预测和计划是超前思考的过程，其结果并非仅仅得到一个资金需要量数字，还包括对未来各种可能前景的认识和思考。预测可以提高企业对不确定事件的反应能力，从而减少不利事件出现带来的损失，增加利用有利机会带来的收益。

二、企业资金需要量预测的方法

(一)定性预测法

定性预测法是指利用直观的资料，依靠个人的经验和主观分析、判断能力，预测未来资金需要量的方法。其预测过程是：首先由熟悉财务情况和生产经营情况的专家，根据过去所积累的经验进行分析、判断，提出预测的初步意见；然后，通过召开座谈会或发出各种表格等形式，对上述预测的初步意见进行修正补充。经过一次或几次这样的过程以后，得出预测的最终结果。定性预测法是十分有用的，但它不能揭示资金需要量与有关因素之间的数量关系。例如，预测资金需要量应和企业生产经营规模相联系。生产规模扩大，销售数量增加，会引起资金需要量增加；反之，则会使资金需要量减少。

(二)资金习性预测法

资金习性预测法是指根据资金习性预测未来资金需要量的方法。所谓资金习性，是指资金总额的变动与产销量变动之间的依存关系。按照资金总额与产销量之间的依存关系，可以把资金区分为不变资金、变动资金和半变动资金。

不变资金是指在一定的产销量范围内，不受产销量变动的影响而保持固定不变的那部分资金。也就是说，产销量在一定范围内变动，这部分资金保持不变。这部分资金包括：为维持营业而占用的最低数额的现金，原材料的保险储备，必要的成品储备，厂房、机器设备等固定资产占用的资金。

变动资金是指随产销量的变动而同比例变动的那部分资金。它一般包括直接构成产品实体的原材料、外购件等占用的资金。另外，在最低储备以外的现金、存货、应收账款等也具有变动资金的性质。

半变动资金是指虽然受产销量变化的影响，但不成同比例变动的资金，如一些辅助材料所占用的资金。半变动资金可采用一定的方法划分为变动资金和不变资金两部分。因此，按照资金习性分析的原理，任何企业的资金总额最终均可以划分为不变资金和变动资金两部分。即：

资金总额 = 变动资金 + 不变资金

或

$$y = a + bx$$

上式中：x 为产销量，y 为资金占用量，a 为不变资金，b 为单位产销量所需变动资金(单位变动资金)，bx 为变动资金总额。其中，a 和 b 的数值可采用高低点法或回归直线法求得。

1. 高低点法

资金预测的高低点法是指根据企业一定期间资金占用的历史资料，按照资金习性原理和 $y = a + bx$ 直线方程式，选用最高收入期和最低收入期的资金占用量之差，同这两个收入期的销售额之差进行对比，先求 b 的值，然后再代入原直线方程，求出 a 的值，从而推测资金发展趋势。其计算公式为：

$$b=\frac{\text{最高收入期资金占用量}-\text{最低收入期资金占用量}}{\text{最高销售收入}-\text{最低销售收入}}$$

$$a=\text{最高收入期资金占用量}-b\times\text{最高销售收入}$$

或 = 最低收入期资金占用量 - b × 最低高销售收入

【例 5.1】某企业历史上现金占用与销售收入之间的关系如表 5 - 1 所示：

表 5 - 1　　现金占用与销售收入变化情况表　　单位：元

年度	销售收入(x_i)	现金占用(y_i)
2007	2 000 000	110 000
2008	2 350 000	126 000
2009	2 670 000	143 000
2010	2 860 000	156 000
2011	3 000 000	160 000

根据以上资料采用高低点法计算如下：

$$\text{现金占用单位变动资金}=\frac{160\ 000-110\ 000}{3\ 000\ 000-2\ 000\ 000}=0.05(\text{元})$$

现金占用不变资金总额 = 160 000 - 0.05 × 3 000 000 = 10 000(元)

或 = 110 000 - 0.05 × 2 000 000 = 10 000(元)

则现金的资金习性预测模型可表示为：y = 10 000 + 0.05x

如果 2012 年的预计销售收入为 3 500 000 元，则：

2012 年的现金需要量 = 10 000 + 0.05 × 3 500 000 = 185 000(元)

存货、应收账款、流动负债、固定资产等也可根据历史资料做这样的划分，然后汇总列于表 5 - 2 中。

根据表 5 - 2 的资料得出企业资金总量预测模型为：

y = 600 000 + 0.40x

如果 2012 年的预计销售收入为 3 500 000 元，则：

2012 年的资金需要量 = 600 000 + 0.4 × 3 500 000 = 2 000 000(元)

高低点法简便易行。在企业的资金变动趋势比较稳定的情况下，较为适宜采用这种方法。

表 5 - 2　　资金需要量预测表(分项预测)　　单位：元

	年度不变资金(a)	每 1 元销售收入所需变动资金(b)
流动资产		
现金	10 000	0.05

表 5－2(续)

	年度不变资金(a)	每 1 元销售收入所需变动资金(b)
应收账款	60 000	0.2
存货	100 000	0.25
小计	170 000	0.5
减:流动负债		
应付账款及应付费用	80 000	0.1
净资金占用	90 000	0.4
固定资产		
厂房、设备	510 000	0
所需资金合计	600 000	0.4

2. 回归直线法

回归直线法是根据若干期业务量和资金占用的历史资料,运用最小平方法原理计算不变资金和单位销售额的变动资金的一种资金习性分析方法。其计算公式为:

$$a=\frac{\sum x^2\sum y-\sum x\sum xy}{n\sum x^2-(\sum x)^2}$$

$$b=\frac{n\sum xy-\sum x\sum y}{n\sum x^2-(\sum x)^2}$$

或
$$b=\frac{\sum y-na}{\sum x}$$

【例 5.2】某企业产销量和资金变化情况如表 5－3 所示。2012 年预计销售量为 150 万件,试计算 2012 年的资金需要量。

(1)根据表 5－3 整理出表 5－4。

(2)把表 5－4 的数据代入公式,可计算出 a、b。

$$a=\frac{\sum x^2\sum y-\sum x\sum xy}{n\sum x^2-(\sum x)^2}$$

$$=\frac{87\,400\times600-720\times72\,500}{6\times87\,400-720^2}$$

$$=40(\text{万元})$$

$$b=\frac{n\sum xy-\sum x\sum y}{n\sum x^2-(\sum x)^2}=\frac{6\times72\,500-720\times600}{6\times87\,400-720^2}=0.5(\text{万元})$$

表 5－3　　产销量与资金变化情况表

年度	产销量(x)(万件)	资金占用(y)(万元)
2006	120	100
2007	110	95
2008	100	90
2009	120	100
2010	130	105
2011	140	110

表 5－4　　资金需要量预测表(按总额预测)

年度	产销量(x)(万件)	资金占用(y)(万元)	xy	x^2
2006	120	100	12 000	14 400
2007	110	95	10 450	12 100
2008	100	90	9 000	10 000
2009	120	100	12 000	14 400
2010	130	105	13 650	16 900
2011	140	110	15 400	19 600
合计 n = 6	$\Sigma x=720$	$\Sigma y=600$	$\Sigma xy=72\ 500$	$\Sigma x^2=87\ 400$

或 $b=\dfrac{\Sigma y-na}{\Sigma x}=\dfrac{600-6\times 40}{720}=0.5$(万元)

(3)把 $a=40$、$b=0.5$ 代入 $y=a+b\cdot x$，得：

$y=40+0.5x$

(4)把 2012 年预计销售量 150 万件代入上式，得出 2012 年资金需要量为：

$40+0.5\times 150=115$(万元)

从理论上说，回归直线法是一种计算结果较为精确的方法。

(三)销售百分比法

财务预测销售百分比法，首先假设收入、费用、资产、负债与销售收入存在稳定的百分比关系，根据预计销售额和相应的百分比预计资产、负债和所有者权益，然后利用会计等式确定融资需求。

1. 销售百分比法的基本原理

基本原理是：资产 = 负债 + 所有者权益。随着企业生产规模的扩大、销售收入的增加，资产、负债、所有者权益也会相应增加。但是资产、负债、所有者权益之间的平衡关系依然存在，即资产 + △资产 = 负债 + △负债 + 所有者权益 +

△所有者权益，或△资产 = △负债 + △所有者权益。等式中，△资产表示随销售增加而增加的资产项目（主要是流动资产项目，固定资产及其他资产项目不一定增加）；△负债是负债项目的增加额，又可以分为自发性负债和外部负债，前者随销售收入的增加而增加（主要包括应付账款、预提费用等），后者不是自发产生的，是由企业的财务管理人员根据需要决定的（主要包括银行借款、债券等）；△所有者权益是所有者权益项目的增加额，又可以分为企业内部权益和股权资金，前者随企业净利润的增加而增加（主要是留存收益），后者是企业通过发行新股形成的。这样，上述平衡等式也可以表示为：资产 + △资产 = 负债 + （△自发性负债 + △外部负债）+ 所有者权益 +（△内部权益 + △股权资金），或△资产 =（△自发性负债 + △外部负债）+（△内部权益 + △股权资金）。

按照筹资"啄食顺序"理论，企业筹资的优先顺序是：先内部资金（包括自发性负债）后外部资金；先负债资金后权益资金。因此，所谓的资金需要量预测也就是企业外部资金需要量的预测（即△外部负债 + △股权资金）。具体的计算方法有两种：

一种是先根据销售总额预计资产、负债和所有者权益的总额，然后确定融资需求。即：

企业外部资金需要量 =（资产 + △资产）-（负债 + △自发性负债）-（所有者权益 + △内部权益）

另一种是根据销售的增加额预计资产、负债和所有者权益的增加额，然后确定融资需求。即：

企业外部资金需要量 = △资产 - △自发性负债 - △内部权益。

2. 销售百分比法的步骤

运用销售百分比法预测资金需要量，通常须经过以下步骤：

（1）预计销售额增长率；

（2）确定随销售额变动而变动的资产和负债项目；

（3）确定需要增加的资金数额；

（4）根据有关财务指标的约束确定对外筹资数额。

【例5.3】假设甲公司上年的简化资产负债表如表5-5所示，假定上年销售收入为3 000万元，净利润136万元，股利支付率为30%，销售净利率4.5%（136÷3 000）。预计下年销售收入为4 000万元，股利支付率、销售净利率保持上年水平不变。用销售百分比法预测下年度的资金需要量。

表5－5　　甲公司上年的简化资产负债表　　单位：万元

资产：	期末余额	负债及所有者权益：	期末余额
流动资产		流动负债	
现金	150	短期借款	50
应收账款	240	应付票据	30
存货	300	应付账款	180
流动资产合计	690	预提费用	60
固定资产	1 350	长期负债	860
		负债合计	1 180
		实收资本	100
		资本公积	20
		留存收益	740
		股东权益	860
资产合计	2 040	负债及所有者权益合计	2 040

预测的步骤如下（计算结果见表5－6）：

(1)确定销售百分比

销售额与资产负债表项目的百分比，可以根据上年有关数据确定。

$$\frac{现金}{销售额}=\frac{150}{3\ 000}=5\%$$

$$\frac{应收账款}{销售额}=\frac{240}{3\ 000}=8\%$$

$$\frac{存货}{销售额}=\frac{300}{3\ 000}=10\%$$

$$\frac{流动资产}{销售额}=\frac{690}{3\ 000}=23\%$$

$$\frac{固定资产}{销售额}=\frac{1\ 350}{3\ 000}=45\%$$

$$\frac{应付账款}{销售额}=\frac{180}{3\ 000}=6\%$$

$$\frac{预提费用}{销售额}=\frac{60}{3\ 000}=2\%$$

表5-6　　　　　　　　甲公司的融资需求　　　　　　　　单位：万元

	上年期末实际	占销售额百分比（销售额3 000万元）	下年计划（销售额4 000万元）
资产：			
现金	150	150÷3 000=5%	200
应收账款	240	240÷3 000=8%	320
存货	300	300÷3 000=10%	400
流动资产	690	690÷3 000=23%	920
固定资产	1 350	1 350÷3 000=45%	1 800
资产合计	2 040	2 040÷3 000=68%	2 720
负债及所有者权益：			
短期借款	50	N	50
应付票据	30	N	30
应付账款	180	180÷3 000=6%	240
预提费用	60	60÷3 000=2%	80
长期负债	860	N	860
负债合计	1 180		1 260
实收资本	100	N	100
资本公积	20	N	20
留存收益	740	N	866
股东权益	860		986
融资需求			474
总计	2 040		2 720

注：表中资产、负债项目占销售额的百分比，也可以根据以前若干年度的平均数确定。

要注意区分直接随销售额变动的资产、负债项目与不随销售额变动的资产、负债项目。不同企业的销售额变动引起资产、负债变化的项目及比率是不同的，需要根据历史数据逐项研究确定。就本例而言，流动资产和固定资产都随销售额变动，并假设成正比例关系；应付账款和预提费用与销售额成正比；而其他负债项目如短期借款、应付票据、长期负债以及股东权益项目（表5-6中以N表示），则与销售无关。甲公司每1元销售额约占用流动资产0.23元，占用固定资产0.45元，形成应付账款0.06元，形成预提费用0.02元。

(2)计算预计销售额下的资产和负债

资产（负债）=预计下年销售额×上年各项目的销售百分比

现金=4 000×5% =200（万元）

应收账款=4 000×8% =320（万元）

存货=4 000×10% =400（万元）

流动资产=4 000×23% =920（万元）

固定资产 =4 000 ×45% =1 800(万元)

应付账款 =4 000 ×6% =240(万元)

预提费用 =4 000 ×2% =80(万元)

在此基础上预计总资产:

总资产 =920 +1 800 =2 720(万元)

预计不增加借款情况下的总负债(无关项目按上年数计算):

总负债 =50 +30 +240 +80 +860 =1 260(万元)

(3)预计留存收益增加额

留存收益是公司内部融资的来源。只要公司有盈利并且不是全部支付股利,留存收益会使股东权益自然增长。留存收益可以满足或部分满足企业的融资要求。这部分资金的多少,取决于收益的多少和股利支付率的高低。

留存收益增加额 = 预计销售额 × 计划销售净利率 ×(1 - 股利支付率)

本例中股利支付率为 30%、销售净利率与上年相同为 4.5%,则:

留存收益增加额 =4 000 ×4.5% ×(1 -30%) =126(万元)

(4)计算外部融资需求量

外部融资需求量 = 预计总资产 - 预计总负债 - 预计股东权益

=(资产 + △资产) -(负债 + △自发性负债) -(所有者权益 + △内部权益)

=2 720 -1 260 -(860 +126) =2 720 -2 246 =474(万元)

甲公司为完成销售额 4 000 万元,需要增加资金 680 万元(2 720 -2 040),负债的自然增长提供 80 万元(240 +80 -180 -60),留存收益提供 126 万元,本年应再融资 474 万元(680 -80 -126)。

也可根据销售增加量确定融资需求量:

融资需求量 = 资产增加 - 负债自然增加 - 留存收益增加

= △资产 - △自发性负债 - △内部权益

= 资产销售百分比 × 新增销售额 - 自发性负债销售百分比 × 新增销售额 - 计划销售额 × 计划销售净利率 ×(1 - 股利支付率)

融资需求量 =68% ×1 000 -8% ×1 000 -4 000 ×4.5% ×(1 -30%)

=680 -80 -126 =474(万元)

假定新增的 474 万元资金是银行贷款或发行新股筹措的,则筹资后甲公司的资产负债表见表 5 -7、表 5 -8。

综上所述,销售百分比法是指以资金与销售额的比率为基础,预测未来资金需要量的方法。运用销售额比率法预测资金需要量是建立在以下假定基础之上的:①企业的部分资产和负债与销售额同比例变化;②企业各项资产、负债与所有者权益结构已达到最优。

销售百分比法是一种简单实用的方法。它的好处是:使用成本低;便于了解主要变量之间的关系;可以作为复杂方法的补充或检验。但它也有一定的局限性,主要是假设资产、负债、收入、成本与销售额成正比例,经常不符合事实。这使其运用范围受到限制。由于存在规模经济现象和批量购销问题,资产、负债、收入、成本与销售额不一定成正比例。

表5-7　甲公司新增长期银行借款474万元后的资产负债表　单位:万元

资产:	期末余额	负债及所有者权益:	期末余额
现金	200	短期借款	50
应收账款	320	应付票据	30
存货	400	应付账款	240
流动资产合计	920	预提费用	80
固定资产	1 800	长期负债	1 334
		负债合计	17
		实收资本	100
		资本公积	20
		留存收益	866
		股东权益	986
资产合计	2 720	负债及所有者权益合计	2 720

表5-8　甲公司新增股权资金474万元后的资产负债表　单位:万元

资产:	期末余额	负债及所有者权益:	期末余额
现金	200	短期借款	50
应收账款	320	应付票据	30
存货	400	应付账款	240
流动资产合计	920	预提费用	80
固定资产	1 800	长期负债	860
		负债合计	12
		实收资本	574
		资本公积	20
		留存收益	866
		股东权益	1 460
资产合计	2 720	负债及所有者权益合计	2 720

第二节　增长率与资金需求

由于企业要以发展求生存，所以销售增长是任何企业都无法回避的问题。企业增长的财务意义是资金增长。在销售增长时企业往往需要补充资金，这主要是因为销售增加通常会引起存货和应收账款等资产的增加。销售增长得越多，需要的资金越多。

一、销售增长与外部融资的关系

（一）外部融资销售增长比

既然销售增长会带来资金需求的增加，那么销售增长和融资需求之间就会有函数关系，根据这种关系，就可以直接计算特定增长下的融资需求。假设它们成正比例，两者之间有稳定的百分比，即销售额每增长 1 元需要追加的外部融资额，可将其称为"外部融资额占销售增长的百分比"，简称"外部融资销售增长比"。

其计算公式如下：

$$\text{外部融资销售增长比}=\frac{\text{外部融资额}}{\text{新增销售额}}$$

因为：外部融资额 = 资产销售百分比 × 新增销售额 - 负债销售百分比 × 新增销售额 - 计划销售净利率 × 计划销售额 ×（1 - 股利支付率）

且：新增销售额 = 销售增长率 × 基期销售额

所以：外部融资额 = 资产销售百分比 × 基期销售额 × 增长率 - 负债销售百分比 × 基期销售额 × 增长率 - 计划销售净利率 × 基期销售额 ×（1 + 增长率）×（1 - 股利支付率）

两边同除"基期销售额 × 增长率"，可得：

$$\text{外部融资销售增长比}=\text{资产销售百分比}-\text{负债销售百分比}-\text{计划销售净利率}\times\frac{1+\text{增长率}}{\text{增长率}}\times(1-\text{股利支付率})$$

沿用上例资料：

$$\text{外部融资销售增长比}=68\%-8\%-4.5\%\times\frac{1+33\%}{33\%}\times(1-30\%)$$

$$=0.60-0.126=0.474$$

根据外部融资销售增长比可计算外部融资额。

外部融资额 = 外部融资销售增长比 × 销售增长额

$$=0.474\times1\,000=474(\text{万元})$$

从以上计算公式可以看出：外部融资需求的多少，不仅取决于销售的增长，还要看股利支付率和销售净利率。销售增长越快,外部融资需求越大;股利支付率越高,外部融资需求越大;销售净利率越大,外部融资需求越小。

(二)外部融资需求的敏感性分析

外部融资的敏感性分析主要是研究、分析有关参数变化对外部融资需求的影响程度,以及外部融资为零的情况下的销售增长率。

1. 销售增长率变化对外部融资的影响

沿用上例资料,如果销售增长500万元(增长率16.7%),则:

$$外部融资额=500\times[0.68-0.08-4.5\%\times\frac{1.167}{0.167}\times(1-0.3)]$$

$$=500\times0.379\,9=189.95(万元)$$

如果该公司预计销售增长5%,则:

$$外部融资销售增长比=0.60-4.5\%\times(1.05\div0.05)\times0.7$$

$$=0.60-0.661\,5=-6.15\%$$

这说明企业有剩余资金3 000×5%×6.15%=9.225万元,可用于增加股利或进行短期投资。

2. 股利支付率变化对外部融资的影响

沿用上例资料,如果股利支付率改为100%,则:

$$外部融资需求=680-80-4.5\%\times4\,000\times(1-100\%)=600(万元)$$

若股利支付率为零,则:

$$外部融资额=680-80-4.5\%\times4\,000\times(1-0)=600-180=420(万元)$$

3. 销售净利率变化对外部融资的影响

沿用上例资料,若销售净利率为10%,则:

$$外部融资额=60-10\%\times4\,000\times(1-30\%)=600-280=320(万元)$$

二、内含增长率

销售额增加引起的资金需求增长,有两种途径来满足:一是内部留存收益的增加;二是外部融资(包括借款和股权融资,不包括负债的自然增长)。如果不能或不打算从外部融资,则只能靠内部积累,从而限制了销售的增长。此时的销售增长率,称为"内含增长率"。

设外部融资等于零:

$$0=资产销售百分比-负债销售百分比-计划销售净利率\times\frac{1+增长率}{增长率}\times(1-股利支付率)$$

$$0=68\%-8\%-4.5\%\times\frac{1+增长率}{增长率}\times0.7$$

$$19.206=\frac{1}{增长率}+1$$

$$18.206=\frac{1}{\text{增长率}}$$

增长率 = 5.5%

验算：新增销售额 = 3 000 × 5.5% = 165（万元）

外部融资额 = 资产销售百分比 × 新增销售额 - 负债销售万分比 × 新增销售额 - 销售利润率 × 计划销售额 ×（1 - 股利支付率）

= 0.68 × 165 - 0.08 × 165 - 4.5% × 3 165 × 0.7

= 112.4 - 13.2 - 99.4 = 0（万元）

通过以上计算分析可以得出以下启示，从资金来源看，企业增长的实现方式有三种：

（1）完全依靠内部资金增长。有些小企业无法取得借款，有些大企业不愿意借款，它们主要是靠内部积累实现增长。但是，内部的财务资源是有限的，往往会限制企业的发展。

（2）主要依靠外部资金增长。从外部筹资，包括增加债务和股东投资，也可以提高增长率。主要依靠外部资金实现增长是不能持久的。增加负债会使企业的财务风险加大，筹资能力下降，最终会使借款能力完全丧失；增加股东投入资本，不仅会分散控制权，而且会稀释每股收益，除非追加投资有更高的回报率，否则不能增加股东财富。

（3）平衡增长。平衡增长，就是保持目前的财务结构和与此有关的财务风险，按照股东权益的增长比例增加借款，以此支持销售增长。这种增长，一般不会改变企业的资本结构，是一种可持续的增长方式。

三、可持续增长率

（一）可持续增长率的概念

可持续增长率，是指不增发新股并保持目前经营效率（销售净利率、总资产周转率）和财务政策（权益乘数、留存收益率）条件下公司销售所能增长的最大比率。

可持续增长率的假设条件如下：

（1）公司目前的资本结构是一个目标结构，并且打算继续维持下去；

（2）公司目前的股利支付率是一个目标支付率，并且打算继续维持下去；

（3）不愿意或者不打算发售新股，增加债务是其唯一的外部筹资来源；

（4）公司的销售净利率将维持当前水平，并且可以涵盖负债的利息；

（5）公司的资产周转率将维持当前的水平。

以上假设中资本结构是指资产负债率或权益乘数。若资本结构不变，则资产、负债和股东权益的增长率相等；股利支付率不变，则说明公司的股利政策不变；不愿意或者不打算发售新股，则说明公司的股权资金的增加额与留存收益的增加额相等;公司的销售净利率将维持当前水平,则说明公司短期内销售获利能力不会改变;资产周转率(销售收入÷总资产)将维持当前水平,则说明销售增长率与总资产增长率相等。平衡增长条件下的销售、资产、负债和股东权益的增长关系如表5-9所示:

表5-9　　平衡增长条件下销售、资产、负债和股东权益的增长关系

年初销售额1 000万元	新增销售额100万元
年初资产400万元	年初负债100万元
	年初股东权益300万元
新增资产40万元	新增负债10万元
	新增股东权益30万元

平衡增长,不是说企业的增长不可以高于或低于可持续增长率,而是管理人员必须事先预计并且解决在公司超过可持续增长率之上增长所导致的财务问题。对于超过部分的资金有两个解决办法:提高资产收益率或者改变财务政策。提高经营效率并非总是可行的,改变财务政策也是有风险和极限的,因此超常增长只能是短期的。尽管企业的增长时快时慢,但从长期来看总是受到可持续增长率的制约。

(二)可持续增长率的计算

根据上文可持续增长率的假设条件(1)和条件(5)可以得出以下结论:

可持续增长率(销售增长率)=总资产增长率=股东权益增长率

而:$$\text{股东权益增长率}=\frac{\text{股东权益本期增加}}{\text{期初股东权益}} \quad ①$$

根据假设条件(3):股东权益本期增加=留存收益本期增加

=本期净利×本期收益留存率

则①式可表示为:

$$\text{股东权益增长率}=\frac{\text{本期净利润}\times\text{本期收益留存率}}{\text{期初股东权益}} \quad ②$$

如果不发行新股,则:

期初股东权益=期末股东权益-留存收益本期增加

=期末股东权益-本期净利×本期收益留存率

则②式可表示为:

$$\text{股东权益增长率}=\frac{\text{本期净利润}\times\text{本期收益留存率}}{\text{期末股东权益}-\text{本期净利润}\times\text{本期收益留存率}} \quad ③$$

③式分子、分母同除期末股东权益,则:

$$股东权益增长率=\frac{\frac{本期净利润}{期末股东权益}\times 本期收益留存率}{\frac{期末股东权益}{期末股东权益}-\frac{本期净利润}{期末股东权益}\times 本期收益留存率}$$

$$=\frac{权益净利率\times 本期收益留存率}{1-权益净利率\times 本期收益留存率} \quad ④$$

根据杜邦财务分析法：

权益净利率＝销售净利率×总资产周转率×权益乘数

则：股东权益增长率（可持续增长率）

$$=\frac{销售净利率\times 总资产周转率\times 权益乘数\times 本期收益留存率}{1-销售净利率\times 总资产周转率\times 权益乘数\times 本期收益留存率} \quad ⑤$$

【例5.4】甲公司2007年至2011年的主要财务数据如表5－10所示：

表5－10 单位：万元

年度	2007年	2008年	2009年	2010年	2011年
收入	1 000.00	1 100.00	650.00	375.00	512.50
税后利润	50.00	55.00	82.50	68.75	75.63
股利	20.00	22.00	33.00	27.50	30.25
留存利润	30.00	33.00	49.50	41.25	45.38
股东权益	330.00	363.00	412.50	453.75	499.13
负债	60.00	66.00	231.00	82.50	90.75
总资产	390.00	429.00	643.50	536.25	589.88

根据公式⑤计算的可持续增长率见表5－11：

表5－11 甲公司各年的可持续增长率 单位：万元

年度	2007年	2008年	2009年	2010年	2011年
销售净利率	5.00%	5.00%	5.00%	5.00%	5.00%
销售/总资产	2.564 1	2.564 1	2.564 1	2.564 1	2.564 1
总资产/期末股东权益	1.181 8	1.181 8	1.560 0	1.181 8	1.181 8
收益留存率	0.6	0.6	0.6	0.6	0.6
可持续增长率	10.00%	10.00%	13.64%	10.00%	10.00%
实际增长率		10.00%	50.00%	－16.67%	10.00%

根据可持续增长率公式计算如下：

$$可持续增长率（2008年）=\frac{5\% \times 2.564\ 1\times 1.181\ 8\times 0.6}{1-50\% \times 2.564\ 1\times 1.181\ 8\times 0.6}=10\%$$

其他各年的可持续增长率的计算方法与此相同。

（三）可持续增长率与实际增长率

实际增长率和可持续增长率经常不一致，通过分析两者的差异，可以了解企业的经营业绩和财务政策有何变化、高速增长的资金从哪里来、能否持续下去。

通过上例可以看出，可持续增长率是企业当前经营效率和财务政策决定的内在增长能力，实际增长率是本年销售额比上年销售额的增长百分比。在不增发新股的情况下，它们之间有如下联系：

(1)如果某一年（如2008年）的经营效率和财务政策与上年相同，则实际增长率、上年的可持续增长率以及本年的可持续增长率三者相等。这种增长状态，在资金上可以永远持续发展下去，可称之为平衡增长。当然，外部条件是公司不断增加的产品能为市场所接受。

(2)如果某一年（如2009年）的公式中的4个财务比率有一个或多个数值增长，则实际增长率就会超过上年的可持续增长率，本年的可持续增长率也会超过上年的可持续增长率。由此可见，超常增长是“改变”财务比率的结果，而不是持续当前状态的结果。企业不可能每年提高这4个财务比率，也就不可能使超常增长继续下去。

(3)如果某一年（如2010年）的公式中的4个财务比率有一个或多个数值比上年下降，则实际销售增长就会低于上年的可持续增长率，本年的可持续增长率也会低于上年的可持续增长率。这是超常增长之后的必然结果，公司对此事先要有所准备。如果不愿意接受这种现实，继续勉强冲刺，现金周转的危机很快就会来临。

实际上，一个理智的企业在增长率问题上并没有很大的回旋余地，尤其是从长期来看更是如此。一些企业由于发展过快陷入危机甚至破产，另一些企业由于增长太慢遇到困难甚至被其他企业收购，这说明不当的增长足以毁掉一个企业。

第三节 财务预算

一、财务预算的含义

预算是关于企业未来一定预算期内全部经济活动各项目标、行动计划相应预期值的说明，其实质是一套以货币及其他数量形式反映的预计财务报表和其他附表，主要用来规划预算期内企业的经济活动及其成果。预算的内容一般包括日常业务预算、专门决策预算和财务预算三大类。

财务预算是指反映企业未来一定预算期内预计现金收支、经营成果和财务状况的各种预算，具体包括现金预算、预计损益表、预计资产负债表和预计现金流量表。各种日常业务预算和专门决策预算，最终都可以综合地反映在财务预算中，这样，财务预算就成为各项经营活动和专门决策的整体计划，故又称为“总预算”。财务预算是企业全面预算的一部分，它和其他预算是联系在一起的，整个全面预算是一个数字相互衔接的整体。

二、全面预算体系

(一)全面预算的内容

全面预算是由一系列预算构成的体系，各项预算之间相互联系，关系比较复杂，很难用一个简单的办法准确描述。图 5－1 是一个简化的例子，反映各预算之间的主要联系。

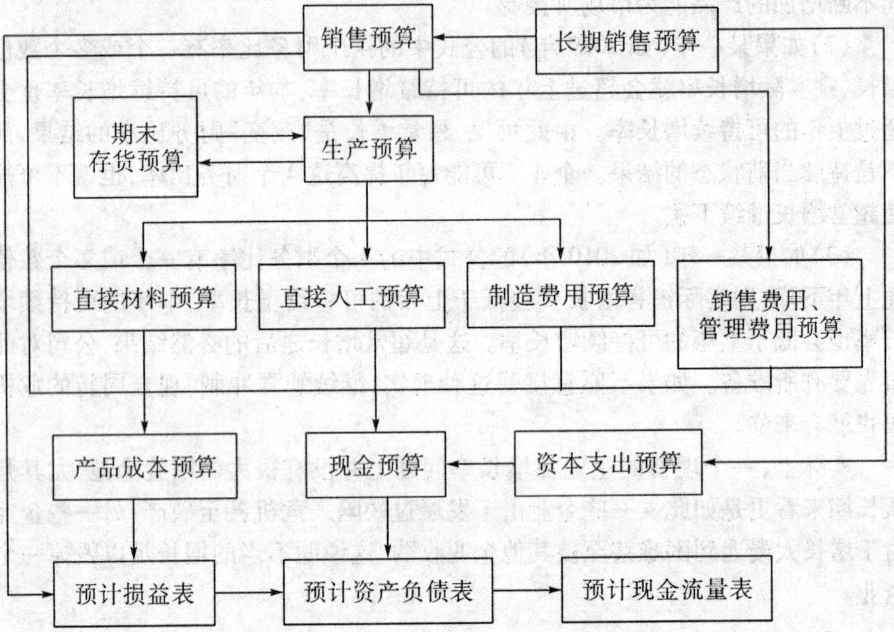

图 5－1　全面预算结构体系

企业应根据长期市场预测和生产能力，编制长期销售预算，以此为基础，确定本年度的销售预算，并根据企业财力确定资本支出预算。销售预算是年度预算的编制起点，根据“以销定产”的原则确定生产预算，同时确定所需要的销售费用。生产预算的编制，除了考虑计划销售量外，还要考虑现有存货和年末存货。根据生产预算来确定直接材料、直接人工和制造费用预算。产品成本预算和现金预算是有关预算的汇总。利润表预算和资产负债表预算是全部预算的综合。

（二）全面预算的作用

1. 预算是各级各部门工作的奋斗目标

企业的目标是多重的，不能用唯一的数量指标来表达。企业的主要目标是盈利，但也要考虑社会的其他限制。因此，需要通过预算分门别类、有层次地表达企业的各种目标。企业的总目标通过预算被分解成各级各部门的具体目标。各级各部门根据预算安排各自的活动，如果都完成了具体目标，企业总目标的实现也就有了保障。预算中规定了企业一定时期的总目标以及各级各部门的子目标，可以动员全体职工为实现目标而奋斗。

2. 预算是各级各部门工作的协调工具

企业内部各级各部门必须协调一致，才能实现企业的总目标。各级各部门的职责不同，在工作中常常会出现互相冲突的现象。企业预算运用货币度量来表达，具有高度的综合性，经过综合平衡以后可以找到解决各级各部门冲突的最佳办法，可以使各级各部门的工作在此基础上协调起来。

3. 预算是各级各部门工作的控制标准

预算一经确定，就进入了实施阶段，管理工作的重心转入控制过程，即设法使经济活动按预算、计划进行。控制过程包括经济活动状态的计量、实际状态和标准的比较、两者差异的确定和分析，以及采取措施调整经济活动等。预算是控制经济活动的依据和衡量其合理性的标准，当实际状态和预算有了较大差异时，要查明原因并采取措施。

4. 预算是各级各部门工作的考核依据

现代化生产是许多共同劳动的过程，不能没有责任制度，而有效的责任制度离不开对工作成绩的考核。通过考核，对每个人的工作进行评价，并据此进行奖惩和人事任免，可以促使人们更好地工作。考核与不考核是大不一样的。当管理人员知道将根据预算的完成情况来评价他们工作的实绩、能力并进行奖惩时，他们将会更努力地工作，力争超过上年或历史最好水平。

（三）全面预算的编制程序

企业预算的编制，涉及经营管理的各个部门，只有执行人参与预算的编制，才能使预算成为他们自愿努力完成的目标，而不是外界强加给他们的枷锁。企业预算的编制程序如下：

（1）最高领导机构根据长期规划，利用本量利分析等工具，提出企业一定时期的总目标，并下达规划指标。

（2）最基层成本控制人员自行草编预算，使预算较为可靠、较为符合实际。

（3）各部门汇总部门预算，并初步协调本部门预算，编出销售、生产、财务等预算。

（4）预算委员会审查、平衡各预算，汇总出公司的总预算。

（5）经过行政首长批准，审议机构通过或者驳回修改预算。

(6)主要预算指标报告给董事会或上级主管单位,讨论通过或者驳回修改。

(7)批准后的预算下达给各部门执行。

三、现金预算的编制

现金预算的内容,包括现金收入、现金支出、现金多余或不足的计算,以及不足部分的筹措方案和多余部分的利用方案等。现金预算实际上是其他预算有关现金收支部分的汇总,以及收支差额平衡措施的具体计划。它的编制,要以其他各项预算为基础,或者说其他预算在编制时要为现金预算做好数据准备。

下面分别介绍各项预算,以及它们如何为编制现金预算准备数据。

(一)销售预算

销售预算是整个预算的编制起点,其他预算的编制都以销售预算作为基础。表5-12是某公司的销售预算。

销售预算的主要内容是销量、单价和销售收入。销量是根据市场预测或销货合同并结合企业生产能力确定的。单价是通过价格决策确定的。销售收入是两者的乘积,在销售预算中计算得出。销售预算通常要分品种、分月份、分销售区域、分推销员来编制。为了简化,此处只划分了季度销售数据。

销售预算中通常还包括预计现金收入的计算,其目的是为编制现金预算提供必要的资料。第一季度的现金收入包括两部分,即上年应收账款在本年第一季度收到的货款,以及本季度销售中可能收到的货款。在本例中,假设每季度销售收入中,本季度收到现金60%,另外的40%要到下季度才能收到。

表5-12　　销售预算　　单位:元

季度	一	二	三	四	全年
预计销售量(件)	100	160	200	240	700
预计单位售价(元)	200	200	200	200	200
销售收入(元)	20 000	32 000	40 000	48 000	140 000
预计现金收入					
上年应收账款	6 200				6 200
第一季度(销货20 000)	12 000	8 000			20 000
第二季度(销货32 000)		19 200	12 800		32 000
第三季度(销货40 000)			24 000	16 000	40 000
第四季度(销货48 000)				28 800	28 800
现金收入合计	18 200	27 200	36 800	44 800	127 000

（二）生产预算

生产预算是在销售预算的基础上编制的，其主要内容有销售量、期初和期末存货、生产量。表5－13是某公司的生产预算。

表5－13　　生产预算　　单位：件

季度	一	二	三	四	全年
预计销售量	100	160	200	240	700
加：预计期末存货	16	20	24	20	20
合计	116	180	224	260	720
减：预计期初存货	10	16	20	24	10
预计生产量	106	164	204	236	710

通常，企业的生产和销售不能做到"同步同量"，需要有一定的存货，以保证在发生意外需求时按时供货，并可均衡生产。存货数量通常按下期销售量的一定百分比确定，本例按10%安排期末存货。年初存货是编制预算时预计的，年末存货根据长期销售趋势来确定。本例假设年初有存货10件，年末有存货20件。

生产预算的"预计销售量"来自销售预算，其他数据由表中数据计算得出：

预计期末存货＝下季度销售量×10%

预计期初存货＝上季度期末存货

预计生产量＝预计销售量＋预计期末存货－预计期初存货

（三）直接材料预算

直接材料预算是以生产预算为基础编制的，同时要考虑原材料存货水平。表5－14是某公司的直接材料预算。其主要内容有直接材料的单位产品用量、生产需用量、期初和期末存量等。预计生产量的数据来自生产预算，单位产品材料用量的数据来自标准成本资料或消耗定额资料，生产需用量是上述两项的乘积。年初和年末的材料存货量，是根据当前情况和长期销售预测估计的，本例中假定年初、年末的材料存货量分别为300件、400件。各季度期末材料存量根据下季度生产量的一定百分比确定，本例按20%计算。各季度期初材料存量是上季度的期末存货。各季度预计采购量根据下式计算确定：

预计采购量＝生产需用量＋期末存量－期初存量

为了便于以后编制现金预算，通常要预计材料采购各季度的现金支出。每个季度的现金支出包括偿还上期应付账款和本期应支付的采购货款。本例假设材料采购的货款有50%在本季度内付清，另外50%在下季度付清。这个百分比是根据经验确定的。如果材料品种很多，需要单独编制各种材料存货预算。

表 5-14　　　　　　　　　　直接材料预算　　　　　　　　　单位:千克/元

季度	一	二	三	四	全年
预计生产量(件)	106	164	204	236	710
单位产品材料用量	10	10	10	10	10
生产需用量	1 060	1 640	2 040	2 360	7 100
加:预计期末存量	328	408	472	400	400
合计	1 388	2 048	2 512	2 760	7 500
减:预计期初存量	300	328	408	472	300
预计材料采购量	1 088	1 720	2 104	2 288	7 200
单价	5	5	5	5	5
预计采购金额(元)	5 440	8 600	10 520	11 440	36 000
预计现金支出					
上年应付账款	2 350				2 350
第一季度(购货 5 440)	2 720	2 720			5 440
第二季度(购货 8 600)		4 300	4 300		8 600
第三季度(购货 10 520)			5 260	5 260	10 520
第四季度(购货 11 440)				5 720	5 720
合计	5 070	7 020	9 560	10 980	32 630

(四)直接人工预算

直接人工预算也是以生产预算为基础编制的。其主要内容有预计产量、单位产品工时、人工总工时、每小时人工成本和人工总成本。预计产量数据来自生产预算。单位产品工时和每小时人工成本数据,来自标准成本资料。某公司的直接人工预算见表 5-15。由于人工工资都需要使用现金支付,所以不需另外预计现金支出,可直接参加现金预算的汇总。

表 5-15　　　　　　　　　　直接人工预算

季度	一	二	三	四	全年
预计产量(件)	106	164	204	236	710
单位产品工时(小时)	10	10	10	10	10
人工总工时(小时)	1 060	1 640	2 040	2 360	7 100
每小时人工成本(元)	2	2	2	2	2
人工总成本(元)	2 120	3 280	4 080	4 720	14 200

(五)制造费用预算

制造费用通常分为变动制造费用和固定制造费用两部分。变动制造费用以生产预算为基础来编制,计算公式为:某季度的变动制造费用=该季度的生产工时×单位变动制造费用。比如,第一季度的间接人工费用=第一季度生产工时×0.1=1 060×0.1=106元。

如果有完善的标准成本资料,用单位产品的标准成本与产量相乘,即可得到相应的预算金额。如果没有标准成本资料,就需要逐项预计计划产量需要的各项制造费用。

固定制造费用需要逐项进行预计,通常与本期产量无关,按每季度实际需要的支付额预计,然后求出全年数。表5-16是某公司的制造费用预算。

表5-16　　制造费用预算　　单位:元

季度	一	二	三	四	全年
变动制造费用:					
间接人工(0.1/小时)	106	164	204	236	710
间接材料(0.1/小时)	106	164	204	236	710
修理费(0.2/小时)	212	328	408	472	1 420
水电费(0.1/小时)	106	164	204	236	710
小计	530	820	1 020	1 180	3 550
固定制造费用:					
修理费	900	900	900	900	3 600
折旧	1 000	1 000	1 000	1 000	4 000
管理人员工资	200	200	200	200	800
保险费	450	480	460	460	1 850
财产税	100	100	100	100	400
小计	2 650	2 680	2 660	2 660	10 650
合计	3 180	3 500	3 680	3 840	14 200
减:折旧	1 000	1 000	1 000	1 000	4 000
现金支出的费用	2 180	2 500	2 680	2 840	10 200

为了便于以后编制产品成本预算,需要计算小时费用率。

$$变动制造费用分配率=\frac{3\ 550}{7\ 100}=0.5(元/小时)$$

$$固定制造费用分配率=\frac{14\ 200}{7\ 100}=1.5(元/小时)$$

为了便于以后编制现金预算，需要预计现金支出。制造费用中，除折旧费外都须支付现金，所以，根据每个季度制造费用数额扣除折旧费后，即可得出现金支出的费用。

(六)产品成本预算

产品成本预算是生产预算、直接材料预算、直接人工预算、制造费用预算的汇总。其主要内容是产品的单位成本和总成本。单位产品成本的有关数据来自上述两个预算。

生产量、期末存货量来自生产预算，销售量来自销售预算。生产成本、存货成本和销货成本等数据，根据单位成本和有关数据计算得出。表5－17是某公司的单位成本预算。

表5－17　**产品成本预算**　单位：元

成本项目	单位成本			生产成本(710件)	期末存货(20件)	销货成本(700件)
	每千克或每小时	投入	成本(元)			
直接材料	5	10千克	50	35 500	1 000	35 000
直接人工	2	10小时	20	14 200	400	14 000
变动制造费用	0.5	10小时	5	3 550	100	3 500
固定制造费用	1.5	10小时	15	10 650	300	10 500
合计			90	63 900	1 800	63 000

(七)销售及管理费用预算

销售费用预算是指为了实现销售预算所需支付的费用预算。它以销售预算为基础。在草拟销售费用预算时，要对过去的销售费用进行分析，考察过去销售费用支出的必要性和效果。销售费用预算应和销售预算相配合，应有按品种、按地区、按用途的具体预算数额。表5－18是某公司的销售及管理费用预算。

表5－18　**销售及管理费用预算**　单位：元

费用项目	金额
销售费用：	
销售人员工资	2 000
广告费	5 500
包装、运输费	3 000
保管费	2 700

表5－18(续)

费用项目	金额
管理费用:	
管理人员薪金	4 000
福利费	800
保险费	600
办公费	1 400
合计	20 000
每季度支付现金(20 000 ÷4)	5 000

管理费用是搞好一般管理业务所必要的费用。随着企业规模的扩大,一般管理职能变得日益重要,其费用也相应增加。在编制管理费用预算时,要分析企业的业务成绩和一般经济状况,务必做到费用合理化。管理费用多属于固定成本,所以一般是以过去的实际开支为基础,按预算期的可预见变化来调整。重要的是,必须充分考察每种费用的支出是否必要。

(八)现金预算

现金预算包括现金收入、现金支出、现金多余或不足、资金的筹集和运用(见表5－19)。

现金收入包括期初现金余额和预算期现金收入,销货取得的现金收入是其主要来源。期初的现金余额是在编制预算时预计的(亦可用上年期末余额表示),销货现金收入的数据来自销售预算,可供使用现金是期初余额与本期现金收入之和。

现金支出包括预算期的各项现金支出。直接材料、直接人工、制造费用、销售及管理费用的数据分别来自上述有关预算。此外,还包括所得税、购置设备、股利分配等现金支出,有关数据分别来自另行编制的专门预算。

表5－19　　**现金预算**　　单位:元

季度	一	二	三	四	全年
期初现金余额	8 000	7 830	6 230	6 160	8 000
加:销货现金收入(表5－12)	18 200	27 200	36 800	44 800	127 000
可供使用现金	26 200	35 030	43 030	50 960	135 000
减:各项支出					
直接材料(表5－14)	5 070	7 020	9 560	10 980	32 630
直接人工(表5－15)	2 120	3 280	4 080	4 720	14 200
制造费用(表5－16)	2 180	2 500	2 680	2 840	10 200

表 5 - 19(续)

季度	一	二	三	四	全年
销售及管理费用(表 5 - 18)	5 000	5 000	5 000	5 000	20 000
所得税	4 000	4 000	4 000	4 000	16 000
购买设备		10 000			10 000
股利		8 000		8 000	16 000
支出合计	18 370	39 800	25 320	35 540	119 030
现金多余或不足	7 830	-4 770	17 710	15 420	15 970
向银行借款		11 000			11 000
还银行借款			11 000		11 000
短期借款利息(年利 10%)			550		550
长期借款利息(年利 12%)				1 080	1 080
期末现金余额	7 830	6 230	6 160	14 340	14 340

“现金多余或不足”栏列示现金收入合计与现金支出合计的差额。差额为正,说明收大于支,现金有多余,可用于偿还过去向银行取得的借款,或者用于短期投资;差额为负,说明支大于收,现金不足,要向银行取得新的借款。本例中,该企业需要保留的现金余额至少为 6 000 元,不足此数时需要向银行借款。假设银行借款的金额要求是 1 000 元的倍数,那么,第二季度借款额为:

借款额 = 最低现金余额 + 现金不足额 = 6 000 + 4 770 = 10 770 ≈ 11 000(元)

偿还借款时,一般按“每期期初借入,每期期末归还”来预计利息,故本例第二季度借款到第三季度还款时,借款期为 6 个月。假设利率为 10%,利息按还款金额计算,则应计利息为:$\frac{11\ 000 \times 10\%}{12} \times 6 = 550$(元)。

此外,还应将长期借款利息纳入预算。本例中长期借款期初余额为 9 000 元,利率为 12%,预计在第四季度支付利息 1 080(9 000 × 12%)元。

现金预算的编制,以各项营业预算和资本预算为基础,它反映各预算期的收入款项和支出款项,并作对比说明。其目的在于资金不足时筹措资金,资金多余时及时处理现金余额,并且提供现金收支的控制限额,发挥现金管理的作用。

三、利润表和资产负债表预算的编制

财务报表预算包括利润表预算和资产负债表预算。利润表预算和资产负债表预算是财务管理的重要工具。

财务报表预算的作用与历史实际的财务报表不同。所有企业都要在年终编制历史实际的财务报表,这是有关法规的强制性规定,其主要目的是向外部报表使用人提供财务信息。当然,这并不表明常规财务报表对企业经理人员没

有价值。财务报表预算主要为企业财务管理服务，是控制企业资金、成本和利润总量的重要手段。因其可以从总体上反映一定期间企业经营的全局情况，所以通常称之为企业的“总预算”。

（一）利润表预算的编制

表5－20是某公司的利润表预算，它是根据上述各有关预算编制的。

表5－20　　利润表预算　　单位：元

销售收入（表5－12）	140 000
销货成本（表5－17）	63 000
毛利	77 000
销售及管理费用（表5－18）	20 000
利息（表5－19）	1 630
利润总额	55 370
所得税（估计）	16 000
税后净收益	39 370

“销售收入”项目的数据来自销售预算；“销货成本”项目的数据来自产品成本预算；“毛利”项目的数据是前两项的差额；“销售及管理费用”项目的数据来自销售费用及管理费用预算；“利息”项目的数据来自现金预算。

“所得税”项目的数据是在利润规划时估计的，并已列入现金预算。它通常不是根据利润和所得税税率计算出来的，因为有诸多纳税调整的事项存在。此外，从预算编制程序上看，如果根据本年利润和税率重新计算所得税，就需要修改现金预算，引起信贷计划修订，进而改变利息，最终又要修改本年利润，从而陷入数据的循环修改中。

利润表预算与实际利润表的内容、格式相同，只不过数据是面向预算期的。它是在汇总销售、成本、销售及管理费用、营业外收支、资本支出等预算的基础上编制的。通过编制利润表预算，可以了解企业预期的盈利水平。如果预算利润与最初编制方针中的目标利润有较大的不一致，就需要调整部门预算，设法达到目标，或者经企业领导同意后修改目标利润。

（二）资产负债表预算的编制

资产负债表预算与实际的资产负债表内容、格式相同，只不过其数据是反映预算期末的财务状况。该表是利用本期期初资产负债表，根据销售、生产、资本等预算的有关数据加以调整编制的。

表5－21是某公司的资产负债表预算。大部分项目的数据来源已注明在表中。普通股、长期借款两项指标本年度没有变化。期末未分配利润是这样计算的：

期末未分配利润 = 期初未分配利润 + 本期利润 − 本期股利

= 16 250 + 39 370 − 16 000 = 39 620(元)

应收账款是根据表 5 − 12 中的第四季度销售额和本期收现率计算的。

表 5 − 21　　　　　　　　资产负债表预算　　　　　　　　单位:元

资产			权益		
项目	年初	年末	项目	年初	年末
现金(表 5 − 19)	8 000	14 340	应付账款(表 5 − 14)	2 350	5 720
应收账款(表 5 − 12)	6 200	19 200	长期借款	9 000	9 000
直接材料(表 5 − 14)	1 500	2 000	普通股	20 000	20 000
产成品(表 5 − 17)	900	1 800	未分配利润	16 250	39 620
固定资产	35 000	45 000			
累计折旧(表 5 − 16)	4 000	8 000			
资产总额	47 600	74 340	权益总额	47 600	74 340

期末应收账款 = 本期销售额 × (1 − 本期收现率)

= 48 000 × (1 − 60%)

= 19 200(元)

"应付账款"是根据表 5 − 14 中的第四季度采购金额和付现率计算的:

期末应付账款 = 本期采购金额 × (1 − 本期付现率)

= 11 440 × (1 − 50%)

= 5 720(元)

编制资产负债表预算的目的,在于判断预算反映的财务状况的稳定性和流动性。如果通过资产负债表预算的分析,发现某些财务比率不佳,必要时可修改有关预算,以改善财务状况。

因为已经编制了现金预算,所以通常没有必要再编制预计现金流量表。

复习思考题

1. 按资金习性可以把资金分为哪几类?
2. 在销售百分比法中随销售增加而增加的资产项目有哪些?
3. 按照筹资"啄食顺序"理论,企业筹资的优先顺序是什么?
4. 在销售百分比法下计算的外界筹资额,具体是指哪些资金项目?
5. 通常情况下,外部融资需求受哪些因素影响?
6. 可持续增长率与实际增长率之间有何联系?
7. 通常情况下,全面预算体系的内容有哪些?

计算分析题

1. 某公司当前的销售收入为 6 000 万元，以下是其销售百分比情况：

资产	占销售收入%	负债	占销售收入%
现金	7	应付费用	12
应收账款	30	应付账款	17
存货	35		
其他项目	不变动	其他项目	不变动

预计明年销售将增长 6%，已知其销售净利率为 12%，股利支付比率为 50%。

要求：

(1)若明年售价保持不变，试计算该公司明年需对外融资的数量；

(2)若明年销售增长率仍为 6%，但是销售净利率提高到 15%，试计算该公司对外融资的数量。

2. 某企业有关预算资料如下：

(1)该企业 3 ~7 月份的销售收入(不含税)分别为 40 000 元、50 000 元、60 000元、70 000 元、80 000 元。每月销售收入中，当月收到现金 30%，下月收到 70%。

(2)各月商品采购成本按下一个月销售收入的 60% 计算，所购货款于当月支付现金 50%，下月支付现金 50%。

(3)该企业 4 ~6 月份的营业费用分别为 4 000 元、4 500 元、4 200 元，每月营业费用中包括折旧费 1 000 元。

(4)该企业 4 月份购置固定资产，需要现金 15 000 元。

(5)该企业在现金不足时，向银行借款(为 1 000 元的倍数)，短期借款利率为 6%。现金有多余时，归还短期借款(为 1 000 元的倍数)。借款在期初，还款在期末，3 月末的长期借款余额为 20 000 元，借款年利率 12%，短期借款余额为 0。假设每月末还借款的应计利息。

(6)该企业规定的现金余额的额定范围为：6 000 元 ~7 000 元，该企业消费税率为 8%，增值税税率为 17%，城建税税率为 7%，教育费附加税率为 3%。假设应交增值税占收入的比率是稳定的，应交增值税估算率为 10%。按简捷法计算该企业营业税金及附加，其他资料见现金预算。

要求：根据以上资料，完成该企业 4 ~6 月份现金预算的编制工作。

现金预算

月份	4	5	6
期初现金余额	7 000		
经营现金收入			
租金收入	10 000	10 000	10 000
直接材料采购支出			
直接工资支出	2 000	3 500	2 800
营业费用支出			
其他付现费用	800	900	750
营业税金及附加支出			
预交所得税			8 000
购置固定资产	15 000		
现金余缺			
举借短期借款			
归还短期借款			
支付借款利息			
期末现金余额			

第六章
资本成本与资本结构

第一节　资本成本

一、资本成本的概念及作用

(一) 资本成本的概念

企业筹集和使用资金要付出相应的代价,这种代价即为资本成本。资本成本是市场经济环境下的必然产物,也是企业财务所关注的核心问题。在这里,将资本定义为企业的长期资金来源。因此,这里的资本成本仅限于对长期负债筹资和主权资本筹资的讨论和研究。

资本成本包括筹资费用和使用费用。

1. 筹资费用

筹资费用是指在筹资中为获得资本而付出的经办费,如向银行借款时需要支付的手续费,因发行股票、债券所需支付的发行费用等。

2. 使用费用

使用费用是指因使用资本而支付的资金占用费用,如向股东支付的股利,向债权人支付的利息等。

资本成本可以用绝对数表示,也可以用相对数表示。在多数场合,资本成本是以相对数表示的资本成本率。其计算公式为:

$$资本成本 = \frac{使用费用}{筹资总额 - 筹资费用}$$

或

$$= \frac{使用费用}{筹资总额 \times (1 - 筹资费用率)}$$

上式中,筹资费用率是筹资费用与筹资总额的比率。计算资本成本之所以把筹资费用从筹资总额中扣除,原因在于:①筹资费用在筹资时,已作为一次性费用处理;②筹资总额扣减筹资费用后即为筹资净额,这也是该筹资净额与使用费用发生的真实的配比关系。

（二）资本成本的作用

资本成本对于企业筹资及投资具有重要意义。

(1)资本成本是比较筹资方式、选择追加筹资方案的依据。这表现在：①个别资本成本是比较各种筹资方式的重要标准。企业可以根据不同的长期资金来源的资本成本的高低，从中选择成本较低的筹资方式。②综合资本成本是企业进行资本结构决策的基本依据。企业的长期资金往往构成多种方式的筹资组合，在选择最佳筹资组合并决定企业资本结构时，最低的综合资本成本将成为决策的基本依据。③边际资本成本是企业追加筹资时的依据。通过对边际资本成本的计算，从而确定追加筹资的具体操作方案。

(2)资本成本是评价投资项目、比较投资方案和追加投资决策的主要经济标准。通常，项目的投资报酬率只有大于其资本成本，才是经济合理的，否则投资项目就不可行。这表明，资本成本是项目投资的最低收益率，也是判断项目可行性的取舍标准。

(3)资本成本还可作为评价企业经营成果的依据。资本成本作为投资者的收益，需要通过对资本使用者所获收益的分割来实现。如果资本使用者不能满足投资者的收益要求，资本将退出原资本使用者的经营领域而重新寻找新的资本使用者。因此，资本成本在一定程度上就成为判断企业经营业绩的重要依据。企业的资本收益率大于资本成本时，表明企业经营状况良好，否则将被认为是经营不善。

二、资本成本的计算

（一）个别资本成本

个别资本成本是指根据各种长期资本的具体筹资方式而确定的成本。主要包括：

1. 长期借款成本

长期借款成本在考虑各种相关因素的条件下，其计算公式可归纳为：

$$长期借款成本=\frac{长期借款年利息\times(1-所得税税率)}{长期借款总额-筹资费用}$$

长期借款利息在税前列支，因而具有所得税的抵免效应，这个效应在上述公式的分子中予以了充分表达。

【例6.1】某企业从银行取得2年期借款100万元，年利率为8%，每年付息一次，到期还本。假定筹资费用为8 000元，企业所得税税率为33%，则该借款的年成本为：

$$\frac{100\times8\%\times(1-33\%)}{100-0.8}=5.4\%$$

如果因筹资费用较小而忽略不计，则该项借款的年成本为：

$$8\% \times (1-33\%) = 5.36\%$$

2. 债券成本

债券成本包括债券利息和筹资费用。债券利息的处理与长期借款利息的处理相同,应以税后的债务成本为计算依据。债券成本与借款成本的主要差别在于:①债券的筹资费用较高,不可能忽略不计;②债券的发行价格与其面值可能存在差异,从而在计算其筹资总额时要按发行价格标准计算。其计算公式为:

$$债券成本 = \frac{债券年利息 \times (1-所得税税率)}{债券发行总面额 - 筹资费用}$$

【例6.2】某公司拟发行一种5年期的面值为1 000元、票面年利率为10%、每年付息一次的债券。发行价格定为1 050元,发行费用占发行价格的4%,企业所得税税率为33%,则该债券的年成本为:

$$\frac{1\,000 \times 10\% \times (1-33\%)}{1\,050 - 1\,050 \times 4\%} = 6.65\%$$

3. 融资租赁成本

融资租赁成本的主体内容是租金。在租金平均支付的条件下,租金与租赁物的市场价值之比就构成了某项租赁物的年成本。

4. 优先股成本

公司发行优先股需要支付发行费用,且优先股的股息通常是固定的,均从税后利润中支付,不存在抵税作用。因此,其计算公式为:

$$优先股成本 = \frac{优先股年股息}{优先股筹资总额 - 筹资费用}$$

【例6.3】某公司拟发行优先股,面值总额为100万元,固定股息率为12%,筹资费率预计为5%。若该股票溢价发行,筹资总额为110万元,则优先股的年成本为:

$$\frac{100 \times 12\%}{110 - 110 \times 5\%} = 11.48\%$$

由于优先股的股息在税后利润中支付,而债券利息在税前支付,且当公司破产清算时,优先股股票持有人的求偿权在债券持有人之后,因此表现出较大的风险,其成本通常也要高于债券成本。

5. 普通股成本

普通股成本的计算最为复杂。从理论上,公司普通股成本是股东的投资期望收益率。因此,各种实际计算方法都将以此作为计算的依据。

(1)股价模型法

其计算公式为:

$$普通股成本 = \frac{预期年股利额}{普通股筹资额 - 普通股筹资费用} + 普通股股利年增长率$$

【例6.4】某公司发行面值为1元的普通股500万股,筹资总额为1 000万元,筹资费用率为4%。已知第一年每股股利为0.25元,以后每年按2%的比率增长,则普通股的年成本为:

$$\frac{500 \times 0.25}{1\,000 - 1\,000 \times 4\%} + 2\% = 15.02\%$$

(2)股票—债券收益调整法

这是根据税前债券成本和本公司历史上股票与债券成本的差异而采用的一种计算方法。其计算公式为:

普通股成本 = 债券成本 + 历史上股票与债券收益率差异

比如,假定某公司历史上股票与债券收益率差异为5%,现时债券的成本率为10%,则该公司普通股成本应为15%。

(3)资本资产定价模式法

这是根据股票这种资本资产的风险特征,采用风险贴水模式而进行计算的一种方法,也是对股票—债券收益调整法的进一步调整。其计算公式为:

$$K_j = R_f + \beta \cdot A(R_m - R_f)$$

式中:j——某公司股票

K_j——股票资金成本

β——公司股票投资风险系数

R_m——市场平均投资收益率

R_f——无风险证券投资收益率

【例6.5】某公司拟发行普通股,假定长期国库券收益率为9%,市场平均的投资收益率为15%,该公司股票投资风险系数为1.1,则普通股成本为:

$$K_j = 9\% + 1.1 \times (15\% - 9\%) = 15.6\%$$

6. 保留盈余成本

保留盈余是在所得税后形成的,其所有权属于股东,实质上是股东对公司的追加主权资本。股东之所以同意将保留盈余留用于公司,是期望获得与普通股相同的投资报酬。因此,保留盈余也有资本成本,它的资本成本是股东失去向外投资的机会成本。由于保留盈余不需要考虑筹资费用,因而可以在普通股成本计算基础上做适当的调整。如按股价模型法,其计算公式为:

$$保留盈余资本成本 = \frac{预期年股利}{普通股筹资额} + 普通股股利年增长率$$

(二)综合资本成本

综合资本成本是企业以各种方式所筹集的全部长期资金的总成本。一般是以各种资本占全部资本的比重为权数,对个别资本成本进行加权平均确定的,因而也称为加权平均资本成本。其计算公式为:

$$K_W = \sum_{j=1}^{n} K_j \cdot W_j$$

式中：K_W——综合资本成本

K_j——第 j 种个别资本成本

W_j——第 j 种个别资本占全部资本的比重（权数）

【例 6.6】某企业按账面值所反映的长期资金共计 1 000 万元，其中长期借款 200 万元，应付长期债券 100 万元，普通股 500 万元，保留盈余 200 万元。其个别资本成本分别为 5.4%、6.65%、15.02%、15%，则该企业按账面值计算的综合资本成本为：

$$5.4\% \times \frac{200}{1\,000} + 6.65\% \times \frac{100}{1\,000} + 15.02\% \times \frac{500}{1\,000} + 15\% \times \frac{200}{1\,000} = 12.26\%$$

上述计算中的个别资本占全部资本的比重是按会计账面值确定的。如果资本的账面价值已与市场价值发生了较大的偏离，则会因此使计算结果失真，从而误导筹资决策。为了克服这一缺陷，个别资本占全部资本的比重，也可按市场价值或目标价值确定，从而形成市场价值权数、目标价值权数。

市场价值权数是指按债券、股票的市场价格确定的权数。这种计算方式下的综合资本成本能准确反映企业的实情，考虑到市场价格变动的频繁性，也可选用一定期间的平均价格。

目标价值权数是指以债券、股票未来预计的目标市场价值来确定的权数。这种权数摒弃了只反映过去和现在的资本结构的做法，而重在体现未来期望的资本结构，因此，对企业筹措新的资本有较强的适用性。但是，企业却很难准确地确定证券的目标价值，因而这种计算方法难以普遍推广。

（三）边际资本成本

在市场经济环境中，企业无法以某一固定的资本成本筹措无限的资本，当企业筹集的资本超过一定限度时，原来的资本成本就会增加。因此，企业在追加筹资时，必须了解筹资额达到什么数额会引起资本成本的变化，这就需要计算边际资本成本。

边际资本成本是指每增加一个单位量的资本而增加的成本。边际资本成本也要按加权平均法计算。下面举例说明边际资本成本的计算和应用。

【例 6.7】某企业拥有长期资金 1 000 万元，其中长期借款 100 万元，长期债券 250 万元，普通股 650 万元。由于扩大经营规模的需要，企业准备筹集新的资本。经过调查分析，该企业认为，筹集新资本后企业仍需保持目前的资本结构，即长期借款占 10%、长期债券占 25%、普通股占 65%，从而测算出随着筹资的增加，各种资本成本的变动情况（见表 6－1）。

表 6-1　　　　　　　　　　**某企业资本成本变动表**

资本种类	目标资本结构	新筹资额	资本成本
长期借款	10%	10 万元以内 10 万~20 万元 20 万元以上	4% 5% 6%
长期债券	25%	40 万元以内 40 万~80 万元 80 万元以上	8% 9% 10%
普通股	65%	60 万元以内 60 万~120 万元 120 万元以上	12% 13% 14%

1. 计算筹资突破点

企业花费一定的资本成本只能筹集到一定限度的资本,超过这一限度,多筹集资本就要多花费资本成本,从而引发原资本成本的变动。所谓筹资突破点,就是指保持某资本成本水平不变条件下可以筹集的新资本的最大限额。在筹资突破点范围内筹资,原来的资本成本不会改变;一旦筹措新资本的金额超过了筹资突破点,即使维持现有的资本结构,资本成本也会增加。筹资突破点的计算公式为:

$$\text{筹资突破点} = \frac{\text{可用某一特定成本筹集的该种新资本的限额}}{\text{该种资本在资本结构中的既定比率}}$$

可以推断,由于新筹资额的限度不同,所以筹资突破点也有所不同。比如,利用表 6-1 中的资料,在花费 4% 资本成本时取得的长期借款筹资限额为 10 万元,其筹资突破点则为:

$$\frac{10}{10\%} = 100(\text{万元})$$

而在花费 5% 资本成本时,取得的长期借款筹资限额为 20 万元,其筹资突破点则为:

$$\frac{20}{10\%} = 200(\text{万元})$$

按此方法,凡是具有明确限额的新筹资额,都可以计算出不同的筹资突破点。根据表 6-1 的有关资料计算出的各种情况下的筹资突破点列表反映如下(见表 6-2):

表 6-2　　某企业各种情况下的筹资突破点

资本种类	资本结构	资本成本	新筹资额	筹资突破点
长期借款	10%	4% 5% 6%	10 万元以内 10 万~20 万元 20 万元以上	100 万元 200 万元 —
长期债券	25%	8% 9% 10%	40 万元以内 40 万~80 万元 80 万元以上	160 万元 320 万元 —
普通股	65%	12% 13% 14%	60 万元以内 60 万~120 万元 120 万元以上	92 万元 185 万元 —

2. 计算边际资本成本

根据表 6-2 所计算的筹资突破点，可以得出 7 组筹资总额范围：

(1)92 万元以内；

(2)92 万~100 万元；

(3)100 万~160 万元；

(4)160 万~185 万元；

(5)185 万~200 万元；

(6)200 万~320 万元；

(7)320 万元以上。

对以上 7 组筹资范围分别计算加权平均资本成本，即可得出各种筹资范围的综合资本成本。其计算结果见表 6-3 所示：

表 6-3　　某企业综合资本成本构成情况

筹资总额范围	资本种类	资本结构	资本成本	综合资本成本
92 万元以内	长期借款 长期债券 普通股	10% 25% 65%	4% 8% 12%	4%×10%=0.4% 8%×25%=2% 12%×65%=7.8% 10.2%
92 万~100 万元	长期借款 长期债券 普通股	10% 25% 65%	4% 8% 13%	4%×10%=0.4% 8%×25%=2% 13%×65%=8.45% 10.85%
100 万~160 万元	长期借款 长期债券 普通股	10% 25% 65%	5% 8% 13%	5%×10%=0.5% 8%×25%=2% 13%×65%=8.45% 10.95%
160 万~185 万元	长期借款 长期债券 普通股	10% 25% 65%	5% 9% 13%	5%×10%=0.5% 9%×25%=2.25% 13%×65%=8.45% 11.2%

表 6-3(续)

筹资总额范围	资本种类	资本结构	资本成本	综合资本成本
185 万～200 万元	长期借款	10%	5%	5%×10%=0.5%
	长期债券	25%	9%	9%×25%=2.25%
	普通股	65%	14%	14%×65%=9.1%
				11.85%
200 万～320 万元	长期借款	10%	6%	6%×10%=0.6%
	长期债券	25%	9%	9%×25%=2.25%
	普通股	65%	14%	14%×65%=9.1%
				11.95%
320 万元以上	长期借款	10%	6%	6%×10%=0.6%
	长期债券	25%	10%	10%×25%=2.5%
	普通股	65%	14%	14%×65%=9.1%
				12.2%

表 6-3 中的计算结果如用图形表达，可以形象地描绘出各筹资总额综合资本成本的变化规律（见图 6-1），企业可依此进行追加筹资的规划。

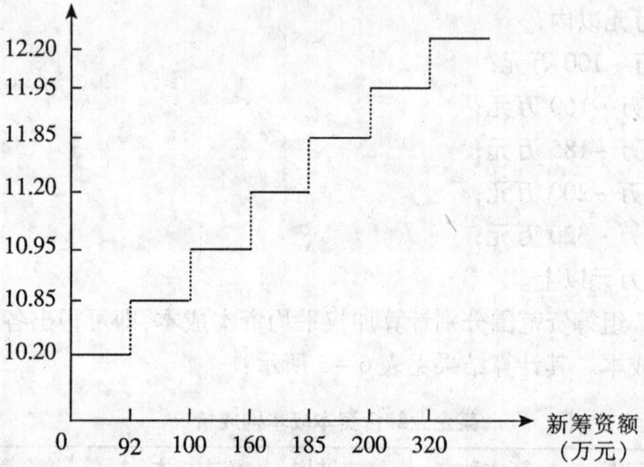

图 6-1

图中画了 7 层“台阶”，每层“台阶”所增加的高度即为加权平均的边际资本成本；每层“台阶”的宽度即为加权平均边际资本成本约束下的新筹资限额。

第二节　杠杆原理

自然科学的杠杆原理，是指通过杠杆的作用，用一个较小的力量产生较大的效果。财务管理中的杠杆原理，则是指由于固定费用（包括生产经营方面的固定费用和财务方面的固定费用）的存在，因而当业务量发生较小变化时，利润会产生较大变化的效果。

由于成本按习性分类是研究杠杆问题的基础，所以本节首先要介绍成本习性问题，然后分别说明经营杠杆、财务杠杆和复合杠杆。

一、成本按习性分类

所谓成本习性，是指成本与业务量之间的依存关系。根据成本习性对成本进行分类，对于正确地进行财务决策，有着十分重要的意义。

按成本习性可把成本划分为固定成本、变动成本和混合成本三类。

(一)固定成本

固定成本，是指其成本总额在一定时期和一定业务量范围内不受业务量增减变动影响而固定不变的成本。属于固定成本的主要有折旧费、保险费、管理人员工资、办公费等。由于这些费用每年支出水平基本相同，因而产销量在一定范围内变动，不会对其产生影响。正是因为这些成本是固定不变的，所以随着产量的增加，即意味着它将分配给更多数量的产品，也就是说单位固定成本将随产量的增加而逐渐变小。

应当指出的是，固定成本总额只是在一定时期和业务量的一定范围内保持不变。这里所说的一定范围，通常为相关范围。超过了相关范围，固定成本也会发生变动。因此，固定成本必须和一定时期、一定业务量联系起来进行分析。从较长的时间来看，所有的成本都是变化的，没有绝对不变的固定成本。

(二)变动成本

变动成本，是指其成本总额随着业务量增减变动成正比例增减变动的成本。直接材料、直接人工等都属于变动成本。但从产品的单位成本来看，则恰好相反，产品单位成本中的直接材料、直接人工将保持不变。

与固定成本相同，变动成本也要研究"相关范围"问题。也就是说，只有在一定范围之内，产量和成本才能完全成同比例变化，即为完全的线性关系；超过了一定范围，这种关系就不存在了。例如，当一种新产品还是小批量生产时，由于生产工人还处于不熟练阶段，直接材料和直接人工耗费可能较多，但随着产量的增加，工人对生产过程逐渐熟悉，因而可使单位产品的材料和人工费用降低。在这一阶段，变动成本不一定与产量完全成同比例变化，而是表现为小于产量增减的幅度。在这以后，生产过程比较稳定，变动成本与产量成同比例变动，这一阶段的产量便是变动成本的相关范围。然而，当产量达到一定程度以后，再大幅度增产就可能会出现一些新的不利因素，使成本的增长幅度大于产量的增长幅度。

(三)混合成本

有些成本虽然也随业务量的变动而变动，但不成同比例变动，不能简单地归入变动成本或固定成本，这类成本称为混合成本。混合成本按其与业务量的关系又可分为半变动成本和半固定成本。

综上所述,成本按习性分类可用表6-4来说明:

表6-4　　成本按习性分类表

成本
- 变动成本
  - 直接人工
  - 直接材料
- 固定成本
- 混合成本
  - 半变动成本
  - 半固定成本

(四)总成本习性模型

从以上分析我们知道,成本按习性可分成变动成本、固定成本和混合成本三类,但混合成本又可以按一定方法分解成变动成本和固定成本。这样,总成本习性模型可用下式来表示:

$$y = a + bx$$

式中:y ——总成本

a ——固定成本

b ——单位变动成本

x ——产量

显然,若能求出公式中a和b的值,就可以利用这个直线方程来进行成本预测、成本决策和其他短期决策。因此,总成本习性模型是一个非常重要的模型。

(五)边际贡献和利润的计算

1. 边际贡献

边际贡献是指销售收入减去变动成本以后的差额。其计算公式为:

$$M = S - V = (P - v) \cdot Q = m \cdot Q$$

式中:M——边际贡献总额

S ——销售收入总额

V——变动成本总额

P——销售单价

v ——单位变动成本

Q ——产销量

m——单位边际贡献

2. 利润

这里的利润是指支付利息和交纳所得税之前的利润,通常称为息税前利润。成本按习性分类后,息税前利润可用下列公式计算:

$$EBIT = S - V - a = (P - v)Q - a = M - a$$

式中:EBIT——息税前利润

a——固定成本

Q——产销量

P——销售单价

v ——单位变动成本

V——变动成本总额

S ——销售收入总额

二、经营杠杆

(一)经营杠杆的概念

在其他条件不变的情况下,产销量的增加虽然一般不会改变固定成本总额,但会降低单位固定成本,从而提高单位利润,使息税前利润的增长率大于产销量的增长率;反之,产销量的减少会提高单位固定成本,降低单位利润,使息税前利润下降率大于产销量下降率。如果不存在固定成本,所有成本都是变动的,那么边际贡献就是息税前利润。这时,息税前利润变动率就同产销量变动率完全一致。在某一固定成本比重下,产销量变动对息税前利润产生的作用,称为经营杠杆。

产销量的变动必然引起边际贡献的变动,而且两者的变动率是一致的。这一点由下式可以证明:

$$M=(P-v)\cdot Q$$

式中:M——边际贡献

P——销售单价

v ——单位变动成本

Q ——产销量

上式两端同时乘以一个常数,其恒等关系不变。因此,在单价和单位变动成本不变的条件下,产销量和边际贡献的变动率相等。

产销量的变动同时会引起息税前利润的变动,但是,由于固定成本的存在,产销量的变动率与息税前利润变动率不相等,后者大于前者。这一点由下式可以得到证明:

$$\because \quad M>EBIT$$

$$\therefore \quad \frac{M}{EBIT}>1,\text{即}\frac{mQ}{mQ-a}>1$$

当 $a\to 0$ 时,$\frac{mQ}{mQ-a}\to 1$

当 $Q\to\infty$ 时,$\frac{mQ}{mQ-a}\to 1$

式中:EBIT——息税前利润

a——固定成本

m——单位边际贡献

以上公式说明,除非固定成本是零或业务量无穷大,否则息税前利润的变动率总是大于边际贡献的变动率,而边际贡献的变动率与产销量变动率相等。因此,息税前利润变动率大于产销量变动率。

(二)经营杠杆的计量

从以上分析可知,只要企业存在固定成本,就存在经营杠杆的作用。但对不同的企业,经营杠杆作用的程度是不完全一致的。为此,需要对经营杠杆进行计量。对经营杠杆进行计量的最常用指标是经营杠杆系数或经营杠杆度。所谓经营杠杆系数,是指息税前利润变动率相当于产销量变动率的倍数。其计算公式为:

$$经营杠杆系数 = \frac{息税前利润变动率}{产销量变动率}$$

或
$$DOL = \frac{\Delta EBIT/EBIT}{\Delta S/S}$$

式中:EBIT——变动前的息税前利润

ΔEBIT——息税前利润的变动额

S——变动前的产销量

ΔS——产销量的变动额

【例6.8】北方公司的有关资料如表6-5所示,试计算该企业的经营杠杆系数。

表6-5 **北方公司有关资料** 单位:元

	产销量变动前	产销量变动后	变动额	变动率(%)
销售额	10 000	12 000	2 000	20
变动成本	6 000	7 200	1 200	20
边际贡献	4 000	4 800	800	20
固定成本	2 000	2 000	—	—
息税前利润	2 000	2 800	800	40

注:假设产销量一致。

根据公式得:

$$DOL = \frac{\Delta EBIT/EBIT}{\Delta S/S} = \frac{800/2\ 000}{2\ 000/10\ 000} = \frac{40\%}{20\%} = 2$$

上述公式是计算经营杠杆系数的常用公式,但利用该公式,必须根据变动前和变动后的有关资料才能进行计算,而不能仅仅根据基期资料计算。为此,我们必须根据上述公式推导出用基期资料计算经营杠杆系数的公式。

设:M——基期边际贡献

R——产销量变动率($R = \Delta S/S$)

a——固定成本

因为产销量变动率与边际贡献变动率一致，所以变动后的边际贡献为：M+MR，则：

$$DOL=\frac{\triangle EBIT/EBIT}{\triangle S/S}$$

$$=\frac{\triangle EBIT/EBIT}{R}=\frac{\triangle EBIT}{R(EBIT)}$$

$$=\frac{(M+MR-a)-(M-a)}{R(EBIT)}$$

$$=\frac{MR}{R(EBIT)}=\frac{M}{EBIT}$$

于是得到下列公式：

$$\text{经营杠杆系数}=\frac{\text{基期边际贡献}}{\text{基期息税前利润}}$$

将表6-5的资料代入得：

$$DOL=\frac{4\ 000}{2\ 000}=2$$

（三）经营杠杆与经营风险

导致企业出现经营风险的主要原因，是市场需求和成本等因素的不确定性，经营杠杆本身并不是利润不稳定的根源。但是，产销量增加时，息税前利润将以DOL倍数的幅度增加；而产销量减少时，息税前利润又将以DOL倍数的幅度减少。可见，经营杠杆扩大了市场和生产等不确定因素对利润变动的影响；而且经营杠杆系数越高，利润变动越激烈，企业的经营风险就越大。可见，企业经营风险的大小和经营杠杆有着重要关系。一般来说，在其他因素不变的情况下，固定成本越高，经营杠杆系数越大，企业经营风险越大。由经营杠杆的计算公式可知：

$$DOL=\frac{M}{EBIT}$$

$$\because \quad EBIT=M-a$$

$$\therefore \quad DOL=\frac{M}{M-a}$$

上式表明，DOL将随a的变化呈同方向变化，即在其他因素一定的情况下，固定成本越高，DOL越大。同理，固定成本越高，企业经营风险也就越大。

三、财务杠杆

（一）财务杠杆的概念

不论企业的营业利润是多少，债务的利息和优先股的股利通常都是固定不变的。当息税前利润增大时，每1元盈余所负担的固定财务费用就会相对减少，这能给普通股股东带来更多的盈余；反之，当息税前利润减少时，每1元盈余所负担的固定财务费用就会相对增加,从而大幅度减少普通股的盈余。这种债务对投资者收益的影响,称作财务杠杆。现用表6-6加以说明。

表6-6　　甲、乙公司的资本结构与普通股利润表　　单位:元

项目	甲公司	乙公司
股本(面值:100)	2 000 000	1 000 000
发行在外股数(股)	20 000	10 000
债务(利息率为8%)	0	1 000 000
资金总额	2 000 000	2 000 000
息税前利润	200 000	200 000
利息	0	80 000
税前利润	200 000	120 000
所得税(50%税率)	100 000	60 000
净利润	100 000	60 000
每股利润(或每股收益)	5	6
息税前利润增长率(%)	20	20
增长后的息税前利润	240 000	240 000
债务利息	0	80 000
税前利润	240 000	160 000
所得税(50%税率)	120 000	80 000
净利润	120 000	80 000
每股利润(或每股收益)	6	8
每股利润增加额	1	2
普通股利润增长率(%)	20	33.33

在表6-6中,甲、乙两公司的资金总额相等,息税前利润相等,息税前利润的增长率也相同,不同的只是资本结构。甲公司全部资金都是普通股,乙公司的资金中普通股和债券各占一半。在息税前利润增长20%的情况下,甲公司每股利润增长20%,而乙公司却增长了33.33%,这就是财务杠杆的作用。当然,如果息税前利润下降,则乙公司每股利润的下降幅度要大于甲公司每股利润的下降幅度。

(二)财务杠杆的计量

从上述分析可知,只要在企业的筹资方式中有固定财务支出的债务和优先股,就存在财务杠杆的作用。但对不同的企业,财务杠杆的作用程度是不完全一致的。为此,需要对财务杠杆进行计量。对财务杠杆进行计量的最常用指标是财务杠杆系数。所谓财务杠杆系数,是普通股每股利润的变动率相当于息税前利润变动率的倍数。其计算公式为:

$$财务杠杆系数=\frac{普通股每股利润变动率}{息税前利润变动率}$$

或 $$DFL=\frac{\triangle EPS/EPS}{\triangle EBIT/EBIT}$$

式中：DFL——财务杠杆系数

△EPS——普通股每股利润变动额

EPS ———基期每股利润或每股收益

△EBIT——息税前利润变动额

EBIT——基期息税前利润

把表 6-6 的有关资料代入公式，得：

$$DFL_{甲}=\frac{1/5}{40\ 000/200\ 000}=\frac{20\%}{20\%}=1.00$$

$$DFL_{乙}=\frac{2/6}{40\ 000/200\ 000}=\frac{33.33\%}{20\%}=1.67$$

财务杠杆系数的计算公式，可进一步简化。

设：I——债务利息

d——优先股股利

T——所得税税率

n——普通股票数量

基期的普通股每股利润，应是基期息税前利润减去利息费用、所得税和优先股股利以后的余额，即：

$$EPS=[(EBIT-I)(1-T)-d]/n$$

因为利息费用、优先股股利固定不变，所以普通股利润的增长额，应是息税前利润增长额减去所得税之后的余额，即：

$$\triangle EPS=\triangle EBIT(1-T)/n$$

则 $$DFL=\frac{\triangle EPS/EPS}{\triangle EBIT/EBIT}$$

$$=\frac{\triangle EBIT(1-T)/n}{\frac{(EBIT-I)(1-T)-d}{n}}\times\frac{EBIT}{\triangle EBIT}$$

$$=\frac{EBIT}{EBIT-I-\frac{d}{(1\quad T)}}$$

即 $$财务杠杆系数=\frac{息税前利润}{息税前利润-利息-\frac{优先股股利}{1-所得税税率}}$$

对未发行优先股的企业而言，其财务杠杆系数的计算公式可简化为：

$$DFL=\frac{EBIT}{EBIT-I}\quad 即：财务杠杆系数=\frac{息税前利润}{息税前利润-利息}$$

将表 6-6 的有关资料代入，得：

$$DFL_{甲}=\frac{200\ 000}{200\ 000-0}=1$$

$$DFL_{乙}=\frac{200\ 000}{200\ 000-800\ 000}\approx 1.67$$

这说明,当利润增加时,乙公司每股利润的增长幅度要大于甲公司的增长幅度;而当利润减少时,乙公司每股利润的下降幅度也更大。因此,公司息税前利润较多、增长幅度较大时,适当地利用负债性资金,发挥财务杠杆的作用,可增加每股利润,使股票价格上涨,提高企业价值。

(三)财务杠杆与财务风险

财务风险是指企业为取得财务杠杆利益而利用负债资金时,增加了破产机会或普通股利润大幅度变动的机会所带来的风险。企业为取得财务杠杆利益,就要增加负债,一旦企业息税前利润下降,不足以补偿固定利息支出时,企业的每股利润就会下降得更快。现举例说明如下,详细情况见表6-7。

表6-7　**丙、丁公司的资本结构与财务风险**　单位:元

项目	丙公司	丁公司
普通股	200 000	100 000
利息率为8%的债券	0	100 000
资金总额	200 000	200 000
计划息税前利润	20 000	20 000
实际息税前利润	6 000	6 000
借款利息	0	8 000
税前利润	6 000	-2 000

从表6-7中可以看出,丙公司没有负债,就没有财务风险;丁公司有负债,当息税前利润比计划减少时,就有了比较大的财务风险,如果不能及时扭亏为盈,则可能会导致企业破产。

四、复合杠杆

(一)复合杠杆的概念

如前所述,由于存在固定的生产经营成本及经营杠杆的作用,使息税前利润的变动率大于业务量的变动率;同样,由于存在固定财务费用(如固定利息、优先股股利)及财务杠杆的作用,使企业每股利润的变动率大于息税前利润的变动率。如果两种杠杆共同起作用,那么销售额稍有变动就会使每股收益产生更大的变动。通常将这两种杠杆的连动作用称为复合杠杆。

【例6.9】根据某企业的有关资料(见表6-8),试看复合杠杆的作用。

表 6-8　　某企业有关资料　　单位:元

项目	2010 年	2011 年	2011 年比 2010 年增减(%)
销售收入[①]	1 000	1 200	20
变动成本[②]	400	480	20
固定成本	400	400	0
息税前利润(EBIT)	200	320	60
利息	80	80	0
税前利润	120	240	100
所得税(税率为 50%)	60	120	100
净利润	60	120	100
普通股发行在外股数(股)	100	100	0
每股利润	0.6	1.2	100

注:①单位产品售价 10 元。②单位变动成本 4 元。

从表 6-8 中看到,在复合杠杆的作用下,该企业业务量增加 20%,每股利润便增长 100%。当然,如果业务量下降 20%,则企业的每股利润也会下降 100%。

(二)复合杠杆的计量

从以上分析得知,只要企业同时存在固定的生产经营成本和固定的利息费用等财务支出,就会存在复合杠杆的作用。但就不同企业而言,复合杠杆作用的程度是不完全一致的,为此,需要对复合杠杆作用的程度进行计量。对复合杠杆进行计量的最常用指标是复合杠杆系数或复合杠杆度。所谓复合杠杆系数,是指每股利润变动率相当于业务量变动率的倍数。其计算公式为:

$$复合杠杆系数=\frac{每股利润变动率}{产销量变动率}$$

或

$$DCL=\frac{\Delta EPS/EPS}{\Delta S/S}$$

式中:DCL——复合杠杆系数

EPS——变动前的每股利润

ΔEPS——每股利润变动额

S——变动前销售量

ΔS——销售量变动

把表 6-8 中的有关数据代入,得:

$$DCL=\frac{0.6/0.6}{200/1\ 000}=\frac{100\%}{20\%}=5$$

为简化计算,可根据上述公式推导出计算复合杠杆系数的简单公式:

$$DCL=\frac{\Delta EPS/EPS}{\Delta S/S}$$

$$= \frac{\triangle EPS/EPS}{\triangle EBIT/EBIT} \times \frac{\triangle EBIT/EBIT}{\triangle S/S}$$

$$= DOL \times DFL$$

即:复合杠杆系数等于经营杠杆系数与财务杠杆系数之积。

又因为 $$DOL = \frac{M}{EBIT}$$

$$DFL = \frac{EBIT}{EBIT - I - \frac{d}{1-T}}$$

则 $$DCL = \frac{M}{EBIT} \times \frac{EBIT}{EBIT - I - \frac{d}{1-T}}$$

$$= \frac{M}{EBIT - I - \frac{d}{1-T}}$$

$$= \frac{(P-v)Q}{(P-v)Q - a - I - \frac{d}{1-T}}$$

式中:P ——销售单价

v ——单位变动成本

Q ——业务量

a——固定成本总额

I——利息

d——优先股股利

M——边际贡献

EBIT——息税前利润

若企业未发行优先股,其复合杠杆系数的计算公式可简化为:

$$DCL = \frac{(P-v)Q}{(P-v)Q - a - I}$$

将表6-8中的数据代入公式,得:

$$DCL = \frac{(10-4)\times 100}{(10-4)\times 100 - 400 - 80} = 5$$

这就是说,在本例中,企业的业务量每增减1%,每股利润便增减5%。因此,只要业务量有一个比较小的增长,每股利润就会大幅度增长;反之,业务量有比较小的下降,每股利润就会大幅度下降。

(三)复合杠杆与企业风险

从以上分析可以看到,在复合杠杆的作用下,当企业经济效益好时,每股利润会大幅度上升;当企业经济效益差时,每股利润会大幅度下降。企业复合杠杆系数越大,每股利润的波动幅度越大。由于复合杠杆的作用而使每股利润大幅度波动造成的风险，称为复合风险。在其他因素不变的情况下，复合杠杆系数越大，复合风险越大；复合杠杆系数越小，复合风险越小。

第三节　资本结构

一、资本结构的含义

资本结构是指企业的长期资本中不同资本的比重结构。广义的资本结构是指企业全部资金中各种资金的构成及其比例关系。资本结构是企业采用不同的筹资方式筹集资金形成的。各种筹资方式不同的组合类型决定着企业的资本结构及其变化。由于短期资金数量相对少，占用数量不稳定，因此资本结构的重点是长期资本结构，资本结构的核心问题是确定全部资金中负债资金所占的比例。

二、负债在资本结构中的意义

（一）合理的负债有利于降低企业的资本成本

如本章第一节所述，负债具有低成本的优势。其一，企业利用负债资金要定期支付利息，到期归还本金，还本付息是企业的法定义务。相对于股东而言，债权人承担的风险较小，因此，要求的报酬率也低于股票投资者，债务资金的成本低于权益资金的成本。其二，债务利息在税前支付，具有抵税作用，也在一定程度上降低了债务资本的成本。合理利用负债资金，可以降低加权平均资本成本。

（二）负债具有财务杠杆作用

如本章第二节所述，负债资金可以带来杠杆利益。在债务资金规模一定的情况下，企业债务利息相对固定。当息税前利润增加时，债务资金利息不变，单位息税前利润负担的利息水平降低，将会使每股利润增长率大于息税前利润增长率。因此，在企业息税前利润较多或增长较快时，恰当利用债务资金，将会有效地发挥财务杠杆作用。

（三）负债会加大企业的财务风险

企业为了获得财务杠杆利益增加负债时，也同时增大了财务风险。首先，债务本金到期必须归还，否则企业将面临破产的风险。其次，当息税前利润降低时，债务资金利息不变，单位息税前利润负担的利息水平提高，将会使每股利润降低幅度大于息税前利润降低幅度。因此，在企业息税前利润较少或降低较快时，应控制债务资金规模，降低财务风险。

三、资本结构的影响因素

(一)企业所有者和管理者的态度

首先,企业所有者和经营者对控制权的态度会影响企业的资本结构。如果他们不愿分散公司控制权,则会倾向于债务筹资,提高债务资本。其次,企业所有者和经营者对风险的态度也将影响企业的资本结构。如果他们不愿承担太大的财务风险,则会倾向于减少负债,缩小债务资本的比例。

(二)企业的成长性和销售的稳定性

成长中的企业需要更多的资金。当权益资金筹集有限时,扩大筹资就意味着扩大负债规模和负债比例。负债筹资和负债经营是促进企业成长的重要方式。

销售的稳定性反映了企业的经营风险情况。销售稳定的企业,经营风险小,还本付息能力较强,可以适当提高负债比例。

(三)企业的获利能力和财务状况

息税前利润是还本付息的根本来源。在总资产报酬率大于负债利息率时,利用财务杠杆能获得较高的净资产收益率;反之,在总资产报酬率小于负债利息率时,利用财务杠杆则会降低净资产收益率。由此可见,获利能力是衡量企业负债能力强弱的基本依据。

由于债务要以现金来还本付息,因此要求企业未来必须有足够的现金净流入。企业未来现金净流入量越大,财务状况越好,负债能力就越强。

四、资本结构的决策方法

资本结构决策就是要确定企业的最优资本结构。根据资本结构理论,最优资本结构是指加权平均资本成本最低、企业价值最大时的资本结构。资本结构决策的方法主要有:比较资本成本法、每股收益无差别点分析法和企业价值比较法。

(一)比较资本成本法

比较资本成本法是通过计算不同筹资方案的加权平均资本成本,并从中选出加权平均资本成本最低的方案为最佳资本结构方案的方法。

【例6.10】某企业现有三个资本结构方案可供选择,有关资料如表6-9所示。根据表中资料,按照比较资本成本法,可进行资本结构决策,具体计算见表6-10。

表 6-9　　某企业资本结构方案选择资料　　单位:万元

筹资方式	资本结构甲方案		资本结构乙方案		资本结构丙方案	
	资金额	资本成本	资金额	资本成本	资金额	资本成本
长期借款	3 000	4%	4 000	5%	2 000	3%
公司债	4 000	6%	3 000	6%	3 000	5%
普通股	3 000	10%	3 000	10%	5 000	8%
合　计	10 000	—	10 000	—	10 000	—

表 6-10　　某企业资本结构方案决策比较

筹资方式	甲方案			乙方案			丙方案		
	资本比重	个别资本成本	加权平均资本成本	资本比重	个别资本成本	加权平均资本成本	资本比重	个别资本成本	加权平均资本成本
长期借款	30%	4%	1.2%	40%	5%	2.0%	20%	3%	0.6%
公司债	40%	6%	2.4%	30%	6%	1.8%	30%	5%	1.5%
普通股	30%	10%	3%	30%	10%	3%	50%	8%	4.0%
合　计	100%	—	6.6%	100%	—	6.8%	100%	—	6.1%

比较以上三个方案的加权平均资本成本,丙方案的最低。因此,在不考虑其他因素的情况下,丙方案是最佳资本结构方案。

(二)每股收益无差别点分析法

影响企业价值的主要因素之一是企业的盈利水平。通常情况下,能增加企业盈利、提高股东收益的资本结构是好的资本结构。每股收益无差别点分析法是通过比较每股收益进行资本结构决策的方法。

每股利润无差异点是指能使两个筹资方案每股收益相等的息税前利润。例如,单纯使用普通股资金或债务资金,其息税前利润和每股收益的关系如图 6-2 所示。

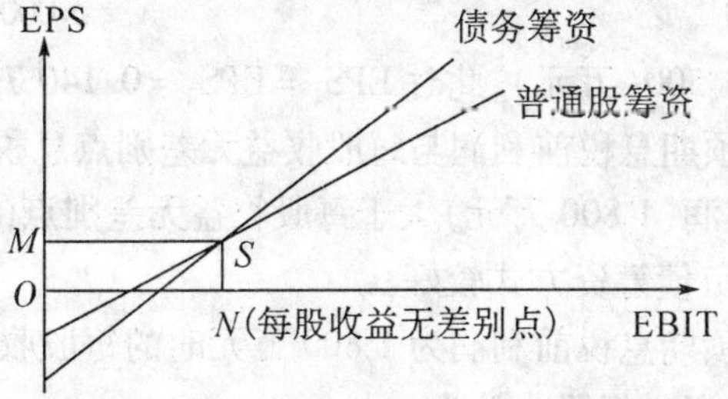

图 6-2

从图 6-2 中可以看出,当息税前利润达到 N 点时,利用债务筹资和利用普通股筹资的每股收益相同，均为 M，则 N 点为每股收益无差别点。在息税前利润达到每股收益无差别点之前，利用普通股筹资的每股收益大于利用负债筹资的每股收益；在息税前利润超过每股利润无差别点后，利用债务筹资的每股收益大于利用普通股筹资的每股收益。通过计算每股收益无差别点，可以为企业不同收益水平条件下选择不同的筹资方案提供依据。

每股收益的计算公式为：

$$EPS = \frac{(EBIT - I)(1 - T)}{N}$$

其中：EPS 为每股收益；EBIT 为息税前利润；I 为负债的利息；T 为所得税率；N 为普通股股数。

如果公司还存在优先股，则每股收益的计算公式可调整为：

$$EPS = \frac{(EBIT - I)(1 - T) - D}{N}$$

【例 6.11】某企业目前的资本总额为 10 000 万元，其中公司债 4 000 万元，利率 6%；其余为普通股资金，普通股股数为 5 000 万股。由于扩张的需要，企业拟筹资 3 000 万元。有两种方案可供选择：一是增发普通股 1 000 万股，每股市价 3 元；二是发行债券 3 000 万元，债券利率 7%。如果企业的年息税前利润预计可以达到 1 800 万元，要求：按照每股收益无差别点法确定该企业的最佳筹资方案。

解：第一步，计算每股收益无差别点的 EBIT。

采用普通股筹资时每股收益为：

$$EPS_1 = \frac{(EBIT - 4\ 000 \times 6\%) \times (1 - 33\%)}{6\ 000}$$

采用公司债筹资时每股收益为：

$$EPS_2 = \frac{(EBIT - 4\ 000 \times 6\% - 3\ 000 \times 7\%) \times (1 - 33\%)}{5\ 000}$$

令 $EPS_1 = EPS_2$，则可建立以下方程：

$$\frac{(EBIT - 4\ 000 \times 6\%) \times (1 - 33\%)}{6\ 000} = \frac{(EBIT - 4\ 000 \times 6\% - 3\ 000 \times 7\%) \times (1 - 33\%)}{5\ 000}$$

解得：EBIT = 1 500（万元），此时 $EPS_1 = EPS_2 = 0.140\ 7$（元/股）

第二步，比较预期息税前利润与每股收益无差别点息税前利润。

预期息税前利润（1 800 万元）大于每股收益无差别点的息税前利润（1 500 万元），因此，采用负债筹资方式较好。

第三步，计算预期息税前利润为 1 800 万元时的每股收益。

采用普通股筹资时每股收益为：

$$EPS_1 = \frac{(1\ 800 - 4\ 000 \times 6\%) \times (1 - 33\%)}{6\ 000} = 0.174\ 2\text{（元/股）}$$

采用公司债筹资时每股收益为：

$$EPS_2=\frac{(1\ 800-4\ 000\times6\%-3\ 000\times7\%)\times(1-33\%)}{5\ 000}=0.180\ 9(元/股)$$

通过第三步的计算，进一步证明了当息税前利润为1 800万元时，应采用债务方式筹资。

如果本例中的息税前利润只能达到1 400万元，则应采用普通股筹资方式。此时的每股收益的计算结果如下：

$$EPS_1=\frac{(1\ 400-4\ 000\times6\%)\times(1-33\%)}{6\ 000}=0.129\ 5(元/股)$$

$$EPS_2=\frac{(1\ 400-4\ 000\times6\%-3\ 000\times7\%)\times(1-33\%)}{5\ 000}=0.127\ 3(元/股)$$

计算结果说明，此时通过发行股票筹资对企业有利。

（三）企业价值比较法

企业价值比较法是以企业价值的大小为标准进行资本结构决策的方法。财务管理的目标是实现企业价值最大化。在影响企业价值的各种因素中，预期收益和企业价值成正比，预期风险和企业价值成反比。比较资本成本法和每股利润无差别点法只考虑了收益和影响收益水平的资本成本，而没有考虑风险因素对资本结构的影响。在风险相同的情况下，增加收益可以提高企业价值；而在冒较大风险情况下增加收益，将会提高资本成本，导致企业价值降低。所以，企业的最佳资本结构应该是可使企业价值最高，而不一定是每股收益最大的资本结构。同时，在企业价值最大的资本结构下，公司的资本成本也是最低的。

如果公司只有股票和债券两种筹资方式，企业价值（V）由股票价值（S）和债券价值（B）两部分构成。用公式表示为：

$$V=S+B$$

为简化起见，假设债券的市场价值等于其账面价值，股票的市场价值可按照下式计算：

$$S=\frac{(EBIT-I)(1-T)}{K_C}$$

式中：EBIT——息税前利润

I——债券利息

T——所得税率

K_C——股票的资金成本

K_C 可以按照资本资产定价模型确定：

$$K_C=R_f+\beta(R_m-R_f)$$

式中：R_m——股票市场平均的必要报酬率

R_f——无风险报酬率

β——股票的风险程度

公司的加权平均资本成本 K_W 可以按照下式计算：

$$K_W = K_B\left(\frac{B}{V}\right)(1-T) + K_C\left(\frac{S}{V}\right)$$

其中：K_B 为债券的税前资本成本。

【例6.12】某公司目前资金总额全部由普通股构成，普通股账面价值10 000万元，所得税率30%，预计年息税前利润为3 000万元。该公司拟改变目前的资本结构，准备通过发行债券赎回部分股票的方法调整资本结构。有关债务资金和股票资金成本计算如表6－11所示；不同资本结构下该企业的价值和加权平均资本成本的计算如表6－12所示。

表6－11　**债务资金与股票资本成本计算表**

债券的市价(B)	税前债务成本(K_B)	股票β值	无风险收益率(R_f)	股票市场平均必要报酬率(R_m)	股票资金成本(K_C)
0	—	1.10	6%	12%	6%＋1.1×(12%－6%)＝12.6%
1 000	3%	1.20	6%	12%	6%＋1.2×(12%－6%)＝13.2%
2 000	4%	1.25	6%	12%	6%＋1.25×(12%－6%)＝13.5%
3 000	5%	1.30	6%	12%	6%＋1.3×(12%－6%)＝13.8%
4 000	6%	1.50	6%	12%	6%＋1.5×(12%－6%)＝15%

表6－12　**企业价值与加权平均资本成本计算表**　单位：万元

债券的市价 B	股票市场价值 S	公司价值 V	税前债务成本(K_B)	税后债务成本 $K_B(1-T)$	债务比重(B/V)	股票资金成本	权益资本比重(S/V)	加权平均资本成本 K_W
0	16 667	16 667	—	—	0	12.60%	100%	12.60%
1 000	15 750	16 750	3%	2.10%	5.97%	13.20%	94.03%	12.54%
2 000	15 140.74	17 140.74	4%	2.80%	11.67%	13.50%	88.33%	12.25%
3 000	14 456.52	17 456.52	5%	3.50%	17.19%	13.80%	82.81%	12.03%
4 000	12 880	16 880	6%	4.20%	23.70%	15%	76.30%	12.44%

在表6－12中，当债务资金为3 000万元时，债务资金的税前资金成本为5%，税后资金成本为5%×(1－30%)＝3.5%；股票资金成本为6%＋1.3×(12%－6%)＝13.8%；债务资金的市场价值与账面价值相等，为3 000万元；股权资金的市场价值为：

$$S = \frac{(3\,000 - 3\,000 \times 5\%) \times (1 - 30\%)}{13.8\%} = 14\,456.52(\text{万元})$$

公司总价值为：V＝3 000＋14 456.52＝17 456.52(万元)

债务资金比重(B/V)为：$\frac{3\,000}{17\,456.52} = 17.19\%$

权益资金比重(S/V)为：$\frac{14\ 456.52}{17\ 456.52}=82.81\%$

加权平均资本成本(K_W) = 3.5% ×17.19% +13.8% ×82.81% =12.03%

其他不同债务资金条件下的企业价值、加权平均资本成本的计算方法同上。

从表6－12中可以看出，在公司没有债务的情况下，公司股票价值就是公司的总价值，权益资金成本就是公司的加权平均资本成本。当公司以债务资金逐渐替换股权资金时，公司总价值开始上升，加权平均资本成本开始下降。当债务资金为3 000万元时，企业价值最高，为17 456.52万元；加权平均资本成本最低，为12.03%。当债务资金超过3 000万元后，由于企业风险进一步加大，加权平均资本成本提高，公司价值下降。因此，债务资金为3 000万元时的资本结构为最优资本结构。

复习思考题

1. 什么是资本成本？资本成本有何作用？

2. 长期借款成本、长期债券成本、融资租赁成本、优先股成本、普通股成本、保留盈余成本如何确定？

3. 什么是综合资本成本？如何计算？

4. 什么是边际资本成本？如何计算？

5. 什么是经营杠杆？经营杠杆系数如何计算？

6. 什么是财务杠杆？财务杠杆系数如何计算？

7. 什么是复合杠杆？计算复合杠杆系数的意义是什么？

8. 什么是资本结构？最佳资本结构的判断标准有哪些？

9. 最佳资本结构有哪些决策方法？如何运用？

计算分析题

1. 某企业拥有长期资金500万元，企业保持着长期借款15%、长期债券25%、普通股60%的目标资本结构。经过调查，企业确定出随着筹资的增加，各种资本成本将发生如下变动：

资金种类	目标资本结构	新筹资额	资本成本
长期借款	15%	45 000元以内 45 000~90 000元 90 000元以上	3% 5% 7%

表(续)

资金种类	目标资本结构	新筹资额	资本成本
长期债券	25%	20 000 元以内 20 000~400 000 元 400 000 元以上	10% 11% 12%
普通股	60%	300 000 元以内 300 000~600 000 元 600 000 元以上	13% 14% 15%

要求:(1)计算各种筹资条件下的筹资突破点。

(2)计算不同筹资范围内的综合资本成本。

2. 某公司目前发行在外普通股100万股(每股1元),已发行10%利率的债券400万元。该公司打算为一个新的投资项目融资500万元,新项目投产后公司每年息税前利润增加到200万元。现有两个方案可供选择:按12%的利率发行债券(方案一);按每股20元发行新股(方案二),公司适用所得税率40%。

要求:(1)计算两个方案的每股利润。

(2)计算两个方案的每股收益无差别点息税前利润。

(3)计算两个方案的财务杠杆系数。

(4)判断哪个方案更好。

3. 某企业打算进行筹资决策,现有两方案备选,有关资料如下。要求分别计算两种方案的加权平均资本成本,从中选择一较优方案。

筹资方式	甲方案		乙方案	
	筹资额	资本成本	筹资额	资本成本
长期借款	80	8%	50	7%
公司债券	100	10%	30	8%
优先股	30	12%	110	9%
普通股	40	15%	60	15%
合计	250		250	

4. 某公司2011年的损益表有关数据如下:

销售收入	2 000 万元
变动成本	1 200 万元
边际贡献	800 万元
固定成本	500 万元
息税前利润	300 万元
利息	100 万元
税前利润	200 万元

所得税　　　　　　　　100 万元

净收益　　　　　　　　100 万元

要求：

(1)根据上述资料计算该公司的经营杠杆、财务杠杆和复合杠杆系数。

(2)若明年销售收入增加 30%，那么，息税前收益与净收益增加的百分比为多少？

第七章 项目投资

第一节 项目投资的相关概念

一、项目投资的含义与特点

项目投资是一种以特定项目为对象,直接与新建项目或更新改造项目有关的长期投资行为。从性质上看,它是企业直接的生产性的对内实物投资,通常包括固定资产投资、无形资产投资、开办费投资和流动资金投资等。

项目投资按其涉及内容,还可进一步细分为单纯固定资产投资和完整工业投资项目。单纯固定资产投资项目的特点在于:在投资中只包括为取得固定资产而发生的垫支资本投入而不涉及周转资本的投入;完整工业投资项目则不仅包括固定资产投资,而且还涉及流动资金投资,甚至包括其他长期资产项目(如无形资产、递延资产)的投资。

二、项目投资的分类

(一)短期投资和长期投资

短期投资又称流动资产投资,是指在一年内能收回的投资,主要指对货币资金、应收账款、存货、短期有价证券的投资。长期投资则是指一年以上才能收回的投资,主要指对厂房、机器设备等固定资产的投资,也包括对无形资产和长期有价证券的投资。由于长期投资中固定资产的比重最大,所以长期投资有时专指固定资产投资。

(二)采纳与否投资和互斥选择投资

从决策的角度看,可把投资分为采纳与否投资和互斥选择投资。采纳与否投资是指决定是否投资于某一独立项目的决策,如是否购入一辆汽车、是否引进一条生产线、是否建一栋厂房等都属于采纳与否投资决策。在两个或两个以上的项目中,只能选择其中之一的决策叫做互斥选择投资决策,如是购置 4 吨的卡车还是8吨的卡车、是购置股票还是债券、是建一条全自动化的生产线还是一条半自动化的生产线等,都属于互斥选择投资决策。

三、投资决策的一般步骤

(1)估算出投资项目的预期现金流量;

(2)估计预期现金流量的风险;

(3)确定资本成本的一般水平;

(4)确定投资项目的收入现值;

(5)通过收入现值与所需资金支出的比较,决定拒绝或确认投资项目。

因此,估计投资项目的预期现金流量是投资决策的首要环节,实际上它也是投资决策分析中最重要和最困难的步骤。

四、投资项目的现金流量

(一)现金流量的概念

所谓现金流量,在投资决策中是指一个项目引起的企业现金支出和现金收入增加的数量,具体包括现金流出量、现金流入量和现金净流量。

1. 现金流出量

一个项目的现金流出量,是指该项目引起的企业现金支出的增加额。例如,企业购置一条生产线,通常会引起以下现金流出:

(1)购置生产线的价款。购置生产线的价款可能是一次性支出,也可能分几次支出。

(2)垫支流动资金。由于该生产线扩大了企业的生产能力,引起对流动资产需求的增加,所以企业需要追加的流动资金也是购置该生产线引起的,应列入该项目的现金流出量。只有在营业终了或出售(报废)该生产线时才能收回这些资金。

2. 现金流入量

一个项目的现金流入量,是指该项目所引起的企业现金收入的增加额。例如,企业购置一条生产线通常会引起下列现金流入:

(1)营业现金流入。购置生产线扩大了企业的生产能力,使企业销售收入增加,而扣除有关的付现成本增量后的余额,就是该生产线引起的一项现金流入。其计算公式为:

营业现金流入=销售收入-付现成本

付现成本在这里是指需要每年支付现金的成本;成本中不需要每年支付现金的部分称为非付现成本,主要是折旧费。所以,付现成本可以用总成本费用减折旧来估计,其计算公式为:

付现成本=总成本费用-折旧

如果从每年现金流动的结果来看，增加的现金流入来自两部分：一部分是利润造成的货币增值，另一部分是以货币形式收回的折旧。

营业现金流入 = 销售收入 - 付现成本
= 销售收入 -（总成本费用 - 折旧）
= 利润 + 折旧

值得注意的是公式中的利润不同于会计学中的利润。若从企业实体角度评价投资项目的可行性，这里的利润特指息税前利润（即没有扣除利息和所得税之前的利润）。

(2)该生产线出售（报废）时的残值收入。资产出售或报废时的残值收入，是由于当初购置该生产线引起的，所以应当作为投资方案的一项现金流入。

(3)收回的流动资金。该生产线出售（报废）时，企业可以相应增加流动资金，将收回的资金用于别处。因此，应将其作为该方案的一项现金流入。

3. 现金净流量

现金净流量是指一定期间现金流入量和现金流出量的差额。这里所说的“一定期间”，有时是指一年内，有时是指投资项目持续的整个年限内。流入量大于流出量时，净流量为正值；反之，净流量为负值。

（二）现金流量的估计

估计投资项目所需的资金支出以及该项目每年能产生的现金净流量，会涉及很多变量，并且需要企业有关部门的参与。比如，销售部门负责预测售价和销量，涉及产品价格弹性、广告效果、竞争者动向等；产品开发和技术部门负责估计投资方案的资金支出，涉及研制费用、设备购置、厂房建筑等；生产和成本部门负责估计制造成本，涉及原材料采购价格、生产工艺安排、产品成本等。财务人员的主要任务是：为销售、生产等部门的预测建立共同的基本假设条件，如物价水平、贴现率、可供资源的限制条件等；协调参与预测工作的各部门人员之间的关系，使之能相互衔接与配合；防止预测者因个人偏好或部门利益而高估或低估收入和成本。

在确定投资项目的相关的现金流量时，应遵循的最基本的原则是：只有增量现金流量才是与项目相关的现金流量。所谓增量现金流量，是指接受或拒绝某个投资项目后，企业总现金流量发生的变化。只有那些由于采纳某个项目引起的现金支出增加额，才是该项目的现金流出；只有那些由于采纳某个项目引起的现金流入增加额，才是该项目的现金流入。

为了正确计算投资方案的增量现金流量，要正确判断哪些支出会引起企业总现金流量的变动，哪些支出不会引起企业总现金流量的变动。在进行这种判断时，特别要注意以下四个问题：

1. 区分相关成本和非相关成本

相关成本是指与特定决策有关的、在分析评价时必须加以考虑的成本。例如,未来成本、重置成本、机会成本都属于相关成本。与此相反,与特定决策无关的、在分析评价时不必加以考虑的成本是非相关成本。例如,过去成本、账面成本等则是非相关成本。

比如,某公司在2008年曾打算新建一个车间,并请一家会计公司做过可行性分析,支付了咨询费8万元。后来由于该公司有了更好的投资机会,该项目被搁置下来,该笔咨询费作为费用已经入账。2010年旧事重提,在进行投资分析时这笔咨询费是否仍是相关成本呢?答案应当是否定的。该笔支出已经发生,不管这家公司是否采纳当时的可行性方案,它都已无法收回,与公司未来的总现金流量无关。

如果将非相关成本纳入投资方案的总成本,那么一个有利的方案可能因此变为不利的方案,一个较好的方案可能变为较差的方案,从而造成决策错误。

2. 不要忽视机会成本

在选择投资方案时,如果选择了一个投资方案,则必须放弃投资于其他途径的机会。而其他投资机会可能取得的收益就是实行本方案的一种代价,因此被称为这项投资方案的机会成本。

比如,上述某公司新建车间的投资方案,需要使用公司拥有的一块土地。在进行投资分析时,因为公司不必动用资金去购置土地,可否不将此土地的成本考虑在内呢?答案是否定的。因为该公司若不利用这块土地来修建车间,则可将这块土地用于他处,并取得一定的收入。只是由于在这块土地上修建车间才放弃了这笔收入,而这笔收入就是修建车间使用土地的机会成本。假设这块土地出售可净得20万元,那么这20万元就是修建车间的一项机会成本。值得注意的是,不管该公司当初是以9万元还是30万元购进这块土地,都应以现行市价作为这块土地的机会成本。

机会成本不是通常意义上的"成本",它不是一种实际发生的支出或费用,而是一项失去的收益。这种收益不是实际获得的而是潜在的。机会成本总是针对具体方案而言的,离开投资方案,它就无从计量、确定。

机会成本具有客观性,任何一种具有两种或两种以上用途的经济资源均存在机会成本。例如,某人拥有100万元资金,既可用于投资股票亦可存入银行,若选择投资股票就会失去银行存款利息,银行利息就是投资股票的机会成本。机会成本在决策中的意义是有助于全面考虑可能采取的各种方案,以便为既定资源寻求最为有利的使用途径。

3. 要考虑投资方案对公司其他部门的影响

当我们采纳一个新的投资方案后,要重视该方案可能对公司的其他部门造成有利或不利的影响。

比如,一个新建车间生产的产品上市后,原有其他车间生产的产品的销路可能会受到影响,而且整个公司的销售额也许非但不增加反而会减少。因此,公司在进行投资分析时,不应将新车间的销售收入作为增量收入来处理,而应先扣除其他部门因此减少的销售收入再计算。当然,也可能发生相反的情况,即新产品上市后将带动、促进其他部门的销售收入增长。这就要看新项目和原有部门是竞争关系还是互补关系而定。

当然,诸如此类的相互影响,事实上很难准确计量,但决策者在进行投资分析时仍要将其考虑在内。

4. 对净营运资金的影响

在一般情况下,当公司开办一项新业务并使销售额扩大后,对于存货和应收账款等流动资产的需求也会增加,公司必须筹措新的资金以满足这种额外需求;另一方面,公司扩充的结果,使应付账款与一些应付费用等流动负债也同时增加,从而减少了公司流动资金的实际需要。所谓净营运资金的需要,指增加的流动资产与增加的流动负债之间的差额。

当投资方案的寿命周期快要结束时,公司将与项目有关的存货出售,把应收账款变为现金,应付账款和应付费用也随之偿付,净营运资金即恢复到原有水平。通常,在进行投资分析时,要假定开始投资时筹措的净营运资金在项目结束时收回。

【例 7.1】某个项目投资总额为 1 000 万元,分 5 年在年初支付工程款,两年后开始投产,有效期限为 5 年。假定期满固定资产残值为零。假定投产开始时垫付流动资金 200 万元,结束时收回;每年销售收入 1 000 万元,付现成本 700 万元,则该项目的现金流量见表 7-1。假设现金流出在年初支付,现金流入在年末取得,那么,通过该表可以看出,整个投资年限内利润合计与现金净流量合计均为 500 万元。

表 7-1　　　　　　　　该项目现金流量表　　　　　　　　单位:万元

时间(年末)	0	1	2	3	4	5	6	7	合计
投　　资	-200	-200	-200	-200	-200				-1 000
销售收入				1 000	1 000	1 000	1 000	1 000	50 000
用直线法折旧:									
付现成本				700	700	700	700	700	3 500
折　　旧				200	200	200	200	200	1 000
利　　润				100	100	100	100	100	500
用双倍余额递减法折旧:									
付现成本				700	700	700	700	700	3 500
折　　旧				200	160	128	256	256	1 000
利　　润				100	140	172	44	44	500

表 7-1(续)

时间(年末)	0	1	2	3	4	5	6	7	合计
营业现金流量(销售收入-付现成本)				300	300	300	300	300	1 500
流动资金			-200					200	0
现金净流量	-200	-200	-400	100	100	300	300	500	500

在表7-1中,利润在各年的分布要受折旧方法等人为因素的影响,而现金流量的分布不受这些人为因素的影响,可以保证评价的客观性。

采用直线法折旧时的利润分布与采用双倍余额递减法折旧时不同,但它们的营业现金流量却是相同的。影响利润分布的人为因素不仅限于折旧方法的选择,而且还有存货计价方法、间接费用分配方法、成本计算方法等的运用。在考虑时间价值的情况下,早期的收益与晚期的收益有明显区别。收益的分布应当具有客观性,不受人为因素的影响,现金流量分布可以满足这种要求。

在投资分析中,现金流动状况分析比盈亏状况分析更重要。一般来讲,有利润的年份不一定能有多余的现金用于其他项目的再投资。一个项目能否维持下去,并不取决于一定期间是否盈利,而是取决于有没有现金用于各种支付。现金一旦支出,不管是否消耗都不能再用于别处,只有将现金收回后才能用来进行再投资。因此,在投资决策中要重视对现金流量的分析。

(三)税后现金流量

在加入所得税因素以后,现金流量的计算有三种方法。

1. 根据现金流量的定义来计算

根据现金流量的定义,所得税是一种现金支付,应当作为每年营业现金流量的一个减项。

经营现金净流量(NCF) = 营业收入 - 付现成本 - 所得税　　(1)

2. 根据年末营业结果来计算

企业每年的现金增加来自两个主要方面:一是当年增加的净利;一是计提的折旧,以现金形式从销售收入中扣回,留在企业里。

营业现金流量 = 息前税后利润 + 折旧　　(2)

这个公式与式(1)是一致的,可以从式(1)直接推导出来:

经营现金净流量(NCF) = 营业收入 - 付现成本 - 所得税
= 营业收入 - (总成本费用 - 折旧) - 所得税
= 息税前利润 + 折旧 - 所得税
= 息前税后利润 + 折旧

值得注意的是,这里的息前税后利润是指没有扣除利息但扣除了所得税后的利润,并不等同于财务会计中讲的税后净利润。它与净利润的关系是:税后

净利润 + 税后利息 = 息前税后利润。另外，若考虑开办费、无形资产的摊销额和项目终了时的残值、流动资金回收额，则上式还可以改写为：

营业现金流量

= 息前税后利润 + 折旧 + 开办费、无形资产摊销额 + 终结点的回收额

3. 根据所得税对收入和折旧的影响来计算

经营现金净流量（NCF）

= 息前税后利润 + 折旧

=（收入 - 成本）×（1 - 税率）+ 折旧

=（收入 - 付现成本 - 折旧）×（1 - 税率）+ 折旧

= 收入 ×（1 - 税率）- 付现成本 ×（1 - 税率）- 折旧 ×（1 - 税率）+ 折旧

= 收入 ×（1 - 税率）- 付现成本 ×（1 - 税率）- 折旧 + 折旧 × 税率 + 折旧

= 收入 ×（1 - 税率）- 付现成本 ×（1 - 税率）+ 折旧 × 税率　　（3）

上述三个公式中，最常用的是式（3），因为企业的所得税是根据企业总利润计算的。在决定某个项目是否投资时，我们往往使用差额分析法确定现金流量，并不知道整个企业的利润及与此有关的所得税，这就妨碍了式（1）和式（2）的使用。而式（3）并不需要知道企业的利润是多少，使用起来比较方便（尤其是有关固定资产更新的决策，我们没有办法计量某项资产给企业带来的收入和利润，以至于无法使用前两个公式）。

（四）净现金流量的计算

1. 单纯型固定资产投资项目净现金流量的计算

【例 7.2】某企业投资 180 600 元购入一台设备，该设备预计残值为 600 元，可使用 3 年，折旧按直线法计算，设备投产后每年销售收入增加额分别为 10 000 元、15 000 元、20 000 元，除折旧外的费用增加额分别为 4 000 元、8 000 元、10 000 元。企业适用所得税率为 40%，该企业目前年息前税后利润为 30 000 元。

要求：（1）预测企业未来 3 年每年的息前税后利润。

（2）计算该投资项目各年的净现金流量。

解：（1）项目年折旧额 $= \frac{180\ 600 - 600}{3} = 6\ 000$（元）

企业各年息前税后利润 = 企业目前年息前税后利润 + 项目投产后每年增加的息前税后利润

第一年息前税后利润 = 30 000 +（10 000 - 4 000 - 6 000）×（1 - 40%）

= 30 000（元）

第二年息前税后利润 = 30 000 +（15 000 - 8 000 - 6 000）×（1 - 40%）

= 30 600（元）

第三年息前税后利润 = 30 000 +（20 000 - 10 000 - 6 000）×（1 - 40%）

$=32\ 400$（元）

（2）项目各年净现金流量 = 项目年息前税后利润 + 项目年折旧额

第一年净现金流量 $=(30\ 000-30\ 000)+6\ 000=6\ 000$（元）

第二年净现金流量 $=(30\ 600-30\ 000)+6\ 000=6\ 600$（元）

第三年净现金流量 $=(32\ 400-30\ 000)+6\ 000+600=9\ 000$（元）

2. 完整工业项目净现金流量计算

【例 7.3】某工业项目需要原始投资 130 万元，其中固定资产投资 100 万元（全部为贷款，年利率 10%，贷款期限为 6 年），开办费投资 10 万元，流动资金投资 20 万元。建设期为两年，建设期资本化利息 20 万元。固定资产投资和开办费投资按建设期均匀投入，流动资金于第二年末投入。该项目寿命期 10 年，固定资产按直线法计提折旧，期满有 10 万元净残值；开办费自投产年份起分 5 年摊销完毕。预计投产后第一年获 10 万元税后净利润，以后每年递增 5 万元；流动资金于终结点一次收回。

要求：（1）计算固定资产原值。

（2）计算建设期的净现金流量。

（3）计算经营期第四年、第五年和第十年的净现金流量。

解：（1）固定资产原值 = 固定资产原始投资额 + 建设期资本化利息

$=100+20=120$（万元）

（2）由于固定资产投资和开办费投资是在建设期均匀投入的，所以建设期净现金流量为：

$NCF_0=-\dfrac{100+10}{2}=-55$（万元）

$NCF_1=-\dfrac{100+10}{2}=-55$（万元）

$NCF_2=-20$（万元）

（3）项目计算期 n = 建设期 + 经营期 $=2+10=12$（年）

固定资产原值 = 120（万元）

固定资产年折旧 $=\dfrac{120-10}{10}=11$（万元）（共 10 年）

贷款年利息 $=100\times10\%=10$（万元）（共 6 年）

开办费年摊销额 $=\dfrac{10}{5}=2$（万元）（共 5 年）

投产后每年税后净利润分别为 10，15，20……55 万元（共 10 年）

终结点回收额 = 残值 + 流动资金回收 $=10+20=30$（万元）

根据经营期净现金流量的公式：

经营期净现金流量

= 该年息前税后利润 + 该年折旧 + 该年摊销额 + 该年回收额

=（该年税后净利润 + 该年利息）+ 该年折旧 + 该年摊销额 + 该年回收额

经营期第四年、第五年和第十年的净现金流量分别为：

$NCF_6 = 25 + 10 + 11 + 2 + 0 = 48$（万元）

$NCF_7 = 30 + 0 + 11 + 2 + 0 = 43$（万元）

$NCF_{12} = 55 + 0 + 11 + 0 + 30 = 96$（万元）

从上述计算中可以看出摊销额、利息并不是每年都有，回收额在最后一年考虑。

3. 固定资产更新改造项目的现金流量的计算

【例 7.4】某企业打算变卖一套尚可使用 5 年的旧设备，另行购置一套新设备来替代它。新旧设备的替换不会妨碍企业的正常经营（即更新设备的建设期为零）。企业所得税率为 33%，取得新设备的投资额为 180 000 元，旧设备账面价值 90 000 元变价净收入为 80 000 元，到第五年末新设备与继续使用旧设备的预计净残值相等。另外，使用新设备可使企业在 5 年内每年增加营业收入 60 000 元，并增加付现成本 30 000 元。设备采用直线法计提折旧。

要求：计算该更新设备项目的计算期内各年的差额净现金流量。

根据所给资料计算相关指标如下：

（1）更新设备比继续使用旧设备增加投资引起的现金流出额

= 更新设备增加的投资额 - 旧设备变现损失抵税额

$= (180\,000 - 80\,000) - (90\,000 - 80\,000) \times 33\%$

$= 96\,700$（元）

（2）经营期每年折旧的增加额 $= \dfrac{180\,000 - 90\,000}{5} = 18\,000$（元）

（3）经营期每年总成本的增加额 = 付现成本增加额 + 年折旧增加额

$= 30\,000 + 18\,000 = 48\,000$（元）

（4）经营期每年息税前利润的增加额 $= 60\,000 - 48\,000 = 12\,000$（元）

（5）经营期每年所得税的增加额 $= 12\,000 \times 33\% = 3\,960$（元）

（6）经营期每年息前税后利润的增加额 $= 12\,000 - 3\,960 = 8\,040$（元）

那么，初始差额净现金流量为 $\Delta NCF_0 = -96\,700$（元），经营期第一至五年的差量净现金流量均为：ΔNCF_{1-5} = 增加的息前税后利润 + 增加的折旧 $= 8\,040 + 18\,000 = 26\,040$（元）。

本例所介绍的方法称为差额分析法，它是确定更新改造项目差额净现金流量的一种特殊计算方法。

第二节　投资项目评价的一般方法

对投资项目进行评价时使用的指标分为两类：一类是贴现指标，即考虑时间价值因素的指标，主要包括净现值、现值指数、内含报酬率等；另一类是非贴现指标，即没有考虑时间价值因素的指标，主要包括回收期、会计收益率等。根据分析评价指标的类别，投资项目评价分析的方法也被分为贴现的分析评价方法和非贴现的分析评价方法。

一、贴现的分析评价方法

贴现的分析评价方法，是指考虑货币时间价值的分析评价方法，亦称为贴现的现金流量分析技术。

(一)净现值法

所谓净现值，是指特定方案未来现金流入的现值与未来现金流出的现值之间的差额。按照净现值法，所有未来现金流入和流出都要按预定贴现率折算为它们的现值，然后再计算它们的差额。如果净现值为正数，即贴现后现金流入大于贴现后现金流出，该投资项目的报酬率大于预定的贴现率；如果净现值为零，即贴现后的现金流入等于贴现后的现金流出，该投资项目的报酬率相当于预定的贴现率；如果净现值为负数，即贴现后的现金流入小于贴现后的现金流出，该投资项目的报酬率小于预定的贴现率。

计算净现值的公式为：

$$净现值 = \sum_{k=0}^{n}\frac{I_k}{(1+i)^k} - \sum_{k=0}^{n}\frac{O_k}{(1+i)^k}$$

式中：n——投资涉及的年限

I_k——第 K 年的经营现金净流量

O_k——第 K 年的现金流出量

i——预定的贴现率

【例 7.5】设贴现率为 10%，有 A、B、C 三个投资方案假定期满残值均为零，有关数据见表 7－2。

表 7－2　　　　　　　　　　　　　　　　　　　　单位：元

净利润	现金净流量		净利润		C 方案	
	－20 000			现金净流量	净利润	现金净流量
1 800	11 800	－1 800		－9 000		－12 000
1				1 200	600	4 600
2	3 240	13 240	3 000	6 000	600	4 600
3			3 000	6 000	600	4 600
合计	5 040	5 040	4 200	4 200	1 800	1 800

净现值(A) = (1 180 × 0.909 1 + 13 240 × 0.826 4) － 20 000 = 21 669 － 20 000

$=1\ 669$(元)

净现值(B) $=(1\ 200\times0.909\ 1+6\ 000\times0.826\ 4+6\ 000\times0.751\ 3)-9\ 000$

$=10\ 557-9\ 000=1\ 557$(元)

净现值(C) $=4\ 600\times2.487-12\ 000=11\ 440-12\ 000=-560$(元)

A、B两项投资的净现值为正数,说明该方案的报酬率超过10%。如果企业的资本成本率或要求的投资报酬率是10%,那么这两个方案是有利的,是可以接受的。C方案净现值为负数,说明该方案的报酬率达不到10%,应放弃。而A和B相比,A方案更好。

净现值法所依据的原理是:假设预计的现金流入在年末肯定可以实现,并把原始投资看成是按预定贴现率借入的。那么,当净现值为正数时偿还本息后该项目仍有剩余的收益;当净现值为零时偿还本息后一无所获;当净现值为负数时该项目收益不足以偿还本息。这一原理可以通过A、C两方案的还本付息表来说明(见表7-3、表7-4)。

表7-3 A方案还本付息表 单位:元

年份	年初债款	年息10%	年末债款	偿还现金	债款余额
1	20 000	2 000	22 000	11 800	10 200
2	10 200	1 020	11 220	13 240	(2 020)

表7-4 C方案还本付息表 单位:元

年份	年初债款	年息10%	年末债款	偿还现金	债款余额
1	12 000	1 200	13 200	4 600	8 600
2	8 600	860	9 460	4 600	4 860
3	4 860	486	5 346	4 600	746

A方案在第二年末还清本息后,尚有2 020元剩余,折合成现值为1 669元($2\ 020\times0.826$),即为该方案的净现值。C方案第三年末未能还本付息,尚欠746元,折合成现值为560($746\times0.751\ 3$),即为C方案的净现值。可见,净现值的经济意义是投资方案的贴现后净收益。另外,从以上计算分析中可以看出,计算净现值时为什么要强调"折现"。把各年的现金净流量折为现值,目的是为了从各年的经营现金净流量中扣除投资项目使用资金的成本(或利息),这种"扣除"不是用减法而是用乘法(乘现值系数)。也就是说,利息在计算项目经营现金净流量时不作为现金流出。所以,计算投资项目经营现金净流量时一定要用"息前税后利润",而在计算投资项目评价指标时一定要考虑利息问题。

净现值法具有广泛的适用性,在理论上也比其他方法更完善。运用净现值法的主要问题是如何确定贴现率:一种办法是根据资本成本来确定;另一种办法是根据企业要求的最低资金利润率来确定。前一种办法，由于计算资本成本比较困难，故限制了其运用范围；后一种办法根据资金的机会成本，即一般情况下可以获得的报酬来确定，比较容易解决。

（二）现值指数法

这种方法是使用现值指数作为评价方案的指标。所谓现值指数，是未来现金流入现值与现金流出现值的比率，亦称现值比率、获利指数、贴现后收益一成本比率等。

计算现值指数的公式为：

$$\text{现值指数}=\sum_{k=0}^{n}\frac{I_k}{(1+i)^k}\div\sum_{k=0}^{n}\frac{O_k}{(1+i)^k}$$

根据表7-2的资料，A、B、C三个方案的现值指数如下：

$$\text{现值指数(A)}=\frac{21\ 669}{20\ 000}=1.08$$

$$\text{现值指数(B)}=\frac{10\ 557}{9\ 000}=1.17$$

$$\text{现值指数(C)}=\frac{11\ 440}{12\ 000}=0.95$$

A、B两项投资机会的现值指数大于1，说明其收益超过成本，即投资报酬率超过预定的贴现率；C项投资机会的现值指数小于1，说明其报酬率没有达到预定的贴现率。如果现值指数为1，说明贴现后现金流入等于现金流出，投资的报酬率与预定的贴现率相同。

现值指数法的主要优点是可以进行独立的投资机会获利能力的比较。在上例中，A方案的净现值是1 669元，B方案的净现值是1 557元。如果这两个方案之间是互斥的，当然A方案较好；如果两者是独立的，那么应优先考虑哪个方案，可以根据现值指数来选择。根据上述计算结果，B方案现值指数为1.17，大于A方案的1.08，所以B优于A。现值指数可以看成是1元原始投资可望获得的现值净收益，因此，可以作为评价方案的一个指标。但它是一个相对数指标，反映投资的效率；而净现值指标是绝对数指标，反映投资的效益。所以，在互斥投资方案决策时用净现值法，在独立方案决策时用现值指数法。

（三）内含报酬率法

内含报酬率法是根据方案本身内含报酬率来评价方案优劣的一种方法。所谓内含报酬率（IRR），是指能够使未来现金流入量现值等于未来现金流出量现值的贴现率，或者说是使投资方案净现值为零的贴现率。

净现值法和现值指数法虽然都考虑了时间价值，可以说明投资方案高于或低于某一特定的投资报酬率，但没有揭示方案本身可以达到的具体的报酬率是多少。内含报酬率是根据方案的现金流量计算的，是方案本身的投资回报率。内含报酬率的含义可用图7-1说明：

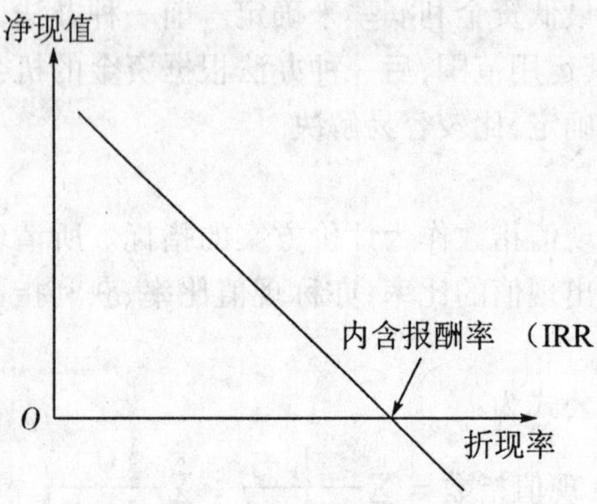

图7－1　内含报酬率的含义

从图中可以看出,当折现率(或资本成本)小于内含报酬率时,净现值均大于零;折现率大于内含报酬率时,净现值均小于零。所以,亦可把内含报酬率看成是投资项目所能承受的最高资本成本。只要投资项目的实际资本成本不超过内含报酬率,那么以实际资本成本作为折现率计算的净现值肯定大于零;否则,净现值肯定小于零。这就是在计算内含报酬率时为什么必须要求净现值等于零的原因。

我们知道任何投资项目所需的资金都是通过一定的筹资渠道获得的,任何一种资金都有成本。因此,任何投资项目都要获得一定的报酬率以补偿其资本成本。既然内含报酬率是项目投资所需资本成本的上限,所以要想保证投资项目具有可行性,在为项目筹措资金时,财务管理人员应切记:投资项目所需资本成本不得大于其内含报酬率。

内含报酬率通常需要用"逐步测算法"计算,即:首先估计一个贴现率,用它来计算方案的净现值。如果净现值为正数,说明方案本身的报酬率超过估计的贴现率,应提高贴现率后进一步测试;如果净现值为负数,说明方案本身的报酬率低于估计的贴现率,应降低贴现率后进一步测试。经过多次测试,寻找使净现值接近于零的贴现率,即为方案本身的内含报酬率。

【例7.6】沿用上例资料。已知A方案的净现值为正数,说明它的内含报酬率大于10%,因此,应提高贴现率进一步测试。假设以18%为贴现率进行测试,其净现值为负的499元;下一步降低到16%重新测试,结果净现值为9元,已接近于零,可以认为A方案的内含报酬率是16%(测试过程见表7－5)。B方案用18%作为贴现率测试,净现值为负22元,接近于零,可以认为其内含报酬率为18%(测试过程见表7－6)。

表 7-5　　　　　　A 方案内含报酬率的测试　　　　　　单位:元

年份	现金净流量	贴现率 = 18%		贴现率 = 16%	
		贴现系数	现　值	贴现系数	现　值
0	(20 000)	1	(20 000)	1	(20 000)
1	11 800	0.847	99 995	0.862	10 172
2	13 240	0.718	9 506	0.743	9 837
净现值			-499		9

表 7-6　　　　　　B 方案内含报酬率的测试　　　　　　单位:元

年份	现金净流量	贴现率 = 18%		贴现率 = 16%	
		贴现系数	现　值	贴现系数	现　值
0	(9 000)	1	(9 000)	1	(9 000)
1	1 200	0.847	1 016	0.862	1 034
2	6 000	0.718	4 308	0.743	4 458
3	6 000	0.609	3 654	0.641	3 846
净现值			-22		338

如果对测试结果的精确度不满意,可以使用内插法来改善。

$$\left\{\begin{array}{l}\left\{\begin{array}{l}16\% \text{——} 9\\ IRR \text{——} 0\end{array}\right\}\\ 18\% \text{——} -499\end{array}\right\}$$

$$\frac{IRR-16\%}{18\%-16\%}=\frac{9-0}{9-(-499)}$$

则:内含报酬率(A) $=16\%+\left(2\%\times\frac{9}{9+499}\right)=16.04\%$

$$\left\{\begin{array}{l}\left\{\begin{array}{l}16\% \text{——} 338\\ IRR \text{——} 0\end{array}\right\}\\ 18\% \text{——} -22\end{array}\right\}$$

$$\frac{IRR-16\%}{18\%-16\%}=\frac{338-0}{338-(-22)}$$

内含报酬率(B) $=16\%+\left(2\%\times\frac{338}{22+338}\right)=17.88\%$

C 方案各期现金流入量相等,符合年金形式,内含报酬率可直接利用年金现值来确定,不需要进行逐步测试。

设现金流入的现值与原始投资相等(净现值等于零):

净现值 = 每年经营现金净流量 × 年金现值系数 - 原始投资 = 0

则:原始投资 = 每年经营现金净流量 × 年金现值系数

即:12 000 = 4 600 × (P/A,i,3)　　(P/A,i,3) = 2.609

查阅“年金现值系数表”,寻找 n = 3 时系数 2.609 所指的利率。查表结果,与 2.609 接近的现值系数 2.624 和 2.577 分别指向 7% 和 8%。用内插法确定 C 方案的内含报酬率为 7.32%。

$$内含报酬率(C) = 7\% + \left(1\% \times \frac{2.642 - 2.609}{2.642 - 2.577}\right) = 7\% + 0.32\% = 7.32\%$$

计算出各方案的内含报酬率以后,可以根据项目的资本成本或要求的最低投资报酬率对方案进行取舍。假设项目所需资本成本是 10%,那么 A、B 两个方案都可以接受,而 C 方案则应放弃。

内含报酬率是方案本身的收益能力,反映其内在的获利水平。如果以内含报酬率作为贷款利率,通过借款来投资本项目,那么还本付息后将一无所获。这一原理可以通过 C 方案的数据来证明(见表 7-7)。

表 7-7　　C 方案还本付息表　　单位:元

年份	年初借款	利率 = 7.32%	年末借款	偿还现金	借款余额
1	12 000	878	12 878	4 600	8 278
2	8 278	607	8 885	4 600	4 285
3	4 285	314	4 599	4 600	-1

注:第三年末借款余额 -1 是计算时四舍五入所致。

内含报酬率法和现值指数法有相似之处,都是根据相对比率来评价方案,而不像净现值法那样使用绝对数来评价方案。在评价方案时要注意,比率高的方案绝对数不一定大,反之也一样,这种不同与利润率和利润额不同是类似的。A 方案的净现值大,是靠投资 20 000 元取得的; B 方案的净现值小,是靠投资 9 000 元取得的。如果这两个方案是互相排斥的,也就是说只能选择其中一个,那么选择 A 有利(A 方案尽管投资较大,但是在分析时已考虑到承担该项投资的应付利息);如果这两个方案是相互独立的,也就是说采纳 A 方案时不排斥同时采纳 B 方案. 那就很难根据净现值来排定优先次序。然而,内含报酬率法就可以解决这个问题,即应优先安排内含报酬率较高的 B 方案,然后再安排 A 方案。

二、非贴现的分析评价方法

非贴现的分析评价方法不考虑时间价值,只要把不同时间的货币收支看成等效的即可。这种方法在选择方案时起辅助作用。

(一)回收期法

回收期是指投资引起的现金流入累积到与投资额相等所需要的时间,它代表收回投资所需要的年限。回收年限越短,方案越有利。

在原始投资一次支出，每年现金净流入量相等时：

$$回收期=\frac{原始投资额}{每年现金净流入量}$$

上例中 C 方案属于这种情况：

$$回收期(C)=\frac{12\ 000}{4\ 600}=2.61(年)$$

如果现金流入量每年不等，或原始投资是分几年投入的，则可使下式成立的 n 为回收期：

$$\sum_{k=0}^{n} I_k=\sum_{k=0}^{n} O_k$$

根据上例资料，A 方案和 B 方案的回收期分别为 1.62 年和 2.30 年，计算过程见表 7－8。

表 7－8　　**A、B 方案回收期计算表**　　单位：元

A 方案：	现金流量	回收额	未回收额
原始投资	(20 000)		
现金流入			
第一年	11 800	11 800	8 200
第二年	13 240	8 200	0
回收期＝1＋(8 200÷13 240)＝1.62(年)			
B 方案：	现金流量	回收额	未回收额
原始投资	(9 000)		
现金流入			
第一年	1 200	1 200	7 800
第二年	6 000	6 000	1 800
第三年	6 000	1 800	0
回收期＝1＋(8 200÷13 240)＝1.62(年)			

回收期法计算简便，并且容易被决策人正确理解。但它的缺点是：不仅忽视了时间价值，而且没有考虑到回收期以后的收益。事实上，有战略意义的长期投资往往早期收益较低，而中后期收益较高。回收期法若优先考虑急功近利的项目，则可能导致放弃长期成功的方案。回收期法是过去评价投资方案最常用的方法，目前只作为辅助方法使用，主要用来测定方案的流动性而非盈利性。

（二）会计收益率法

这种方法计算简便，应用范围很广。它在计算时使用会计报表上的数据以及普通会计的收益和成本概念。

$$会计收益率=\frac{年平均净收益}{原始投资额}\times 100\%$$

【例7.7】沿用上例资料计算A、B、C三个方案的会计收益率。

$$会计收益率(A)=\frac{\frac{1\ 800+3\ 240}{2}}{20\ 000}\times 100\%=12.6\%$$

$$会计收益率(B)=\frac{\frac{-1\ 800+3\ 000+3\ 000}{3}}{9\ 000}\times 100\%=15.6\%$$

$$会计收益率(C)=\frac{600}{12\ 000}\times 100\%=5\%$$

有人主张计算时公式的分母使用平均投资额，这样计算的结果可能会提高一倍，但不改变方案的优先次序。

计算"年平均净收益"时，如使用不包括"建设期"和"经营期"年数，其最终结果应称为"经营期会计收益率"。

第三节　投资项目评价方法的运用

一、固定资产更新决策

固定资产更新是对技术上或经济上不宜继续使用的旧资产用新的资产加以更换，或用先进的技术对原有设备进行局部改造。固定资产更新决策主要研究两个问题：一是决定是否更新，即继续使用旧资产还是更换新资产；二是决定选择什么样的资产来更新。实际上这两个问题是结合在一起考虑的。如果市场上没有比现有设备更适合的设备，那么就继续使用旧设备。由于旧设备总可以修理后继续使用，所以更新决策是继续使用旧设备与购置新设备的选择。

（一）更新决策的现金流量分析

更新决策不同于一般的投资决策。一般来说，设备更换并不改变企业的生产能力，也不增加企业的现金流入。更新决策的现金流量主要是现金流出，即使有少量的残值变价收入，也属于支出抵减，而非实质上的流入增加。由于只有现金流出而没有现金流入，就给采用贴现现金流量分析带来了困难。

【例7.8】某企业有一旧设备，工程技术人员提出更新要求，有关数据见表7-9：

表7-9　　　　单位：元

项目	旧设备	新设备
原值	2 200	2 400
预计使用年限	10	10

表 7-9(续)

项目	旧设备	新设备
已经使用年限	4	0
最终残值	200	300
变现价值	600	2 400
年运行成本	700	400

假设该企业要求的最低报酬率为 15%，继续使用与更换的现金流量如图 7-2 所示：

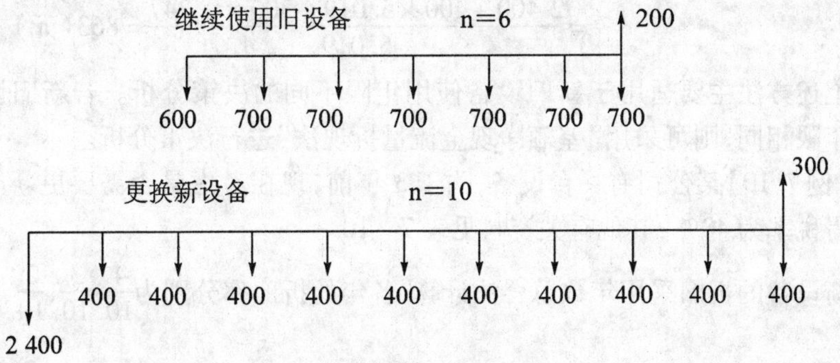

图 7-2

由于没有适当的现金流入，无论哪个方案都不能计算其净现值和内含报酬率。通常，在收入相同时，我们认为成本较低的方案是好方案，那么，我们可否通过比较两个方案的总成本来判别方案的优劣呢？仍然不行。因为旧设备尚可使用 6 年而新设备可使用 10 年，两个方案所得出的“产出”并不相同。所以，我们应当比较其一年的成本，即获得一年的生产能力要付出的代价，据此判断方案的优劣。

我们是否可以使用差额分析法，根据实际的现金流动进行分析呢？还是不行。因为两个方案投资相差 1 800 元(2 400-600)，作为更新的现金流出；每年运行成本相差 300 元(700-400)，是更新带来的成本节约额，视同现金流入。问题在于旧设备第六年报废，新设备第七年至第十年仍可使用，后 4 年无法确定成本节约额，因此，这种办法仍然不妥。除非新、旧设备未来使用年限相同(这种情况十分罕见)，或者能确定继续使用旧设备时第七年选择何种设备(这也是相当困难的)，再根据实际现金流动进行分析。

因此，唯一、普遍的分析方法是比较继续使用和更新的年成本，较低成本的方案即为好方案。

(二)固定资产的平均年成本

固定资产的平均年成本是指该资产引起的现金流出的年平均值。如果不考虑货币的时间价值,那么它就是未来使用年限内的现金流出总额与使用年限的比值;如果考虑货币的时间价值,那么它就是未来使用年限内现金流出总现值与年金现值系数的比值,即平均每年的现金流出(相当于年投资回收额)。

【例7.9】根据上例资料,考虑货币的时间价值时:

$$旧设备平均年成本=\frac{600+700\times(P/A,15\%,6)-200\times(P/F,15\%,6)}{(P/A,15\%,6)}$$

$$=\frac{600+700\times3.784-200\times0.432}{3.784}=836(元)$$

$$新设备平均年成本=\frac{2\,400+400\times(P/A,15\%,10)-300\times(P/F,15\%,10)}{(P/A,15\%,10)}$$

$$=\frac{2\,400+400\times5.019-300\times0.247}{5.019}=863(元)$$

上述方法主要适用于新旧设备使用年限不同的决策分析。若新旧设备的使用年限相同,则可采用“差额净现金流量折现法”进行决策分析。

【例7.10】某公司有一台设备,购于3年前,现在考虑是否需要更新。该公司所得税率为40%,其他有关资料见表7-10。

新设备的折旧采用年数总合法计算,各年的折旧率分别为$\frac{4}{10}$、$\frac{3}{10}$、$\frac{2}{10}$、$\frac{1}{10}$。

表7-10　　单位:元

项目	旧设备	新设备
原价	60 000	50 000
税法规定残值(10%)	6 000	5 000
税法规定使用年限	6	4
已使用年限	3	0
尚可使用年限	4	4
每年操作成本	8 600	5 000
两年后大修成本	28 000	
最终报废残值	7 000	10 000
目前变现价值	10 000	
每年折旧额:	(直线法)	(年数总和法)
第一年	9 000	18 000
第二年	9 000	13 500
第三年	9 000	9 000
第四年	0	4 500

假设两台设备的生产能力相同,并且未来可使用年限相同,那么我们可通

过计算其差额净现金流量的总现值来判断方案的优劣(见表7－11、表7－12)。

表7－11　　新旧设备现金流量计算表　　单位:元

项　目	现金流量	时间(年次)
一、继续使用旧设备		
机会成本:		
(1)旧设备变现价值	-10 000	0
(2)旧设备的变现损失抵税	(10 000－33 000)×0.4＝(9 200)	0
每年付现操作成本	8 600×(1－0.4)＝(5 160)	1～4
每年折旧抵税	9 000×0.4＝3 600	1～3
两年后大修成本	28 000×(1－0.4)＝(16 800)	2
残值变现收入	7 000	4
残值变现净收入纳税	(7 000－6 000)×0.4＝(400)	
二、更换新设备		
设备投资	-50 000	0
每年付现操作成本	50 000×(1－0.4)＝(3 000)	1～4
每年折旧抵税:		
第一年	18 000×0.4＝7 200	1
第二年	13 500×0.4＝54 000	2
第三年	9 000×0.4＝3 600	3
第四年	4 500×0.4＝1 800	4
残值收入	10 000	4
残值净收入纳税	(10 000－5 000)×0.4＝(2 000)	4

上表中现金流量是按公式"收入×(1－税率)－付现成本×(1－税率)＋折旧×税率"计算的。因为假设新旧设备的生产能力相同,所以收入是无关因素,决策时不予考虑。括号中的数表示现金流出。

若变卖旧设备可获得现金流入10 000元,同时变卖过程中要对旧设备进行清理核算会产生清理净损失23 000元,损失要计入营业外支出减少本年利润、递减当年所得税9 200元(作为现金流入)。以上两项共计19 200元。也就是说,如果企业继续使用旧设备就会损失变卖旧设备的现金流入19 200元,因此,继续使用旧设备的机会成本为19 200元(作为现金流出)。

无论新旧设备,其折旧额都要严格按照税法规定的时间和残值计算。比如,旧设备的年折旧额 $=\dfrac{\text{固定资产原值}-\text{税法规定的残值}}{\text{税法规定的折旧年限}}=\dfrac{60\ 000-6\ 000}{6}=$ 9 000(元)。这样,等到旧设备使用期满时(第六年末)其账面价值＝60 000－9 000×6＝6 000(元)＝税法残值。如果此时对旧设备进行清算可获得残值变现收入 7 000 元(作为现金流入),同时会产生清理净收益 = 7 000 - 6 000 = 1 000元(作为营业外收入),要纳税 1 000 ×40% =400 元(作为现金流出),两项代数和为 7 000 + (-400) =6 600(元)。

表 7-12　使用新设备与继续使用旧设备的差额现金净流量计算表　单位:元

项目	现金流量	时间(年次)	现值系数(10%)
流出项目:			
(1)使用新设备投资追加的净投资	50 000 - 19 200 = 30 800	0	1
(2)每年付现操作成本差额(负数表示节约额)	3 000 - 5 160 = -2 160	1~4	3.17
(3)两年后大修成本差额	0 - 16 800 = -16 800	2	0.826
流入项目:			
(1)每年折旧抵税差额:			
第一年	7 200 - 3 600 = 3 600	1	0.909
第二年	5 400 - 3 600 = 1 800	2	0.826
第三年	3 600 - 3 600 = 0	3	0.751
第四年	1 800 - 0 = 1 800	4	0.683
(2)税后残值收入	8 000 - 6 600 = 1 400	4	0.683

根据表 7-12 中的数据计算差额净现值:流入项目的总现值 - 流出项目的总现值 = 3 600 × 0.909 + 1 800 × 0.826 + 0 × 0.751 + 1 800 × 0.683 + 1 400 × 0.683 - 30 800 - (-2 160 ×3.17) - (-16 800 × 0.828) = -3 131.2(元)。

计算结果说明,更换新设备比继续使用旧设备的净现值要少 3 131.2 元,因此,继续使用旧设备较好。如果两台设备未来可使用年限不同,则需要用平均年总成本法进行决策分析。

二、考虑风险问题的投资项目决策分析

前面在讨论投资决策时,曾假定现金流量是确定的,即可以确知现金收支的金额及其发生时间。实际上,投资活动充满了不确定性。如果决策面临的不确定性比较小,一般可忽略它们的影响,把决策视为确定情况下的决策;如果决策面临的不确定性和风险比较大,足以影响方案的选择,那么就应对它们进行计量并在决策时加以考虑。

投资风险分析的常用方法是敏感性分析法、风险调整贴现率法和肯定当量法。

(一)敏感性分析法

影响现金流量的因素很多,如销售量的变化、成本的变化等都会使得预计

的现金流量与实际的现金流量产生偏差。当实际的现金流量与预计的现金流量产生差异时，是否会对项目的决策结果产生影响并产生多大程度的影响呢？敏感性分析法就可以解决这样的问题。所谓敏感性分析，是指对影响项目决策结果的各个因素变化对净现值或内部收益率产生的影响程度，以进一步决定项目是否可行的分析方法。现举例说明敏感性分析在项目投资决策中的运用。

【例 7.11】大方公司准备投资一种新设备，其购置成本为 100 万元，预计可用 5 年，5 年后预计残值为 0，项目投产后预计每年可实现销售收入 110 万元，付现成本 30 万元。假设必要报酬率为 10%，所得税率是 40%。用净现值法对项目的可行性进行分析。

$$\text{项目的营业现金净流量 NCF} = (110-30-\frac{100}{5})\times(1-40\%)+\frac{100}{5}$$
$$=60\times(1-40\%)+20=36+20=56$$

将初始现金流量与营业现金净流量合并编制项目现金流量表如下（见表 7-13）：

表 7-13　　**项目现金流量表**　　单位：万元

时间	0	1	2	3	4	5
初始现金流量	-100					
营业现金流量		56	56	56	56	56
项目净现金流量	-100	56	56	56	56	56

$$\text{该项目的净现值 NPV} = 56\times(P/A,10\%,5)-100$$
$$=65\times3.791-100$$
$$=212.29-100$$
$$=112.29$$

下面用敏感性分析法分析销售收入和付现成本变化对净现值的影响。

假设销售收入变动率为 g，则其净现值为：

$$NPV=\{[110\times(1\pm g)-30-20]\times(1-40\%)+20\}\times(P/A,10\%,5)-100$$
$$=[(110\pm110g-50)\times0.6+20]\times3.791-100$$
$$=[(66\pm66g-30)+20]\times3.791-100$$
$$=250.21\pm250.21-37.91-100$$
$$=112.3\pm250.21g$$

现在分别预计销售收入变动（增加或减少 5～10 个百分点）对净现值的影响（见表 7-14）：

表 7-14　　　　销售收入变化对净现值的影响

影响 NPV 的因素	变动程度	变动后的 NPV	对 NPV 的影响程度	
			绝对额	百分比
销售收入	+10%	137.32	+25.03	+22.29%
	+5%	124.81	+12.52	+11.15%
	-5%	99.79	-12.50	-11.13%
	-10%	87.28	-25.01	-22.27%

假设付现成本变动率为 g，则其净现值为：

$$\begin{aligned}NPV &= \{[110-30\times(1\pm g)-20]\times(1-40\%)+20\}\times(P/A,10\%,5)-100\\&=(66-18\pm18g-12+20)\times3.791-100=(56\pm18g)\times3.791-100\\&=212.29\pm68.24g-100\\&=112.29\pm68.24g\end{aligned}$$

然后分别预计付现成本变动（增加或减少 5～10 个百分点）对净现值的影响。值得注意的是，由于成本的变动对净现值的影响是反向变化，即成本增加，净现值减少，成本减少，净现值增加，所以，在分析付现成本变动对净现值的影响时，代入的符号相反（见表 7-15）。例如，付现成本增加 10% 时，其净现值为 105.47（112.29-68.24×0.1）

表 7-15　　　　付现成本变动对净现值的影响

影响 NPV 的因素	变动程度	变动后的 NPV	对 NPV 的影响程度	
			绝对额	百分比
付现成本	+10%	105.47	-6.82	-6.07%
	+5%	108.88	-3.41	-3.04%
	-5%	115.71	+3.41	+3.04%
	-10%	119.11	+6.82	+6.07%

分析的结果表明，销售收入的变化对净现值产生的影响比付现成本变动对净现值的影响大，净现值对销售收入的敏感性强。因此，在进行评价时，要特别注意对销售收入的预测，尽量减少误差，降低投资风险。敏感性分析在实践中容易操作，但是这种方法的缺陷是没有考虑各种变量的概率分布状况。如果某个变量的概率分布有较小的标准差，那么该变量的实际值与期望值之间不可能有较大的偏差。即使该变量是敏感变量，也不必对其花费过多的时间进行分析。

（二）风险调整贴现率法

投资风险分析最常用的方法是风险调整贴现率法。这种方法的基本思想是对于高风险的项目采用较高的贴现率去计算净现值，然后根据净现值法的判断规则来选择方案。问题的关键是要根据风险的大小确定考虑风险因素的贴现率，即风险调整贴现率。

根据第二章的讨论可知：

$$k = i + b \cdot Q$$

式中：k ——风险调整贴现率

i——无风险贴现率

b ———风险报酬斜率

Q ——风险程度

假设 i 为已知，为了确定 k，需要先确定 Q 和 b。

下面我们通过一个例子来说明怎样计算风险程度、风险报酬斜率，以及根据风险调整贴现率来选择方案。

【例 7.12】某公司的最低报酬率为 6%，现有三个投资机会，有关资料见表 7 - 16。

表 7 - 16　　　　单位：元

t (年)	A 方案		B 方案		C 方案	
	CFAT	pi	CFAT	pi	CFAT	pi
0	(5 000)	1	(2 000)	1	(2 000)	1
1	3 000 2 000 1 000	0.25 0.50 0.25				
2	4 000 3 000 2 000	0.20 0.60 0.20				
3	2 500 2 000 1 500	0.30 0.40 0.30	1 500 4 000 6 500	0.2 0.6 0.2	3 000 4 000 5 000	0.1 0.8 0.1

现根据表中数据，进行计算。

1. 风险程度的计算

我们先看 A 方案，起始投资 5 000 元是确定的，各年现金流入的金额有三种可能，并且已知概率。本例的风险因素全部在现金流入之中，但这并不意味着现金流出没有风险，只是为了简化而已。

现金流入的集中趋势可以用期望值来描述：

$$E_1 = 3\,000 \times 0.25 + 2\,000 \times 0.5 + 1\,000 \times 0.25 = 2\,000(\text{元})$$

$$E_2 = 4\,000 \times 0.2 + 3\,000 \times 0.6 + 2\,000 \times 0.2 = 3\,000(\text{元})$$

$$E_3 = 2\,500 \times 0.2 + 2\,000 \times 0.4 + 1\,500 \times 0.3$$
$$= 2\,000(\text{元})$$

现金流入的离散趋势可以用标准差来描述：

$$d_1 = \sqrt{(3\,000 - 2\,000)^2 \times 0.25 + (2\,000 - 2\,000)^2 \times 0.5 + (1\,000 - 2\,000)^2 \times 0.25}$$
$$= 707.11(\text{元})$$

$$d_2 = \sqrt{(4\,000 - 3\,000)^2 \times 0.2 + (3\,000 - 2\,000)^2 \times 0.6 + (2\,000 - 3\,000)^2 \times 0.2}$$
$$= 632.46(\text{元})$$

$$d_3 = \sqrt{(2\,500 - 2\,000)^2 \times 0.3 + (2\,000 - 2\,000)^2 \times 0.4 + (1\,500 - 2\,000)^2 \times 0.3}$$
$$= 387.30(\text{元})$$

三年现金流入总的离散程度，即综合标准差为：

$$D = \sqrt{\sum_{t=1}^{n} \frac{{d_t}^2}{(1+i)^{2t}}}$$

$$= \sqrt{\frac{(707.11)^2}{(1.06)^2} + \frac{(632.46)^2}{(1.06)^4} + \frac{(387.30)^2}{(1.06)^6}}$$

$$= 931.44(\text{元})$$

现金流入的离散程度，可以反映其不确定性的大小。但是，标准差是一个绝对数，不便于比较不同项目的风险大小。为了解决这个困难，现引入变化系数的概念：

$$q = \frac{d}{E}$$

变化系数是标准差与期望值的比值，是用相对数表示的离散程度，即风险大小。为了综合各年的风险，现对具有一系列现金流入的方案用综合变化系数加以描述：

$$Q = \frac{\text{综合标准差}}{\text{现金流入预期现值}} = \frac{D}{EPV}$$

$$EPV_{(A)} = \frac{2\,000}{1.06} + \frac{3\,000}{(1.06)^2} + \frac{2\,000}{(1.06)^3} = 6\,236(\text{元})$$

$$D_{(A)} = 931.44$$

$$Q_{(A)} = \frac{931.44}{6\,236} = 0.15$$

2. 确定风险报酬斜率

风险报酬斜率是直线方程 $K = i + b \cdot Q$ 的系数 b，它的高低反映了风险程度变化对风险调整最低报酬率影响的大小。b 值是经验数据，可根据历史资料用高低点法或直线回归法求出。

在本例中，假设 $b = 0.1$，前面已计算出 A 方案的综合变化系数 $Q_{(A)} = 0.15$，则适用于 A 方案的风险调整贴现率为：

$$K_{(A)} = 6\% + 0.1 \times 0.15 = 7.5\%$$

用同样方法可得：

$E_{(B)} = 4\ 000$

$E_{(C)} = 4\ 000$

$$D_{(B)} = \sqrt{(1\ 500 - 4\ 000)^2 \times 0.2 + (4\ 000 - 4\ 000)^2 \times 0.6 + (6\ 500 - 4\ 000)^2 \times 0.2} = 1\ 581(\text{元})$$

$$D_{(C)} = \sqrt{(3\ 000 - 4\ 000)^2 \times 0.1 + (4\ 000 - 4\ 000)^2 \times 0.8 + (5\ 000 - 4\ 000)^2 \times 0.1} = 447(\text{元})$$

$Q_{(B)} = 1\ 581 \div 4\ 000 = 0.40$

$Q_{(C)} = 447 \div 4\ 000 = 0.11$

B方案和C方案只是在第三年有现金流入。该年的变化系数就是全部现金流入的变化系数，无需进行贴现然后计算变化系数，因为分子和分母同时贴现其比值仍然不变。

$K_{(B)} = 6\% + 0.1 \times 0.40 = 10\%$

$K_{(C)} = 6\% + 0.1 \times 0.11 = 7.1\%$

根据不同的风险调整贴现率计算净现值：

$$NPV_{(A)} = \frac{2\ 000}{1.075} + \frac{3\ 000}{(1.075)^2} + \frac{2\ 000}{(1.075)^3} - 5\ 000 = 1\ 860 + 2\ 596 + 1\ 610 - 5\ 000 = 1\ 066(\text{万元})$$

$$NPV_{(B)} = \frac{4\ 000}{(1.100)^3} - 2\ 000 = 3\ 005 - 2\ 000 = 1\ 005(\text{万元})$$

$$NPV_{(C)} = \frac{4\ 000}{(1.071)^3} - 2\ 000 = 3\ 256 - 2\ 000 = 1\ 256(\text{万元})$$

三个方案的优先顺序为C＞A＞B。

风险调整贴现率法比较符合逻辑，不仅被理论家们认可，而且使用也较为广泛。但是，把时间价值和风险价值混在一起，并据此对现金流量进行贴现，意味着风险随着时间的推移而加大，有时与事实不符。在现实中，某些行业的投资在前几年的现金流量难以预料，但越往后反而越有把握，如果园、饭店等。

（三）肯定当量法

为了克服风险调整贴现率法的缺点，人们提出了肯定当量法。这种方法的基本思路是先用一个系数把有风险的现金收支调整为无风险的现金收支，然后用无风险的贴现率计算净现值，用净现值法的规则判断投资机会的可取程度。

$$NPV = \sum_{t=0}^{n} \frac{a_t CFAT^t}{(1+i)^t}$$

式中：a_t——t 年现金流量的肯定当量系数，它在 0～1 之间

i——无风险的贴现率

CFAT——税后现金净流量

肯定当量系数，是指不肯定的 1 元现金流量期望值相当于使投资者满意的、肯定金额的系数，它可以把各年不肯定的现金流量换算成肯定的现金流量。

$$a_t = \frac{肯定的现金流量}{不肯定的现金流量期望值}$$

我们知道，肯定的 1 元比不肯定的 1 元更受欢迎。不肯定的 1 元，只相当于不足 1 元的肯定金额，两者的差额与不确定性程度的高低有关。如果仍以变化系数表示现金流量的不确定性程度，则变化系数与肯定当量系数的经验关系如下：

变化系数	肯定当量系数
0.00～0.07	1
0.08～0.15	0.9
0.16～0.23	0.8
0.24～0.32	0.7
0.33～0.42	0.6
0.43～0.54	0.5
0.55～0.70	0.4

【例 7.13】沿用上例资料，计算 A 方案各年现金流入的变化系数：

$$q_1 = \frac{d_1}{E_1} = \frac{707.1}{2\,000} = 0.35$$

$$q_2 = \frac{d_2}{E_2} = \frac{632.5}{3\,000} = 0.21$$

$$q_3 = \frac{d_3}{E_3} = \frac{387.3}{2\,000} = 0.19$$

查表知：$a_1 = 0.6$

$a_2 = 0.8$

$a_3 = 0.8$

计算 A 方案的净现值：

$$NPV_{(A)} = \frac{0.6 \times 2\,000}{1.06} + \frac{0.8 \times 3\,000}{(1.06)^2} + \frac{0.8 \times 2\,000}{(1.06)^3} - 5\,000$$

$$= 1\,132 + 2\,136 + 1\,343 - 5\,000$$

$$= 4\,611 - 5\,000$$

$$= -398（元）$$

用同样方法可得：

$$q_B=\frac{d_B}{E_B}=\frac{1\ 581}{4\ 000}=0.40$$

$$q_C=\frac{d_C}{E_C}=\frac{447}{4\ 000}=0.11$$

$$\alpha_B=0.6$$

$$\alpha_C=0.9$$

$$NPV_{(B)}=\frac{0.6\times4\ 000}{(1.06)^3}-2\ 000$$
$$=15$$

$$NPV_{(C)}=\frac{0.9\times4\ 000}{(1.06)^3}-2\ 000$$
$$=1\ 022(元)$$

方案的优先次序为 C > B > A，与用风险调整贴现率法不同（C > A > B），产生差异的主要原因是 A 方案和 B 方案互换了位置。风险调整贴现率法对远期现金流入予以较大的调整，使远期现金流入量大的 B 方案受到了较大的影响。

肯定当量法的主要困难是确定合理的当量系数。肯定当量系数可以由经验丰富的分析人员凭主观判断确定，也可以像例 7.13 那样为每一档变化系数规定相应的肯定当量系数。变化系数与肯定当量系数之间的对照关系，并没有一致公认的客观标准，它与公司管理层对风险的好恶程度有关。

肯定当量法是用调整净现值公式中的分子的办法来考虑风险，而风险调整贴现率法是用调整净现值公式中的分母的办法来考虑风险，这是两者的重要区别。肯定当量法克服了风险调整贴现率法夸大远期风险的缺点，可以根据各年不同的风险程度，分别采用不同的肯定当量系数。但如何确定当量系数仍是一个难题。

复习思考题

1. 什么是现金流量？投资项目的现金流出量、流入量的具体内容是什么？

2. 试举例说明在项目计算期内投资项目现金流量的总和与净利润总和是相等的。

3. 投资项目的现金流量与财务会计现金流量表中的现金流量有何不同？

4. 净现值与现值指数法有何联系？

5. 有人说净现值大于零的项目内含报酬率也一定大于零，你认为对吗？

6. 净现值法的基本原理是什么？试举例说明。

7. 肯定当量法的基本原理是什么？其缺点有哪些？

8. 风险调整贴现率法与肯定当量法的不同点是什么？

9. 在固定资产更新决策分析中继续使用旧设备的机会成本如何确定？包

括哪些内容？试举例说明。

10. 营业现金流量 = 营业收入 ×（1 - 税率）- 付现成本 ×（1 - 税率）+ 折旧 × 税率，请说明各组成部分的经济含义是什么？

计算分析题

1. 某公司打算购买一台新设备以替换一台旧设备。新设备的购买价格是 18 000 元，旧设备按账面折余价值出售，所得变现价值为 2 000 元，期满无残值，新旧设备未来使用年限同为 4 年。新设备每年可节约成本 7 100 元，期满无残值；旧设备每年折旧基数为 3 000 元，所得税率为 40%，资本成本率为 10%。

问：该公司应否实施更新计划？

2. 某公司打算实施生产自动化方案，有关实施该方案后的信息如下：

(1) 即使采用自动化方案，预期仍会有 5 000 元的次品成本；

(2) 自动化方案每年可以减少人工成本 25 万元；

(3) 购买新设备 50 万元，预期使用 4 年，但为加快回收折旧，按 3 年期计提折旧，设备残值 50 000 元；

(4) 自动化方案实施后每年维修成本从 2 000 元增加到 8 000 元，所得税率为 40%，资本成本率为 10%，会计政策与税法规定完全一致。

问：该方案是否可行？

3. 某公司拟用新设备取代已使用 3 年的旧设备。旧设备原价 14 950 元，目前估计尚可使用 5 年，每年操作成本 2 150 元，预计最终残值 1 750 元，目前变现价值为 8 500 元；购置新设备需花费 13 750 元，预计可使用 6 年，每年操作成本 850 元，预计最终残值 2 500 元。该公司预期报酬率为 12%，所得税率为 30%。税法规定该类设备应采用直线法折旧，折旧年限 6 年，残值为原价的 10%。

要求：做出是否应该更换设备的分析决策，并列出计算分析的过程。

4. A 公司准备以 400 万元投资新建一个车间，预计各年现金流量及其概率如下：

单位：万元

t(年)	现金流入	概率
0	(400)	1
	250	0.25
	200	0.5
	150	0.25
	300	0.2
	250	0.6
	200	0.2

该公司投资要求的无风险最低报酬率为6%，已知风险报酬斜率为0.1。

要求：

(1)计算反映该项目风险程度的综合变化系数(保留小数点后2位)；

(2)计算其风险调整贴现率(精确至0.1%)；

(3)按风险调整贴现率法计算净现值并判断项目是否可行(计算结果取整数)。

第八章 证券投资

第一节 证券投资的种类与目的

证券是指票面载有一定金额，代表财产所有权或债权，可以有偿转让的凭证。证券投资是企业投资的重要组成部分。科学地进行证券投资管理，能提高企业收益，降低风险，有利于财务管理目标的实现。

一、证券投资的种类

（一）证券的种类

证券的种类很多，按不同的标准可以作不同的分类。

1. 按证券的发行主体分类

按照证券发行主体的不同，可分为政府证券、金融证券和公司证券三种。政府证券是指中央政府或地方政府为筹集资金而发行的证券；金融证券是指银行或其他金融机构为筹措资金而发行的证券；公司证券又称企业证券，是指工商企业为筹集资金而发行的证券。政府证券的风险较小，金融证券次之，公司证券的风险则视企业的规模、财务状况和其他情况而定。

2. 按证券的到期日分类

按照证券到期日的长短，可分为短期证券和长期证券两种。短期证券是指到期日短于一年的证券，如国库券、商业票据、银行承兑汇票等；长期证券是指到期日长于一年的证券，如股票、债券等。一般而言，短期证券的风险小，变现能力强，但收益相对较低；长期证券的收益一般较高，但时间长，风险大。

3. 按证券的收益状况分类

按照证券收益状况的不同，可分为固定收益证券和变动收益证券两种。固定收益证券是指在证券的票面上规定有固定收益率的证券，如债券票面上一般有固定的利息率，优先股票面一般有固定的股息率，这些证券都属于有固定收益的证券;变动收益证券是指证券的票面不标明固定的收益率,其收益情况随企业经营状况而变动的证券,如普通股股票就是最典型的变动收益证券。一般来说,固定收益证券风险较小,但报酬不高;而变动收益证券风险大,但报酬较高。

4. 按证券体现的权益关系分类

按照证券所体现的权益关系,可分为所有权证券和债权证券两种。所有权证券是指证券的持有人便是证券发行单位的所有者的证券,这种证券的持有人一般对发行单位都有一定的管理和控制权。股票就是典型的所有权证券,股东便是发行股票的企业的所有者。债权证券是指证券的持有人是发行单位的债权人的证券,这种证券的持有人一般无权对发行单位进行管理和控制。当一家发行单位破产时,债权证券要优先清偿,而所有权证券要在最后清偿,所以所有权证券一般都要承担比较大的风险。

(二)证券投资的分类

从以上分析可以看出,证券是多种多样的,与此相联系,证券投资的种类也是多种多样的。按不同标准,也可对证券投资进行不同的分类。下面根据证券投资的对象,将证券投资分为债券投资、股票投资和组合投资三类。

1. 债券投资

债券投资是指企业将资金投向各种各样的债券,如企业购买国库券、公司债券和短期融资券等都属于债券投资。与股票投资相比,债券投资能获得稳定收益,投资风险较低。当然,若投资于一些期限长、信用等级低的债券,也会承担较大风险。

2. 股票投资

股票投资是指企业将资金投向其他企业所发行的股票,如将资金投向优先股、普通股都属于股票投资。企业投资于股票,尤其是投资于普通股票,要承担较大的风险,但在通常情况下,也会取得较高的收益。

3. 组合投资

组合投资又叫证券投资组合,是指企业将资金同时投资于多种证券。例如,既投资于国库券,又投资于企业债券,还投资于企业股票。组合投资可以有效地分散证券投资风险,是企业等法人单位进行证券投资时常用的投资方式。

二、证券投资的目的

企业进行证券投资的目的主要有以下几个方面:

(一)暂时存放闲置资金

企业一般都持有一定量的有价证券,以替代较大量的非盈利的现金余额,并在现金流出超过现金流入时,将有价证券售出,以增加现金。短期证券的投资在多数情况下都是出于预防性的动机,因为大多数企业都依赖银行信用来应付短期交易对现金的需要，但银行信用有时是不可靠的或不稳定的。因此，必须持有有价证券以防银行信用的短缺。

（二）与筹集长期资金相配合

处于成长期或扩张期的公司一般每隔一段时间就会发行长期证券（股票或公司债券）。但发行长期证券所获得的资金一般并不一次用完，而是逐渐、分次地使用。这样，暂时不用的资金就可投资于有价证券，以获取一定收益。当企业进行投资而需要资金时，则可卖出有价证券，以获得现金。

（三）满足未来的财务需求

假如企业在不久的将来有一笔现金需求，如建一座厂房或归还到期债务，则会将现有现金投资于有价证券，以便到时售出以获得所需现金。

（四）满足季节性经营对现金的需求

从事季节性经营的公司在一年内的某些月份会有剩余现金，而在另几个月则会出现现金短缺。这些公司通常会在现金有剩余时购入有价证券，而在现金短缺时出售有价证券。

（五）获得对相关企业的控制权

如果某些企业从战略上考虑要控制另外一些企业，可以通过股票投资实现。例如，一家汽车制造企业欲控制一家钢铁公司以便获得稳定的材料供应，这时便可动用一定资金来购买这家钢铁企业的股票，直到其所拥有的股权能控制这家钢铁企业为止。

第二节　证券投资的风险与收益率

企业是否应该进行证券投资，应投资于何种证券，只有在对证券投资的风险和收益率进行分析后才能做出决策。因此，研究风险和收益率的关系，是证券投资决策中最重要的问题之一。

一、证券投资风险

进行证券投资，必然要承担一定风险，这是证券投资的基本特征之一。证券投资风险主要来源于以下几个方面：

（一）违约风险

证券发行人无法按期支付利息或偿还本金的风险，称为违约风险。一般而言，政府发行的证券违约风险小，金融机构发行的证券违约风险次之，而工商企业发行的证券违约风险就较大。造成违约的原因有以下几个方面：①政治、经济形势发生重大变化；②发生自然灾害，如水灾、火灾等；③企业经营管理不善，成本高，浪费大；④企业在市场竞争中失败，主要顾客群流失；⑤企业财务管理失误，不能及时清偿到期债务。

（二）利息率风险

由于利息率的变动而引起证券价格波动，致使投资人遭受损失的风险，称为利息率风险。证券的价格将随利息率的变动而变动。一般而言，银行利率下降，则证券价格上升；银行利率上升，则证券价格下跌。不同期限的证券，利息率风险不一样，期限越长，风险越大。

（三）购买力风险

由于通货膨胀而使证券到期或出售时所获得的货币资金的购买力下降的风险，称为购买力风险。在通货膨胀时期，购买力风险对投资者有重要影响。一般而言，随着通货膨胀的发生，变动收益证券比固定收益证券要好。因此，普通股票被认为比公司债券和其他有固定收入的证券能更好地避免购买力风险。

（四）流动性风险

在投资人想出售有价证券获取现金时，证券不能立即出售的风险，称为流动性风险。一种能在较短期内按市价大量出售的资产，是流动性较高的资产，这种资产的流动性风险较小；反之，如果一种资产不能在短时间内按市价大量出售，则属于流动性较低的资产，这种资产的流动性风险较大。例如，购买小公司的债券，想立即出售比较困难，因而流动性风险较大，但若购买国库券，几乎可以立即出售，则其流动性风险较小。

（五）期限性风险

由于证券期限长而给投资人带来的风险，称为期限性风险。一项投资，到期日越长，投资人面临的不确定因素就越多，承担的风险也越大。例如，同一家企业发行的十年期债券就比一年期债券的风险大，这便是证券的期限性风险。

二、债券的收益率

（一）债券收益的来源及影响因素

投资债券的目的是到期收回本金的同时得到固定的利息。债券的投资收益包含两方面：一是债券的年利息收入，这是债券发行时就决定的。一般情况下，债券利息收入不会改变，投资者在购买债券前就可得知。二是资本利得，指债券买入价与卖出价或偿还额之间的差额。当债券卖出价大于买入价时，为资本收益；当卖出价小于买入价时，为资本损失。由于债券买卖价格受市场利率和供求关系等因素的影响，资本利得很难在投资前准确预测。

衡量债券收益水平的尺度为债券收益率，即在一定时期内所得收益与投入本金的比率。为便于比较，债券收益一般以年率为计算单位。

决定债券收益率的主要因素有债券的票面利率、期限、面值、持有时间、购买价格和出售价格。这些因素中只要有一个因素发生了变化，债券收益率也会随之发生变化。另外，债券的可赎回条款、税收待遇、流动性及违约风险等属性，也会不同程度地影响债券的收益率。

（二）债券收益率的计算

债券收益率有票面收益率、直接收益率、持有期收益率和到期收益率等多种，这些收益率分别反映投资者在不同买卖价格和持有年限下的不同收益水平。下面重点介绍持有期收益率和到期收益率的计算。

1. 持有期收益率

持有期收益率指买入债券后持有一段时间，又在债券到期前将其出售而得到的收益率。它包括持有债券期间的利息收入和资本损益。其计算方法有多种。

（1）短期债券持有期收益率

①息票债券持有期收益率的计算。息票债券或称分期付息债券或附息债券，是在债券到期以前按约定的日期分次按票面利率支付利息，到期再偿还债券本金。分次付息一般分按年付息、按半年付息和按季付息三种方式。息票债券持有期收益率常用的计算公式为：

$$持有期收益率=\frac{债券年利息+债券卖出价-债券买入价}{债券买入价\times 持有年限}\times 100\%$$

【例 8.1】甲公司于 2011 年 1 月 1 日以 120 元的价格购买了乙公司于 2006 年发行的面值为 100 元、利率为 10%、每年 7 月 1 日支付一次利息的 10 年期公司债券，持有到 2011 年 10 月 1 日，以 130 元的价格卖出，则：

$$持有期=\frac{9}{12}=0.75(年)$$

$$持有期年收益率=\frac{100\times 10\%+140-130}{130\times 0.75}\times 100\%=20.51\%$$

②一次还本付息债券持有期收益率的计算。我国发行的债券多为到期一次还本付息债券，在中途出售的卖价中包含了持有期的利息收入。所以，实际使用的计算公式为：

$$持有期收益率=\frac{债券卖出价-债券买入价}{债券买入价\times 持有年限}\times 100\%$$

【例 8.2】甲公司于 2011 年 1 月 1 日以 1 020 元的价格购买了乙公司于 2007 年 1 月 1 日发行的面值为 1 000 元、利率为 10%、到期一次还本利息的 5 年期公司债券，持有到 2012 年 1 月 1 日，以 1 060 元的价格售出，计算持有期收益率。

$$持有期收益率=\frac{1\,060-1\,020}{1\,020\times 1}\times 100\%=3.92\%$$

③贴现债券持有期收益率的计算。贴现债券又称贴水债券，是指以低于面值发行、发行价与票面金额之差额相当于预先支付的利息、债券期满时按面值偿付的债券。贴现债券多为短期债券和中期债券，很少有长期债券。贴现债券

也可以不等到期满而中途出售。证券行情表每天公布各种未到期贴现债券二级市场的折扣率,投资者可据此先计算债券卖出价,再计算持有期收益率。如果持有期收益率高于到期收益率,则中途出售债券更为有利。

贴现债券持有期收益率的计算公式为:

$$贴现债券持有期收益率=\frac{债券卖出价-债券买入价}{债券买入价\times 持有年限}\times 100\%$$

【例 8.3】甲公司以 600 元的价格购买了乙公司于 2006 年 1 月 1 日发行的面值为 1 000 元的贴现债券,期限为 5 年,期内不计利息,到期按面值偿还。

要求:

A. 若甲公司于 2007 年以 700 元卖出该债券,计算其收益率。

B. 若甲公司于 2010 年 1 月 1 日以 900 元的价格买入该债券并持有到期,收益率是多少?

解:$贴现债券持有期收益率=\frac{700-600}{600\times 1}\times 100\%=16.67\%$

$$贴现债券到期收益率=\frac{1\,000-900}{900\times 1}\times 100\%=11.11\%$$

(2)长期债券持有期收益率

持有期在一年以上的长期债券收益率的计算较为复杂,需要考虑资金的时间价值。其计算方法与项目投资中的内含报酬率的计算相同。

【例 8.4】已知甲公司于 2010 年 1 月 1 日以 1 010 元价格购买了乙公司于 2008 年 1 月 1 日发行的面值为 1 000 元、票面利率为 10% 的 5 年期债券。

要求:

A. 如果该债券为一次还本付息,甲公司于 2012 年 1 月 1 日以 1 200 元的价格将该债券卖出,计算其收益率。

B. 如果该债券为分期付息、每年年末付一次利息,甲公司于 2012 年 1 月 1 日以 1 050 元价格将该债券卖出,计算其收益率。

解:若一次还本付息:

根据 $1\,010=1\,200\times(P/F,i,2)$

$$(P/F,i,2)=\frac{1\,010}{1\,200}=0.841\,7$$

查复利现值系数表可知:

当 $i=9\%$,$(P/F,9\%,2)=0.841\,7$

求得:$i=9\%$

若分期付息,每年年末付一次利息:

根据 $1\,010=1\,000\times 10\%\times(P/A,i,2)+1\,050\times(P/F,i,2)$

$=1\,000\times(P/A,i,2)+1\,050\times(P/F,i,2)$

当 $i=10\%$,$NPV=100\times(P/A,10\%,2)+1\,050\times(P/F,10\%,2)-1\,010$

$$=100\times1.7355+1050\times0.8264-1010=31.27(\text{元})$$

由于 NPV 大于零,需进一步提高测试比率。

当 $i=12\%$, $NPV=100\times(P/A,12\%,2)+1050\times(P/F,12\%,2)-1010$

$$=100\times1.6901+1050\times0.7972-1010$$

$$=-3.93(\text{元})$$

采用插值法计算如下:

$$\left\{\begin{matrix}\left\{\begin{matrix}10\% \text{——} 31.27 \\ i \text{——} 0\end{matrix}\right\}31.27 \\ 12\% \text{——} -3.93\end{matrix}\right\}35.2$$

$$\frac{i-10\%}{12\%-10\%}=\frac{31.27}{35.2}$$

求得:$i=10\%+1.78\%=11.78\%$

2. 到期收益率

到期收益率又称最终收益率,一般的债券到期都按面值偿还本金。所以,随着到期日的临近,债券的市场价格会越来越接近面值。

(1)短期债券到期收益率

对处于最后付息周期的息票债券、贴现债券和剩余流通期限在一年以内(含一年)的到期一次还本付息债券,到期收益率计算公式为:

$$\text{到期收益率}=\frac{\text{到期本息和}-\text{债券买入价}}{\text{债券买入价}\times\text{剩余到期年限}}\times100\%$$

各种不同债券到期收益率的具体计算方法分别列示如下:

①息票债券的计算公式

$$\text{到期收益率}=\frac{\text{债券年利息}+\text{债券面值}-\text{债券买入价}}{\text{债券买入价}\times\text{剩余到期年限}}\times100\%$$

【例 8.5】某公司 2011 年 1 月 1 日以 102 元的价格购买了面值为 100 元、利率为 10%、每年 1 月 1 日支付 1 次利息的 2007 年发行的 5 年期国库券,持有到 2012 年 1 月 1 日到期,则:

$$\text{到期收益率}=\frac{100\times10\%+(100-102)}{102\times1}\times100\%=7.84\%$$

②一次还本付息债券到期收益率的计算公式

$$\text{到期收益率}=\frac{\text{债券面值}\times(1+\text{票面利率}\times\text{债券有效年限})-\text{债券买入价}}{\text{债券买入价}\times\text{剩余到期年限}}\times100\%$$

【例 8.6】甲公司于 2011 年 1 月 1 日以 1 250 元的价格购买了乙公司于 2007 年 1 月 1 日发行的面值为 1 000 元、利率为 10%、到期一次还本付息的 5 年期公司债券,持有到 2012 年 1 月 1 日,计算其投资收益率。

$$\text{到期收益率}=\frac{1500-1250}{1250\times1}\times100\%=20\%$$

③贴现债券到期收益率的计算公式

$$到期收益率=\frac{债券面值-债券买入价}{债券买入价\times 剩余到期年限}\times 100\%$$

（注：贴现债券到期收益率的计算可参见例 8.3 第二小题的计算。）

（2）长期债券到期收益率

长期债券到期收益率采取复利计算方式计算（相当于求内含报酬率）。

$$PV=\frac{I}{(1+Y)^1}+\frac{I}{(1+Y)^2}+\cdots\cdots+\frac{I}{(1+Y)^t}+\frac{M}{(1+y)^t}$$

式中：Y 为到期收益率；PV 为债券买入价；M 为债券面值；t 为剩余的付息年数；I 为债券票面年利息。

【例 8.7】已知 H 公司于 2011 年 1 月 1 日以 1 010 元价格购买了 TTL 公司于 2008 年 1 月 1 日发行的面值为 1 000 元、票面利率为 10% 的 5 年期债券。

要求：

A. 如该债券为一次还本付息，计算其到期收益率。

B. 如该债券为分期付息、每年年末付一次利息，计算其到期收益率。

解：若一次还本付息：

根据 $1\,010=1\,000\times(1+5\times 10\%)\times(P/F,i,2)$

$$(P/F,i,2)=\frac{1\,010}{1\,500}=0.673\,3$$

查复利现值系数表可知：

当 $i=20\%$，$(P/F,20\%,2)=0.694\,4$

当 $i=24\%$，$(P/F,24\%,2)=0.650\,4$

采用插值法求得：$i=21.92\%$

若分期付息，每年年末付一次利息：

根据 $1\,010=1\,000\times 10\%\times(P/A,i,2)+1\,000\times(P/F,i,2)$

$=100\times(P/A,i,2)+1\,000\times(P/F,i,2)$

当 $i=10\%$，$NPV=100\times(P/A,10\%,2)+1\,000\times(P/F,10\%,2)-1\,010$

$=100\times 1.735\,5+1\,000\times 0.826\,4-1\,010=-10.05$（元）

由于 NPV 小于零，需进一步降低测试比率。

当 $i=8\%$，$NPV=100\times(P/A,8\%,2)+1\,000\times(P/F,8\%,2)-1\,010$

$=100\times 1.783\,3+1\,000\times 0.857\,3-1\,010=25.63$（元）

采用插值法求得：$i=9.44\%$

需要说明的是，上述计算只是停留在理论上的计算。在实际操作过程中，收益率的计算要考虑购买成本、交易成本、通货膨胀和税收成本因素，需要对上述计算公式做相应的调整。

三、股票的收益率

(一)股票收益的来源和影响因素

股票的收益是指投资者从购入股票开始到出售股票为止整个持有期间的收入。这种收益由股息和资本利得两方面组成。股票收益主要取决于股份公司的经营业绩和股票市场的价格变化以及公司的股利政策,与投资者的经验与技巧也有一定的关系。

(二)股票收益率的计算

股票与债券不同,不存在到期问题,其收益率主要指持有期收益率。

持有期收益率是指投资者买入股票持有一定时期后又卖出该股票,在投资者持有该股票期间的收益率。

如投资者持有股票时间不超过一年,不用考虑资金时间价值。其持有期收益率可按如下公式计算:

$$持有期收益率=\frac{出售价-购入价+收到的现金股利}{本期股票价格\times持有年限}\times100\%$$

【例8.8】2011年2月9日通达公司购买四方公司每股市价为64元的股票,2012年1月,通达公司每股获得现金股利3.90元,2012年2月9日,通达公司将该股票以每股66.50元的价格出售,则持有期收益率为:

$$\frac{66.5-64+3.90}{64\times1}\times100\% = 10\%$$

如投资者持有股票时间超过一年,需要考虑资金时间价值。其持有期收益率可按如下公式计算:

$$V=\sum_{t=1}^{n}\frac{D_t}{(1+i)^t}+\frac{F}{(1+i)^n}\text{(相当于求内含报酬率)}$$

其中:V为股票的购买价格;F为股票的出售价格;D_t为股票投资报酬(各年获得的股利);n为投资期限;i为股票持有期收益率。

【例8.9】万通公司在2009年4月1日投资510万元购买某种股票100万股,在2010年、2011年和2012年的3月31日每股各分得现金股利0.5元、0.6元和0.8元,并于2012年3月31日以每股6元的价格将股票全部出售。试计算该项投资的投资收益率。

现采用插值法来计算,详细情况见表8-1。

表8-1 单位:万元

时 间	股利及出售股票的现金流量	测试20%		测试18%		测试16%	
		系数	现值	系数	现值	系数	现值
2010年	50	0.8333	41.67	0.8475	42.38	0.8621	43.11

表 8－1(续)

时　间	股利及出售股票的现金流量	测试 20%		测试 18%		测试 16%	
		系数	现值	系数	现值	系数	现值
2011 年	60	0.694 4	41.66	0.718 2	43.09	0.743 2	44.59
2012 年	680	0.578 7	393.52	0.608 6	413.85	0.640 7	435.68
合　计	—	—	476.85	—	499.32	—	523.38

在表 8－1 中，先按 20% 的折现率进行测算，得到现值为 476.85 万元，比原来的投资额 510 万元小，说明内含报酬率要低于 20%；于是把折现率调到 18%，进行第二次测算，得到的现值为 499.32 万元，还是比 510 万元小，说明内含报酬率比 18% 还要低；于是再把折现率调到 16% 进行第三次测算，得到的现值为 523.38 万元，比 510 万元要大，说明内含报酬率比 16% 高，即内含报酬率在 16% 和 18% 之间。现采用插值法计算如下：

$$2\%\left\{\begin{array}{l}\left.\begin{array}{l}16\%\text{——}523.38\\ i\text{——}510.00\end{array}\right\}13.38\\ 18\%\text{——}499.32\end{array}\right\}24.06$$

$$\frac{i-16\%}{2\%}=\frac{13.38}{24.06}$$

$$i=16\%+1.11\%=17.11\%$$

该项投资收益率(i)为 17.11%。

第三节　证券投资决策

一、企业债券投资决策

(一) 债券投资决策分析的基本原理

判断是否投资某债券的基本方法是首先确定债券的内在价值，然后把价值与债券当前的市场价格作比较，当前者大于后者时，说明购入该债券划算；否则，就不划算。

(二) 债券的价值及估价模型

债券的价值是指债券的内在价值，是债券投资未来现金流入的总现值。企业进行债券投资，必须知道债券价值的计算方法。现介绍几种最常见的估价模型。

1. 债券估价的一般模型

债券估价模型是指按复利方法计算的债券未来现金流入的总现值。其一般计算公式为：

$$P=\sum_{t=1}^{n}\frac{i\cdot F}{(1+K)^t}+\frac{F}{(1+K)^n}$$

$$P=\sum_{t=1}^{n}\frac{I}{(1+K)^t}+\frac{F}{(1+K)^n}=I\cdot(P/A,k,n)+F\cdot(P/F,k,n)$$

式中:P——债券价值

i——债券票面利息率

F——债券面值

I——每年利息

K——市场利率或投资人要求的必要收益率

n——付息总期数

【例 8.10】某债券面值为 1 000 元,票面利率为 10%,期限为 5 年,某企业要对这种债券进行投资,假定投资者要求的必要报酬率为 12%,问债券价格为多少时才能进行投资。

根据上述公式得:

$$\begin{aligned}P&=1\,000\times10\%\times(P/A,12\%,5)+1\,000\times(P/F,12\%,5)\\&=100\times3.605+1\,000\times0.567=927.5(\text{元})\end{aligned}$$

这种债券的价格必须低于其价值(927.5 元)时,投资者才能购买。

2. 一次还本付息且不计复利的债券估价模型

我国很多债券属于一次还本付息且不计复利的债券,其估价计算公式为(公式中符号含义同前式):

$$P=\frac{F+F\cdot i\cdot n}{(1+K)^n}=(F+F\cdot i\cdot n)\times(P/F,k,n)$$

【例 8.11】某企业拟购买另一家企业发行的利随本清的企业债券。该债券面值为 1 000 元,期限 5 年,票面利率为 10%,不计复利,当前市场利率为 8%,问该债券发行价格为多少时,企业才能购买。

由上述公式可知:

$$P=\frac{1\,000+1\,000\times10\%\times5}{(1+8\%)^5}=1\,020(\text{元})$$

债券价格必须低于 1 020 元时,企业才能购买。

3. 折现发行时债券的估价模型

有些债券以折现方式发行,没有票面利率,到期按面值偿还。这些债券的估价模型为(公式中符号含义同前式):

$$P=\frac{F}{(1+K)^n}=F\times(P/F,k,n)$$

【例 8.12】某债券面值为 1 000 元,期限为 5 年,以折现方式发行,期内不计利息,到期按面值偿还,当时市场利率为 8%,问其价格为多少时,企业才能购买。

由上述公式得：

$$P = 1\ 000 \times (P/F, 8\%, 5) = 1\ 000 \times 0.681 = 681(\text{元})$$

该债券的价格低于681元时，企业才能购买。

(三)债券投资的优缺点

1. 债券投资的优点

(1)本金安全性高。与股票相比，债券投资风险比较小。政府发行的债券有国家财力作后盾，其本金的安全性非常高，通常视为无风险证券。企业债券的持有者拥有优先求偿权，即当企业破产时，应优先于股东分得企业资产。因此，其本金损失的可能性也较小。

(2)收入稳定。债券票面一般都标有固定利息率，债券的发行人有按时支付利息的法定义务。因此，在正常情况下，投资于债券能获得较稳定的收入。

(3)市场流动性好。许多债券都具有较好的流动性。政府及大企业发行的债券一般都可在金融市场上迅速出售，流动性好。

2. 债券投资的缺点

(1)购买力风险较大。债券的面值和利息率在发行时就已确定，如果投资期间的通货膨胀率比较高，则本金和利息的购买力将不同程度地受到侵蚀。在通货膨胀率非常高时，投资者虽然名义上有收益，但实际上遭受了损失。

(2)没有经营管理权。投资于债券只是获得收益的一种手段，无权对债券发行单位施以影响和控制。

二、企业股票投资决策

(一)股票投资的目的

企业进行股票投资的目的主要有两个：一是获利，即作为一般的证券投资，获取股利收入及股票买卖差价；二是控股，即通过购买某一企业的大量股票达到控制该企业的目的。在第一种情况下，企业仅将某种股票作为它证券组合的一个组成部分，不应冒险将大量资金投资于某一企业的股票；而在第二种情况下，企业应集中资金投资于被控企业的股票，这时考虑更多的不应是目前利益——股票投资收益的高低，而应是长远利益——占有多少股份才能达到控制该企业的目的。

(二)股票的估价

同进行债券投资一样，股票的价值也是由未来投资收益的现值决定。企业进行股票投资，必须知道股票价值的计算方法。现介绍最常见的几种股票估价模型。

1. 短期持有股票、未来准备出售的股票估价模型

在一般情况下，投资者投资于股票，不仅希望得到股利收入，还希望在未来股票价格上涨时出售股票获得好处。此时，股票估价模型为：

$$V=\sum_{t=1}^{n}\frac{d_t}{(1+K)^t}+\frac{V_n}{(1+K)^n}$$

其中：V 为股票内在价值；V_n 为未来出售时预计的股票价格；K 为投资人要求的必要收益率；d_t 为第 t 期的预期股利；n 为预计持有股票的期数。

【例 8.13】甲公司在 2007 年 1 月 1 日购买乙公司的某种股票 100 万股，在 2008 年、2009 年、2010 年和 2011 年的 1 月 1 日每股各分得现金股利 0.5 元、0.6 元、0.8 元和 0.9 元，并于 2012 年 1 月 1 日以每股 6 元的价格将股票全部出售。若投资者要求的必要收益率为 10%，试计算该股票的每股价值。

$$V=\frac{0.5}{(1+10\%)^1}+\frac{0.6}{(1+10\%)^2}+\frac{0.8}{(1+10\%)^3}+\frac{6.9}{(1+10\%)^4}$$

$$=0.5\times0.9091+0.6\times0.8264+0.8\times0.7513+6.9\times0.6830$$

$$=6.27(\text{元})$$

2. 长期持有股票、股利稳定不变的股票估价模型

在每年股利稳定不变、投资人持有期间很长的情况下，股票的估价模型可简化为：

$$V=\frac{d}{K}\ (\text{相当于永续年金现值})$$

其中：V 为股票内在价值；d 为每年固定股利；K 为投资人要求的必要收益率。

【例 8.14】某人持有某种股票，每年每股股利为 2 元。若此人想长期持有，在市场利率为 10% 的情况下，要求对该股票进行估价。

$$V=\frac{2}{10\%}=20(\text{元})$$

3. 长期持有股票，股利固定增长的股票估价模型

如果一个公司的股利不断增长，投资人的投资期限又非常长，则股票的估价就更困难了，只能计算近似数。设上年股利为 d_0，每年股利比上年增长率为 g，则：

$$V=\frac{d_0(1+g)}{(K-g)}=\frac{d_1}{(K-g)}$$

其中：d_1 为第一年的股利。

【例 8.15】时代公司准备投资购买东方信托投资股份有限公司的股票，该股票上年每股股利为 2 元，预计以后每年以 4% 的增长率增长。时代公司经分析后认为必须要得到 10% 的收益率，才能购买东方信托投资股份有限公司的股票，则该股票的内在价值应为：

$$V=\frac{2\times(1+4\%)}{10\%-4\%}\approx34.67(\text{元})$$

东方信托投资股份有限公司的股票价格在 34.67 元以下时，时代公司才能

购买。

4. 阶段性增长的股票估价模型

阶段性增长的股票又叫非固定成长股票。在现实生活中，有的公司股利是不固定的，例如，在一段时间里高速成长，在另一段时间里正常固定成长或固定不变。在这种情况下，需要分段计算，才能确定股票的价值。

【例8.16】一个投资人持有大方公司的股票，他的投资最低收益率为15%。预计大方公司未来3年股利将高速增长，成长率为18%。在此以后转为正常增长，增长率为10%。公司最近支付的股利是2元。现计算该公司股票的内在价值。

首先，计算非正常增长期的股利现值（见表8-2）：

表8-2　**高速增长期的股利现值**

年份	股利(dt)	现值因数(15%)	现值
1	2×(1+18%)= 2.36	0.870	2.053 2
2	2.36×(1+18%)=2.78	0.756	2.101 7
3	2.78×(1+18%)=3.28	0.658	2.158 2
合计	三年股利现值		6.313 1

其次，计算第三年年底的普通股内在价值：

$$V_3=\frac{d_4}{k-g}=\frac{d_3(1+g)}{k-g}=\frac{3.28(1+10\%)}{15\%-10\%}=72.16$$

最后，计算股票目前的内在价值：

$$\begin{aligned}V_0&=72.16\times(P/F,15\%,3)+6.313\,1\\&=72.16\times0.658+6.313\,1\\&=53.79\end{aligned}$$

（三）股票投资的优缺点

1. 股票投资的优点

股票投资是一种最具有挑战性的投资，其收益和风险都比较高。股票投资的优点主要有：

（1）投资收益高。普通股票的价格虽然变动频繁，但从长期看，优质股票的价格总是上涨的居多，只要选择得当，都能获得优厚的投资报酬。

（2）购买力风险低。普通股的股利不固定，在通货膨胀率比较高时，由于物价普遍上涨，股份公司盈利增加，股利的支付也随之增加。因此，与固定收益证券相比，普通股能有效降低购买力风险。

（3）拥有经营控制权。普通股股东属股份公司的所有者，有权监督和控制企业的生产经营情况。因此，欲控制一家企业，最好的办法就是收购这家企业的股票。

2. 股票投资的缺点

股票投资的缺点主要是风险大,这是因为:

(1)求偿权居后。由于普通股股东对企业资产和盈利的求偿权均居于最后,因而当企业破产时,股东原来的投资可能得不到全额补偿,甚至一无所有。

(2)价格不稳定。普通股的价格受众多因素影响,很不稳定。政治因素、经济因素、投资人心理因素、企业的盈利情况、风险情况等,都会影响股票价格,这也是股票投资风险较高的重要原因。

(3)收入不稳定。普通股股利的多少,视企业经营状况和财务状况而定,其有无、多寡均无法律上的保证,其收入的风险也远远大于固定收益证券。

第四节 证券投资组合

证券投资组合又叫证券组合,是指在进行证券投资时,不将所有的资金都投向单一的某种证券,而是有选择地投向一组证券。这种同时投资多种证券的方式叫做证券的投资组合。

一、证券投资组合的意义

证券投资的盈利性吸引了众多投资者,但证券投资的风险性又使许多投资者望而却步。如何才能有效地解决这一难题呢?科学地进行证券的投资组合就是一个比较好的方法。有效地进行证券投资组合,就能防范证券风险,达到降低风险的目的。

投资风险存在于各个国家的各种证券中,它们随经济环境的变化而不断变化,风险时大时小,此起彼伏。简单地把资金全部投向一种证券,便要承受巨大的风险,一旦失误,满盘皆输。因此,在证券市场上经常可听到这样一句名言:不要把所有的鸡蛋放在同一个篮子里。证券投资组合是证券投资的重要手段,它可以帮助投资者全面捕捉获利机会,降低投资风险。

二、证券投资组合的风险与收益率

由于证券投资组合能降低风险,因此绝大多数法人投资者都喜欢同时投资多种证券。即使是个人投资者,一般也持有证券的投资组合而不只是投资于某一家公司的股票或债券。所以,企业财会人员必须了解证券投资组合的风险与收益率。

(一)证券投资组合的风险

证券投资组合的风险可以分为两种性质完全不同的风险,即非系统性风险和系统性风险。

1. 非系统性风险

非系统性风险又叫公司特别风险。它是指某些因素对单个证券造成经济损失的可能性，如罢工、诉讼失败、公司在市场竞争中失败等。这种风险可通过证券持有的多样化来抵消，即多买几家公司的股票，其中某些股票收益上升，另一些股票的收益下降，从而有效地抵消风险。因此，这种风险亦称为可分散风险。现举例说明如下：

假设将 W 和 M 股票构成一证券组合，每种股票在证券组合中各占 50%。它们的收益率和风险情况见表 8－3。

表 8－3　完全负相关的两种股票构成的证券组合的收益情况

年(t)	W 股票 K_W(%)	M 股票 K_W(%)	WM 组合 K_P(%)
2007	40	－10	15
2008	－10	40	15
2009	35	－5	15
2010	－5	35	15
2011	15	15	15
平均收益率(K)	15	15	15
标准离差(δ)	22.6	22.6	0

根据表 8－3 可以绘制出两种股票以及由它们构成的证券组合收益率图(见图 8－1)。

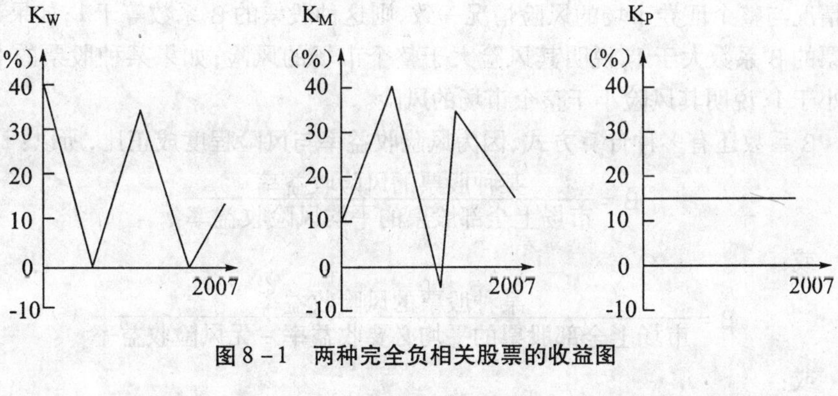

图 8－1　两种完全负相关股票的收益图

从表 8－3 和图 8－1 可以看出，如果分别持有两种股票，都有很大风险，但如果把它们组合成一个证券组合，则没有什么风险。

W 股票和 M 股票之所以能结合起来组成一个无风险的证券组合，是因为它们的收益变化正好成相反的循环——当 W 股票的收益下降时，M 股票的收益正好上升；而当 W 股票的收益上升时，M 股票的收益下降。我们把股票 W 和 M 叫做完全负相关。这里，相关系数 $r=-1.0$。

与完全负相关相反的是完全正相关($r=1.0$)，两个完全正相关的股票的收益将一起上升或下降，由这样两种股票组成的证券组合，不能抵消任何风险。

从以上分析可知，当两种股票完全负相关($r=-1.0$)时，所有的非系统风险都可以分散掉；当两种股票完全正相关($r=1.0$)时，从降低风险的角度来看，分散持有股票没有好处。实际上，大部分股票都是正相关的，但又不完全正相关。一般来说，随机取两种股票相关系数为 +0.6 左右的最多，而对绝大多数的两种股票而言，r 将位于 +0.5 ~ +0.7 之间。在这种情况下，把两种股票组合成证券组合能降低风险，但不能完全消除风险。不过，如果股票种类较多，则能分散掉大部分非系统风险。而只有当股票种类足够多时，才能把所有的非系统性风险分散掉。

2. 系统性风险

系统性风险又称不可分散风险或市场风险。它是指某些因素给市场上所有证券带来经济损失的可能性，如宏观经济状况的变化、国家税制的变化、国家财政政策和货币政策的变化、世界能源状况的改变等等，都会使股票收益发生变动。这些风险影响到所有的证券，它不能通过证券组合分散掉。对投资者来说，这种风险是无法消除的，故称不可分散风险。由于不同公司之间存在差异性，这种风险对不同的公司有着不同的影响。某公司股票不可分散风险的程度通常用 β 系数来计量。其计算公式为：

$$\beta=\frac{\text{某种股票的风险程度}}{\text{市场上全部股票的平均风险程度}}$$

从上式可以看出，作为整体的证券市场的 β 系数为 1。如果某种股票的风险情况与整个证券市场的风险情况一致，则这种股票的 β 系数等于 1；如果某种股票的 β 系数大于 1，说明其风险大于整个市场的风险；如果某种股票的 β 系数小于 1，说明其风险小于整个市场的风险。

β 系数还有多种计算方式，因为风险收益率与风险程度成正比，所以：

$$\beta=\frac{\text{某种股票的风险收益率}}{\text{市场上全部股票的平均风险收益率}}$$

或：

$$\beta=\frac{\text{某种股票的风险收益率}}{\text{市场上全部股票的平均必要收益率}-\text{无风险收益率}}$$

或：

$$\beta=\frac{\text{某种股票的必要收益率}-\text{无风险收益率}}{\text{市场上全部股票的平均必要收益率}-\text{无风险收益率}}$$

β 系数的实际计算过程十分复杂，并需要大量的参考数据，一般只有上市公司的股票才能计算 β 系数。因此，在实际工作中投资者自己一般不计算 β 系数，而是由咨询机构定期计算并公布。表 8-4 列示了国内几家上市公司近年的 β 系数。

表 8-4　　国内几家上市公司的 β 系数

股票代码	公司名称	β 系数
600886	首钢股份	0.791 5
600887	伊利股份	0.621 6
600742	一汽四环	0.707 6
600685	广船国际	0.866 0
600066	宇通客车	0.952 8
000811	烟台冰轮	1.354 8

从以上分析可知，单个证券的 β 系数可以由有关的投资服务机构提供。那么，投资组合的 β 系数该怎样计算呢？投资组合的 β 系数是单个证券 β 系数的加权平均数，权数为各种证券在投资组合中所占的比重。其计算公式为：

$$\beta_P = \sum_{i=1}^{n} X_i \beta_i$$

式中：β_P——证券组合的 β 系数

X_i——证券组合中第 i 种股票所占的比重

β_i——第 i 种股票的系数

n——证券组合中股票的数量

至此，我们可把上面的分析总结如下：

(1)一种股票的风险由两部分组成，它们是可分散风险和不可分散风险。

(2)可分散风险可通过证券组合来消减。

(3)股票的不可分散风险由市场变动所引发，它对所有股票都有影响，不能通过证券组合消除。不可分散风险是通过 β 系数来测量的。一些标准的 β 值如下：

β＝0.5，说明该股票的风险只有整个市场风险的一半；

β＝1.0，说明该股票的风险等于整个市场的风险；

β＝2.0，说明该股票的风险是整个市场风险的两倍。

(二)证券投资组合的风险收益

投资者进行证券组合投资与进行单项投资一样，都要求对承担的风险进行补偿，股票的风险越大，要求的收益就越高。但是，与单项投资不同，证券组合投资要求补偿的风险只是不可分散风险，而不要求对可分散风险进行补偿。如果有可分散风险的补偿存在，善于科学地进行投资组合的投资者将购买这类股票，并抬高其价格，其最后的收益率只反映不能分散的风险。因此，证券组合的风险收益是投资者因承担不可分散风险而要求的、超过时间价值的那部分额外收益。其计算公式为：

某种股票的风险收益率 = β ×（市场上全部股票的平均必要收益率 - 无风险收益率）

即：$$R_P = \beta_P \cdot (K_m - R_F)$$

其中：R_P 为某股票或某证券组合的风险收益率；β_P 为证券组合的 β 系数；K_m 为所有股票的平均必要收益率，也就是由市场上所有股票组成的证券组合的收益率，简称市场收益率；R_F 为无风险收益率，一般用政府公债的利息率来表示。

【例 8.17】华强公司持有由甲、乙、丙三种股票构成的证券组合，它们的 β 系数分别是 2.0、1.0 和 0.5，其在证券组合中所占的比重分别为 60%、30% 和 10%，股票的市场收益率为 14%，无风险收益率为 10%。试确定这种证券组合的风险收益率。

（1）确定该证券组合的 β 系数：

$$\beta_P = \sum_{i=1}^{n} X_i \beta_i = 60\% \times 2.0 + 30\% \times 1.0 + 10\% \times 0.5 = 1.55$$

（2）计算该证券组合的风险收益率：

$$R_P = \beta_P \cdot (K_m - R_F) = 1.55 \times (14\% - 10\%) = 6.2\%$$

在计算出风险收益率后，便可根据投资额和风险收益率计算出风险收益额。

从以上计算中可以看出，在其他因素不变的情况下，风险收益取决于证券组合的 β 系数。β 系数越大，风险收益就越大；β 系数越小，风险收益就越小。

【例 8.18】沿用上例资料，华强公司为降低风险，售出部分甲股票，买进部分丙股票，使甲、乙、丙三种股票在证券组合中所占的比重变为 10%、30% 和 60%。试计算此时的风险收益率。

此时，证券组合的 β 值为：

$$\beta_P = \sum_{i=1}^{n} X_i \beta_i = 10\% \times 2.0 + 30\% \times 1.0 + 60\% \times 0.5 = 0.80$$

那么，此时的证券组合的风险收益率应为：

$$R_P = \beta_P \cdot (K_m - R_F) = 0.80 \times (14\% - 10\%) = 3.2\%$$

从以上计算可以看出，调整各种证券在证券组合中的比重可改变证券组合的风险程度、风险收益率和风险收益额。

（三）风险和收益率的关系

在西方金融学和财务管理学中，有许多模型是论述风险和收益率的关系的，其中一个最重要的模型为资本资产定价模型（Capital Asset Pricing Model，简写为 CAPM）。这一模型为：

$$K_i = R_F + \beta_i \cdot (K_m - R_F)$$

上式的简化推导过程如下：

因为：$$\beta = \frac{\text{某种股票的必要收益率} - \text{无风险收益率}}{\text{市场上全部股票的平均必要收益率} - \text{无风险收益率}}$$

所以：某种股票的必要收益率 = 无风险收益率 + β ×（市场上的所有股票的

平均必要收益率－无风险收益率）

即：$K_i = R_F + \beta_i \cdot (K_m - R_F)$

其中：K_i 为第 i 种股票或第 i 种证券组合的必要收益率；R_F 为无风险收益率；β_i 为第 i 种股票或第 i 种证券组合的 β 系数；K_m 为所有股票或所有证券的平均必要收益率。

【例 8.19】顺达公司股票的 β 系数为 2.0，无风险收益率为 6%，市场上所有股票的平均收益率为 10%，那么，顺达公司股票的收益率应为：

$$K_i = R_F + \beta_i \cdot (K_m - R_F) = 6\% + 2.0 \times (10\% - 6\%) = 14\%$$

也就是说，顺达公司股票的投资收益率达到或超过 14% 时，投资者才肯投资。如果低于 14%，投资者就不会购买顺达公司的股票。

【例 8.20】接上例，若顺达公司预计下年每股支付股利 2 元，以后每年以 4% 的增长率增长。请问该股票的内在价值应为多少？

$$股票价值\ V = \frac{d_1}{(K-g)} = \frac{2}{14\% - 4\%} = 20(元)$$

计算结果说明，投资者认为顺达公司股票最多值 20 元。换句话说，只有顺达公司股票的市场价格低于 20 元时，投资者才肯投资。如果高于 20 元，投资者就不会购买顺达公司的股票。

资本资产定价模型通常用图形加以表示，叫证券市场线（简称 SML）。它说明必要收益率 K 与不可分散风险 β 系数之间的关系，如图 8－2 所示。

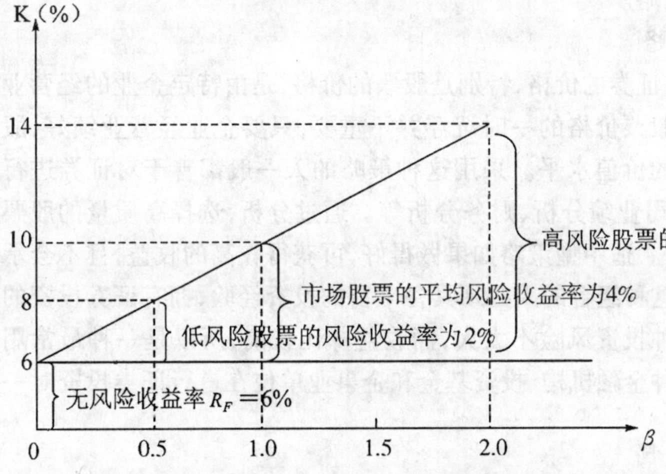

图 8－2 证券市场线

从图 8－2 可看到，无风险收益率为 6% 时，β 系数不同的股票有不同的风险收益率：当 β＝0.5 时，风险收益率为 2%；当 β＝1.0 时，风险收益率为 4%；当 β＝2.0 时，风险收益率为 8%。也就是说，β 值越大，要求的风险收益率也越高；在无风险收益率不变的情况下，必要收益率也就越高。

三、证券投资组合的策略与方法

从以上分析我们知道，证券投资组合能有效分散风险。那么，企业在进行证券投资组合时应采取什么策略呢？现简要说明如下：

（一）保守型策略

这种策略认为，要尽量模拟市场现状，将尽可能多的证券包括进来，以便分散所有可分散风险，得到与市场所有证券平均收益相同的收益。1976 年美国先锋基金公司创造的指数信托基金，便是这一策略的典型代表。这种基金投资于标准普尔（Standard and Poor）股票价格指数中所包含的全部 500 种股票，其投资比例与 500 家企业价值比重相同。这种投资组合的好处在于：①能分散掉全部可分散风险；②不需要具备高深的证券投资专业知识；③证券投资的管理费比较低。但这种组合获得的收益不会高于证券市场上所有证券的平均收益。因此，此种策略属于收益不高、风险不大的策略，故称之为保守型策略。

（二）冒险型策略

这种策略认为，与市场完全一样的组合不是最佳组合，只要投资组合做得好，就能击败市场或超越市场，取得远远高于市场平均水平的收益。在这种组合中，成长型的股票比较多，而那些低风险、低收益的证券则不多。另外，这种组合的随意性强，变动频繁。采用这种策略的人认为，收益就在眼前，何必死守苦等，因而对于追随市场的保守派，他们是不屑一顾的。这种策略收益高、风险大，故称为冒险型策略。

（三）适中型策略

这种策略认为，证券的价格，特别是股票的价格，是由特定企业的经营业绩来决定的。市场上股票价格的一时沉浮并不重要，只要企业经营业绩好，股票一定会升到其本来的价值水平。采用这种策略的人一般都善于对证券进行分析，如行业分析、公司业绩分析、财务分析等。通过分析，选择高质量的股票和债券，组成投资组合。适中型策略如果做得好，可获得较高的收益，且不会承担太大风险。但投资这种组合的人必须具备丰富的投资经验，拥有证券投资的各种专业知识。因这种投资风险不太大，而收益却比较高，所以是一种最常用的投资组合策略。各种金融机构、投资基金和企事业单位在进行证券投资时一般都采用此种策略。

复习思考题

1. 证券投资的风险有哪些？
2. 股票的估价模型有哪几种？各有什么特征？
3. 证券投资组合风险有哪几种？各有什么特征？

4. β系数等于1,说明什么?

5. 证券组合的策略有哪些? 各有什么特点?

计算分析题

1. 无风险证券的收益率为7%,市场证券组合的收益率为13%。

要求:

(1)计算市场风险收益率。

(2)如果某一投资计划的β系数为0.8,其短期的收益率为12%,是否应该投资?

(3)如果某证券的必要收益率是16%,则其β系数应是多少?

2. 广深公司准备对一种股利固定增长的普通股股票进行长期投资,基年股利为8元,估计年股利增长率为4%,该公司期望的收益率为12%。

要求:计算该股票的价值。

3. 某公司的普通股基年股利为6元,估计年股利增长率为6%,期望的收益率为15%,打算两年以后转让出去,估计转让价格为30元。

要求:计算普通股的价值。

4. 某企业于2011年3月8日投资850元购进一张面值1 000元、票面利率8%、每年付息一次的债券,并于2012年3月8日以900元的价格出售。

要求:计算该债券的投资收益率。

5. 万恒公司在2009年5月1日投资600万元购买A种股票200万股,在2010年、2011年和2012年的4月30日每股各分得现金股利0.3元、0.5元和0.6元,并于2012年5月1日以每股4元的价格将股票全部出售。

要求:计算该项投资的投资收益率。

6. 兴达公司持有A、B、C三种股票构成的证券组合,其β系数分别是1.8、1.5和0.7,在证券组合中所占的比重分别为50%、30%和20%,股票的市场收益率为15%,无风险收益率为12%。

要求:计算该证券组合的风险收益率。

7. 某上市公司本年度的净利为20 000万元,每股支付股利2元。预计该公司未来三年进入成长期,净收益第一年增长14%,第二年增长14%,第三年增长8%,第四年及以后将保持其净收益水平不变。该公司一直采用固定股利支付率政策,并打算今后继续实行该政策。该公司没有增发普通股和发行优先股的计划。

要求:

(1)假设投资人要求的收益率为10%,计算股票的价值。

(2)如果投资者以24.89元的价格买入该股票并长期持有,计算投资者的预期收益率。

第九章 流动资产管理

第一节 流动资产概述

一、流动资产的概念及特点

（一）流动资产的概念

流动资产是指在一年内或超过一年的一个营业周期内变现或耗用的资产。通常，流动资产都是在一年内变现或耗用，但有些企业的产品生产周期很长，在一年以上。这些企业在生产制造这类产品时，投入的原材料、备品配件等，其变现时间超过了一年，但仍可以列作流动资产。

（二）流动资产的特点

1. 周转快，变现能力强

流动资产可以在较短时间内耗用或变现。一般情况下，一个生产经营周期就可以周转一次，从货币形态重新回到货币形态。流动资产中的货币资金具有百分之百的变现能力，其他流动资产，如交易性金融资产、应收票据、应收账款、存货等，在正常的情况下变现能力也比较强。当企业出现资金头寸短缺情况时，企业可以迅速将这些资产变现，获取现金。流动资产之所以有较快的周转速度和较强的变现能力，是因为垫付于流动资产的资金只要经过一次性转移，就可以转换为货币形态，得到价值补偿。而固定资产等非流动资产的价值则需要多次转移，才能逐步收回和补偿。

2. 形态多样，经常变动

流动资产在企业生产经营过程中，一般从货币形态开始，依次经过采购、生产、销售等过程，具体表现为原材料、在产品、产成品、应收账款等形态。随着生产经营的顺利进行，不同形态的流动资产要依一定的顺序依次转化。在企业中，不同形态的流动资产一般都是同时并存的，在数量上有相对稳定的比例，只有这样才能保证企业资金的正常周转和生产经营的正常进行。

3. 数量不稳定,有较强的波动性

流动资产的数量会随着企业内外条件的变化而变化,时高时低,波动很大。在工业企业中,除生产生产资料和日用消耗品的企业流动资产的数量相对稳定外,那些生产季节性产品或原材料受季节性影响的企业,流动资产的数量常常波动很大。商业企业随着商品销售的旺季和淡季的变化,流动资产数量也有较大的差异,也会给流动资产的管理带来一定的困难。

二、流动资产的分类

企业流动资产的形态多样,为了说明不同形态流动资产的特性和加强对其的管理,通常按资产占用的形态,将流动资产分为现金、交易性金融资产、应收和预付款项及存货等。

第二节　现金管理

现金是指企业在生产经营过程中暂时停留在货币形态的资金,包括库存现金、银行存款和其他货币资金。

交易性金融资产是企业现金的一种转换形式。交易性金融资产的变现能力强,可以随时兑换成现金,所以当企业有了多余现金的时候,通常将现金兑换成有价证券;当现金不足时,再出让有价证券,换回现金。因此,有价证券就成了现金的替代品。所以,这里的“现金”是广义的“现金”。有价证券可视为现金的一部分。

一、持有现金的动机及现金管理的目标

企业持有现金的原因,主要是满足交易性需要、预防性需要和投机性需要。交易性需要是指企业生产经营活动中货币资金支付的需要,如购买原材料、支付工人工资、偿还债务、缴纳税款等。这种需要发生频繁,金额较大,是企业持有现金的主要原因。预防性需要是指企业为应付意外的、紧急的情况而需要持有现金,如生产事故、自然灾害、客户违约等打破原先的货币资金收支平衡。企业为预防性需要而持有现金的多少取决于:企业的临时举债能力;企业流动资产的变现能力;企业对资金需求量预测的可靠程度;企业愿意承担风险的程度。投机性需要是指企业为抓住稍纵即逝的市场机会,投机获利而持有的现金。为了满足投机性需要而大量持有现金的,多是金融企业和投资公司。如捕捉机会超低价购入有价证券、原材料、商品等,意在短期内抛售获利。

企业现金管理的目的,就是要在资产的流动性和收益性之间做出抉择,合理安排资金,以获取最大的经济效益。

二、持有现金的成本

企业持有现金通常会发生四种成本，即机会成本、转换成本、短缺成本和管理成本。

机会成本是指因持有现金而丧失的投资收益，它与持有现金的数量有关，货币资金持有越多，机会成本越大（见图 9－1 所示）。

转换成本是指有价证券与货币资金转换时的交易费用，每一次转换成本是固定的，转换成本总额与交易次数成正比。

短缺成本是指因持有现金太少而给企业造成的损失，如因无钱购买原材料造成停工损失、失去现金折扣、不能及时支付而造成信誉损失等。短缺成本也与持有现金的数量有关，现金持有越多，短缺成本越小（见图 9－2 所示）。

管理成本是指企业因持有现金而发生的管理费用，如管理人员的工资支出、安全防盗设施的建造费用等。管理费用一般是固定费用。

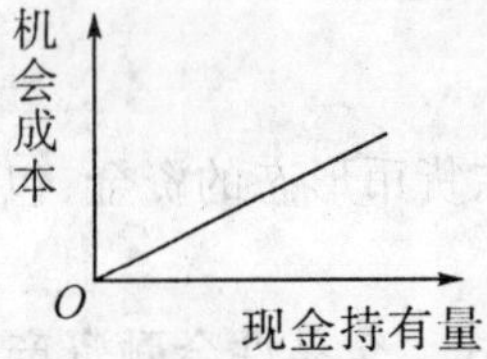

图 9－1　货币资金持有量与机会成本的关系

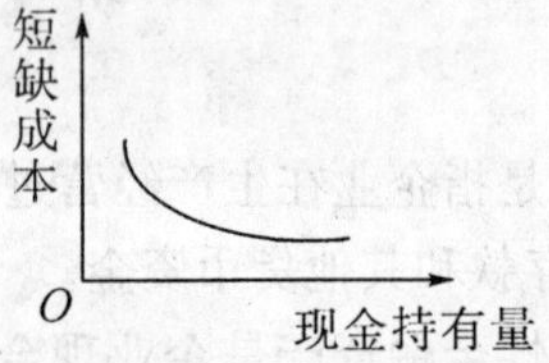

图 9－2　货币资金持有量与短缺成本的关系

三、最佳现金持有量

如前所述，企业在生产经营过程中为了满足交易需要、预防需要和投机需要等，必须持有一定数量的货币资金，但货币资金持有太多或太少都对企业不利。最佳现金持有量就是指使相关成本之和最小的现金持有数额，它的确定主要有成本分析模式、随机模式和存货分析模式三种方法。

（一）成本分析模式

如前所述，企业持有的现金有四种成本，其中机会成本、短缺成本、管理成本之间的关系见图 9－3 所示。

成本分析模式下最佳现金持有量具体计算可分为两步：首先，分别计算出各种方案的机会成本、管理成本、短缺成本之和；其次，从中选出总成本之和最低的现金持有量即为最佳现金持有量。

成本分析模式下最佳现金持有量也可以通过编制相关成本分析表来确定，见表 9－1 所示。

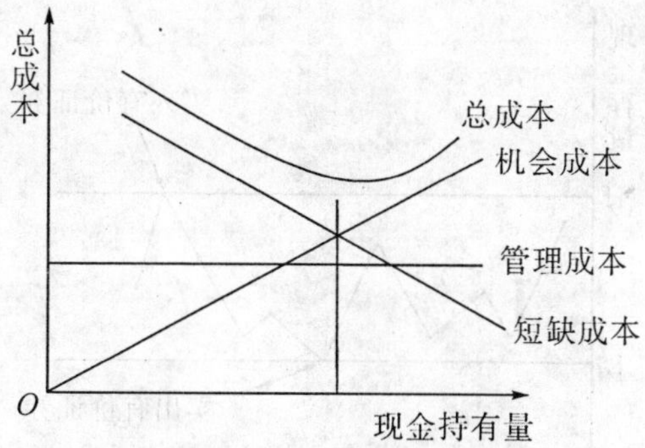

图 9－3　成本分析模式图

表 9－1　　某企业持有现金相关成本分析表　　单位：万元

项目	方案一	方案二	方案三	方案四
货币资金持有量	100	120	140	160
机会成本	10	12	14	16
管理成本	2	2	2	2
短缺成本	6	2	1	0
总成本	18	16	17	18

由表 9－1 可知，方案二持有 120 万元现金时，总成本最小为 16 万元，因此该企业的现金最佳持有量为 120 万元。

需要注意的是，虽然这种方法简便实用，但是所确定的最佳现金持有量的方案，不一定是全部备选方案中的最佳方案。因为该模型只是在有限的方案之间进行比较，最佳现金持有量 120 万元，只能说是在所比较的四个方案中最好的，并不是所有方案中的最佳方案。

（二）随机模式

随机模式是在现金需求难以预知的情况下进行现金持有量控制的方法。随机模式是 Miller 和 Orr 在 1996 年首次提出的，因此又称为 Miller－Orr 模式。企业可以根据历史经验和现实需要，测算出一个现金持有量的控制范围，即制定出现金持有量的上限和下限，将现金量控制在上下限之间。当现金达到上限或下限时，应调整。即当现金持有量达到上限时，购买有价证券；当现金持有量达到下限时，出售有价证券（见图 9－4 所示）。

理想的现金余额（R），可以用下列公式计算：

$$R = \sqrt[3]{\frac{3b\delta^2}{4i}} + L$$

$$H = 3R - 2L$$

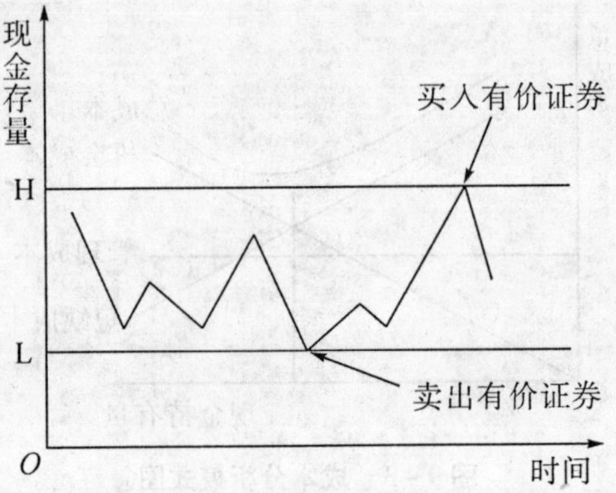

图 9－4　随机模式图

其中：H 为现金存量的上限；L 为现金存量的下限（它受企业每日最低现金需要、管理人员的风险承受倾向等因素的影响）；R 为理想现金余额；b 为每次有价证券的固定转换成本；i 为有价证券的日利息率；δ 为预期每日现金余额变化的标准差（可根据历史资料测算）。

采用这一模式的目的是使持有现金的成本——交易成本和机会成本最小。此模式假设企业的现金流量是不可预测的，一般是在企业现金流量很不稳定的情况下使用该模式。

【例 9.1】某公司为保障日常现金收支的需要，任何时候银行结算户存款和库存现金余额均不能低于 2 600 元，公司有价证券的年利率为 5.4%，每次固定转换成本平均为 15 元，根据历史资料测算出现金余额波动的标准差为 600 元。要求：

(1) 计算公司的最优现金返回线。

(2) 计算公司现金控制的上限。

分析如下：

(1) 计算公司的最优现金返回线：

$$\sqrt[3]{\frac{3\times 15\times 600^{2}}{4\times\frac{5.4\%}{360}}}+2\,600=5\,600\text{（元）}$$

(2) 计算公司现金控制的上限：

35 600－22 600＝11 600（元）

（三）存货分析模式

存货分析模式是借用存货管理经济批量公式来确定最佳货币资金持有量的一种方法。其着眼点也是使现金相关总成本最低。

采用存货模式确定最佳现金持有量时，是以下列假设为前提：

(1) 企业在某一段时期内需用的现金已事先筹措到位，并以短期有价证券的形式投放于证券公司。

(2)企业对货币资金的需求是均匀、稳定、可知的,企业所需要的现金可通过有价证券变现取得,且证券变现的不确定性很小。

(3)企业预算期内现金需要总量可以预测。

(4)现金的支出过程比较稳定,波动较小,而且每当现金余额降至零时,均可通过部分证券变现得以补足。

(5)证券的利率或收益率以及每次固定性交易费用可以事先获悉。

在存货分析模式下有两项相关成本:机会成本和交易成本。机会成本是指企业持有现金而丧失的将这些资金投资于有价证券可得到的投资收益,该成本与有价证券的预期收益率有关,也与现金的年平均持有量有关。交易成本(转换成本)是指与交易次数成正比的各项费用。机会成本和交易成本的变化方向是相反的:若每次抛售有价证券金额大,会使现金平均持有量增大而增加机会成本,同时又会使交易次数减少而降低交易成本;反之,若每次抛售有价证券金额小,会减少机会成本而增加交易成本。采用存货分析模式旨在寻找使相关总成本,即机会成本和交易成本之和最小化的现金持有量。

存货分析模式下最佳现金持有量计算公式的推导如下:

假定:TC 为相关总成本;T_1 为机会成本;T_2 为交易成本;D 为全年现金需要量;i 为有价证券的预期投资收益率;Q 为每次现金需求量;b 为每次转换成本。

相关总成本(TC) $= T_1 + T_2$

= 年现金平均持有量 × 有价证券收益率 + 交易次数 × 有价证券每次交易成本

$$= \frac{Q}{2} \times i + \frac{D}{Q} \times b$$

对上式求导,并令一阶导数等于零,可得最佳现金持有量及最小相关总成本的计算公式:

最佳现金持有量 $Q^* = \sqrt{\frac{2bD}{i}}$时,最小相关总成本 $TC^* = \sqrt{2bDi}$

这里的最佳现金持有量既是一次抛售有价证券的金额,也是企业库存现金的最大值。

【例 9.2】某企业预计一个月经营所需现金 320 000 元,企业现金支出过程较稳定,故准备用短期有价证券变现取得,平均每次证券固定变现费用为 50 元,证券的市场利率为 6%,则:

$$\text{最佳现金持有量} = \sqrt{\frac{2 \times 320\ 000 \times 50}{\frac{6\%}{12}}} = 80\ 000(\text{元})$$

$$\text{最低现金持有成本} = \sqrt{2 \times 320\ 000 \times 50 \times \frac{6\%}{12}} = 400(\text{元})$$

$$一个月内最佳变现次数=\frac{320\ 000}{80\ 000}=4(次)$$

第三节 应收账款管理

一、应收账款管理的目标

企业发生应收账款的原因，主要有以下两种：①激烈的市场竞争；②销售和收款的时间差距。应收账款是企业的一项资金投放，是为了扩大销售和盈利而进行的投资。而投资肯定要发生成本，因此对应收账款的管理就是需要在增加的收益与增加的成本之间做出权衡。只有当增加的收益超过增加的成本时，才应适当增加应收账款的赊销额；否则增加应收账款的赊销额不一定对企业有利。

二、应收账款的作用及成本

应收账款是企业对外赊销产品、材料，提供劳务，以及其他原因，应向购货或接受劳务的单位收取的款项。在市场经济条件下，商业信用的使用日趋增多，应收账款的数额也日趋增大，已成为企业流动资产的重要项目。

(一)应收账款的作用

1. 增加销售

企业销售产品有现销和赊销两种方式。在销售顺畅无阻的情况下，任何企业都喜欢采用现销的方式，这样既能及时收到款项，又能避免坏账损失。然而在完全自由竞争的市场经济条件下，销货方为了提高产品的市场占有率，使企业在激烈的竞争中处于有利地位，往往会采用赊销方式增加产品销售额。

2. 减少存货积压

由于赊销方式能增加销售，使存货转化成应收账款，因而也促成库存产成品的减少。减少存货能降低仓储和存货变质损失等。特别是在企业的产品积压严重、资金被大量占用、无法变现的情况下，采取有效的赊销措施虽然不能使企业的资金马上回笼，但是可以节约存货管理费用。

(二)应收账款的成本

采取赊销方式就必然会产生与应收账款相关的成本费用。通常，企业持有应收账款主要发生三项成本费用：机会成本、管理成本和坏账成本。

1. 机会成本

应收账款的机会成本是指企业的资金占用在应收账款而丧失的潜在收益。它与应收账款的金额、应收账款占用时间，以及预期投资收益率(机会成本率或资本成本)有关。机会成本的计算公式为：

应收账款机会成本 = 维持赊销业务所需资金 × 预期投资收益率

维持赊销业务所需资金 = 应收账款平均余额 × 变动成本率

$$应收账款平均余额 = \frac{赊销收入净额}{应收账款周转率}$$

$$= \frac{赊销收入净额}{\frac{360}{应收账款周转期}}$$

$$= \frac{赊销收入净额 \times 应收账款周转期}{360}$$

$$= 每日赊销额 \times 应收账款平均收账期$$

上式中，应收账款周转期相当于应收账款平均收账期，在平均收账期不清楚的情况下，可用信用期近似替代。

【例 9.3】若某企业预测的年度赊销收入净额为 1 000 000 元，应收账款的周转期为 45 天，变动成本率为 80%，资本成本为 10%。试计算应收账款的机会成本。

解：

$$应收账款周转率 = \frac{360}{45} = 8(次)$$

$$应收账款平均余额 = \frac{1\ 000\ 000}{8} = 125\ 000(元)$$

维持赊销业务所需资金 = 125 000 × 80% = 100 000(元)

应收账款机会成本 = 100 000 × 10% = 10 000(元)

2. 管理成本

应收账款的管理成本是指企业对应收账款进行管理而发生的开支。管理成本包括对客户的信用调查费用、应收账款记录分析费用、催收账款费用等。在一定条件下，管理成本属于固定成本。

3. 坏账成本

应收账款的坏账成本是指应收账款因故不能收回而预计发生的坏账损失。坏账的发生会给企业带来不稳定与风险，企业可按有关规定以应收账款余额的一定比例预计坏账损失成本。坏账成本与应收账款的数额大小有关、与应收账款挂账时间长短有关。

三、信用政策的确定

企业的信用政策是企业进行赊销时的基本指导政策，对不同的客户进行赊销时，必须针对客户的基本情况进行信用状况分析，从而制定相应的信用政策以保持适当的应收账款金额。

(一)客户信用分析

1. 客户信用分析的主要内容

(1)基础资料。包括客户的名称、地址、电话、组织形式、股东、经营管理者、法定代表人、开业时间,以及与本公司以往的交易情况等。

(2)客户特征。包括服务区域、销售能力、发展潜力、经营观念、经营方向、经营政策、企业规模、经营特点等。

(3)业务状况。主要包括销售业绩、经营管理者及其员工的素质、与其他竞争者的关系、与公司的业务关系及合作态度等。

(4)交易现状。主要包括客户的销售现状、存在的问题、未来的对策、企业形象、声誉、信用状况、交易条件以及出现的信用问题等。

(5)财务状况。主要包括资产负债状况、经营成果状况、重要财务比率、客户以往的信用记录等。

调查时,可以通过建立客户资料卡的形式,对客户的有关资料进行记录。

2. 客户信用资料的取得途径

获得客户相关信用资料的主要途径有:

(1)与客户直接进行各种形式的接触,如通过实地访问、电话、信函等方式;

(2)通过大众传播媒介,如报纸、广播、电视、网络等;

(3)通过企业所处行业的管理部门及行业协会等;

(4)通过政府主管部门及国家职能部门,如工商行政管理局、国家统计局、税务局等;

(5)通过银行进行资信查询;

(6)与同行其他企业进行信息交换;

(7)通过专门的资信评估机构获取。

3. 向客户授予信用销售的基本程序

在对客户进行信用分析后,按企业既定的基本信用政策,对符合要求的客户对其授予信用销售。信用销售是一项非常慎重的工作,必须按照严格的程序进行。信用销售审批程序控制的关键在于:①业务人员对客户信用状况进行基本审核时,有权根据客户过去的表现拒绝客户的申请;②经过业务人员审核同意后的申请再送交信用分析人员进行专业分析;③信用分析员对申请审核后提出处理意见,然后交信用经理批准。对于金额较大的赊销业务,必要时,还必须送总经理批准。只有经过经理或总经理批准的销售额度才能进行赊销。

(二)信用标准

信用标准也称5C标准,是指客户获得企业商业信用所应具备的最低条件,通常用预计坏账损失率表示。如客户达不到信用标准,则企业将不给客户信用优惠,或只给较低的信用优惠。

信用标准定得过高,会使销售减少并影响企业的市场竞争力;信用标准定得过低,会增加坏账损失和收账费用。制定信用标准的定量分析是估计客户的信用等级和坏账损失率,定性分析是估计客户的资信程度。决定客户资信程度的因素有五个方面:

一是品格。品格是指企业经营者在经营活动中的品德、行为、作风、素质、能力。它通过企业的经营管理行为表现出来。

二是能力。能力的含义较广,既包括经营者的经营能力、管理能力、组织能力、指挥调度能力,也包括企业的条件设施能力、资金能力、偿债能力、运营能力、员工的素质等。经营者能力和企业能力相辅相成,缺一不可。有时,虽然经营者才能卓越,但由于企业自身条件、能力有限,在维护企业信用方面仍可能力不从心。有时,经营者能力平庸,虽然执掌实力很强的大企业,仍然可能把企业运作得千疮百孔,信用形象一塌糊涂。所以,信用的能力应从企业和经营者两方面看,舍其一就会失之偏颇。

三是资本。资本要素的具体内容是指企业的资本结构、偿债能力、运营能力和获利能力,以及资本的安全性、增值趋势等。可以说考察企业资本要素也就是考察企业的总体财务状况。

四是担保品。为什么担保品也被列为企业的信用要素呢?提出这个要素的美国人波士特说,如果授信者能够提供足以偿还授予信用价值的担保品,那么即使品格、能力、资本三个要素都不好,授信者也不必担心。这种说法不无道理。许多信用交易都是在有担保品作为信用保证的前提下得以顺利完成的,所以担保品成为考虑信用交易的重要因素。然而,不可回避的是,担保品不能起到改善客户信用状况的作用,它是在客户信用状况不佳、不能取信于人时,不得已而采取的一项措施。绝大多数授信者仍然希望通过正常途径收回现金,而不是耗时费力地去处理担保品。因此,担保品只是有分散风险、促进信用交易的作用,而不是授信的理想条件。

五是环境状况。所谓环境状况要素是指一切可能影响企业经营活动的外部因素,如政治、经济形势,以及地理、自然环境变化、市场变化、行业态势等。这个要素有别于上述四个要素,它不是企业自身能力所能控制的,但它能从大的方面改变企业的发展趋势,从而改变企业的信用状况。

(三)信用期间

当客户达到信用标准后,企业要与客户谈判确定信用期间。信用期间是企业允许客户从购货到付款之间的时间间隔,或者说是企业准予客户的最晚付款时间。

信用期的确定,主要是分析改变现行信用期对收入和成本的影响。延长信用期会使销售额增加,产生有利影响;与此同时,机会成本、收账费用和坏账损失也会增加,产生不利影响。因此,当前者大于后者时,可以改变信用期间,否则不宜改变。

【例 9.4】某企业现在的信用政策是信用期为 20 天,销量可达 200 万件;若把信用期延长到 40 天,销量可增加到 240 万件。假定该企业预期投资收益率为 9%,单位产品售价为 4 元,其余条件见表 9-2 所示。

表 9-2　　　　单位:万元

	方案一	方案二
信用期	20 天	40 天
销售额	800	960
销售成本:		
变动成本	240	288
固定成本	80	80
毛利	480	592
收账费用	40	48
坏账损失	12	22

要求:确定该企业应否改变信用期限。

解:

信用期由 20 天延长到 40 天

增加销售毛利 = 592 - 480 = 112(万元)

增加机会成本 $=\frac{960}{360}\times 40\times\frac{288}{960}\times 9\%-\frac{800}{360}\times 20\times\frac{240}{800}\times 9\%=1.68$(万元)

增加管理成本 = 48 - 40 = 8(万元)

增加坏账成本 = 22 - 12 = 10(万元)

增加净收益 = 112 - (1.68 + 8 + 10) = 92.32(万元)

计算结果表明,改变信用期可为企业增加净收益 92.32 万元。因此,应选择 40 天为信用期。

(四)现金折扣政策

现金折扣是企业对客户在商品价格上所做的扣减。向客户提供这种价格上的优惠,主要目的在于吸引客户为享受优惠而提前付款,缩短企业的平均收款期。另外,现金折扣也能招揽一些视折扣为减价出售的客户前来购货,借此扩大销售量。

一般情况下,现金折扣与信用期间结合使用,因此确定折扣程度的方法和过程实际上与前述信用期间的确定方法基本一致,只不过要把所提供的延期付款时间和折扣综合起来,看各方案的延期与折扣能取得多大的收益增加,再计算各方案带来的成本变化,最终确定最佳方案。

【例 9.5】沿用上例资料,若企业在采用 40 天的信用期限的同时,向客户提供2%的现金折扣,即新的信用政策为(2/10,n/40),预计将有60%的客户在折扣期内付款,其余客户在信用期付款。收账费用和坏账损失均比信用期为40天的方案下降8%。要求:判断该企业应否向客户提供现金折扣。

解:在上例中已判明40天信用期优于20天信用期,因此本例只需在40天信用期的前提下,对有现金折扣方案和无现金折扣方案进行比较,从中选取最佳方案。

改变政策增加的销售毛利=0

新政策的平均收账期 $=10\times60\%+40\times40\%=22$(天)

增加机会成本 $=960\times\frac{288}{960}\times9\%\times\frac{22}{360}-960\times\frac{288}{960}\times9\%\times\frac{40}{360}$

$=-1.296$(万元)

增加管理成本 $=48\times(-8\%)=-3.84$(万元)

增加坏账成本 $=20\times(-8\%)=-1.6$(万元)

增加折扣成本 $=960\times60\%\times2\%-0=11.52$(万元)

增加净收益 $=0-(-1.296-3.84-1.6+11.52)$

$=-4.784$(万元)

结论:该企业不应向客户提供现金折扣。

值得注意的是,现金折扣既可看成一项成本,也可看成销售收入的扣减,两种处理方法的计算结果相同,本例中把现金折扣作为一项成本处理。

【例9.6】某企业生产甲产品,单位售价500元,单位变动成本330元。企业还有生产能力尚未使用,现接到某客户的追加订单1 000件,但是该客户提出的信用条件是:信用期为60天、折扣期为30天、现金折扣率为2%,客户答应20%的货款在折扣期内支付。通过信用调查,了解到该客户信用等级较低,坏账损失率可能达到20%。该企业要求的最低投资收益率15%,收账管理费用为赊销收入额的2%。

要求:计算并判断该企业是否应接受此订单。

解:

接受订单增加销售毛利 $=(500-330)\times1\,000=170\,000$(元)

增加机会成本 $=\frac{500\times1\,000}{360}\times(20\%\times30+80\%\times60)\times\frac{330}{500}\times15\%$

$=7\,425$(元)

增加管理成本 $=500\times1\,000\times2\%$

$=10\,000$(元)

增加坏账成本 $=500\times1\,000\times20\%$

$=100\,000$(元)

增加折扣成本 $=500\times1\,000\times20\%\times2\%$

$=2\,000$(元)

增加净收益 = 170 000 - (7 425 + 10 000 + 100 000 + 2 000)

= 50 575(元)

结论:该企业应接受此订单。

四、应收账款的收账管理

(一)应收账款回收情况的监督

企业已发生的应收账款时间有长有短。一般来讲,拖欠时间越长,款项收回的可能性越小,形成坏账的可能性就越大。因此,企业应实施严密的监督,随时掌握回收情况。为了监督应收账款回收情况,企业对应收账款要落实专人做好备查记录,通过编制应收账款账龄分析表来进行(见表 9 - 3 所示)。

表 9 - 3　　应收账款账龄分析表

应收账款账龄	账户数量	金额(万元)	比重(%)
信用期内	200	320	39.47
超过信用期 1 月内	100	160	23.69
超过信用期 2 月内	80	120	15.79
超过信用期 3 月内	60	80	10.53
超过信用期半年内	40	40	5.26
超过信用期 1 年内	20	20	2.63
超过信用期 1 年以上	30	20	2.63
合计	530	760	100

从账龄分析表可以看到企业的应收账款在信用期内及超过信用期各时间档次的金额及比重,即账龄结构。一般来讲,拖欠时间越长,收回的难度越大,越可能形成坏账。通过账龄结构分析,做好信用记录,可以研究与制定新的信用政策和收账政策。

(二)建立坏账准备金制度

在市场经济条件下,坏账损失难以避免。为使各会计年度合理负担坏账损失,降低企业的风险,应当建立应收账款坏账准备金制度。按现行企业会计准则的规定,企业在年末可根据企业实际情况选择采用应收款项余额百分比法、账龄分析法、赊销百分比法及个别计提法计提坏账准备金。计提方法和计提比例由企业根据实际情况自行确定。

(三)收账政策的制定

收账政策是指客户违反信用条件,拖欠甚至拒付账款时企业应采取的策略。

首先,企业应投入一定收账费用以减少坏账的发生。一般来说,随着收账费用的增加，坏账损失会逐渐减少，但收账费用不是越多越好，因为收账费用增加到一定数额后，坏账损失不再减少，说明在任何情况下坏账损失都是不可避免的。收账费用投入多少为好，要在增加的收账费用和减少的坏账损失之间进行权衡。

其次，企业对客户欠款的催收应做到有理、有利、有节。对超过信用期限不多的客户宜采用电话、信件等方式“提醒”对方付款。对久拖不还的欠款，应具体调查分析客户欠款不还的原因。如客户确因财务困难而无力支付，则应与客户协商沟通，寻求解决问题的办法，甚至可以对客户予以适当帮助，使之进行债务重整等。如客户欠款属恣意赖账，品质恶劣，则应逐渐加大催账力度，直至诉诸法律，并将该客户从信用名单中剔除。对客户采取强硬措施应尽量避免，珍惜与客户之间的友情，有利于企业树立良好形象，便于以后的商业交流。

第四节　存货管理

一、存货与存货成本

存货是指企业在生产经营过程中为销售或者耗用而储备的物资，包括材料、燃料、低值易耗品、在产品、半成品、产成品、外购商品等。存货在企业的流动资产中占较大的比重，它是一种变现能力较差的流动资产。

企业持有存货的目的主要是：①保证生产或销售的必要物资储备；②出于价格的考虑，在原料价格低廉时，大量储备，以降低采购成本。

对存货的管理重点在于提高存货的使用效率、力求把存货资金占用控制在一定的水平之内，为此，需要对与存货相关的成本费用进行分析研究。在存货管理中通常需要考虑的成本费用有取得成本、储存成本和缺货成本。

（一）取得成本

取得成本是指为取得某种存货而发生的支出，它由购置成本和订货成本构成。

购置成本是指存货本身的价值，即存货的买价，它是存货单价与数量的乘积。在无商业折扣的情况下，购置成本总额是不随采购次数等变动而变动的，是存货决策的一项无关成本。

订货成本是指为组织采购存货而发生的费用。订货成本有一部分与订货次数无关，如常设采购机构的基本开支等，这类固定性的订货成本与决策无关。订货成本中的另一部分与订货次数有关，如差旅费、邮电费等，这类变动性的订货成本是存货决策中的相关成本。

（二）储存成本

储存成本是指存货在储存过程中发生的支出。储存成本有一部分是固定性的，如仓库折旧费、仓库员工的固定工资等，这类成本与决策无关。储存成本中另一部分是与存货储存数额成正比的变动成本，如存货资金的应计利息、存货损失和存货保险费等，这类变动性的储存成本是决策中的相关成本。

（三）缺货成本

缺货成本是指由于存货不足而造成的损失，如材料供应中断造成的停工损失、产成品库存短缺造成的延迟发货的信誉损失及丧失销售机会的损失、材料缺货而采用替代材料的额外支出等。缺货成本中有些是机会成本，只能作大致的估算。当企业允许缺货时，缺货成本随平均存货的减少而增加，它是存货决策的相关成本。

二、存货成本模型

（一）取得成本的模型

如前所述，取得成本是指为取得某种存货而发生的支出，它由购置成本和订货成本构成，通常用 TC_0 表示。

1. 订货成本

订货成本是指取得订单的成本。其中有一部分与订货次数无关，称为订货的固定成本，用 F_1 表示；另一部分与订货次数有关，称为订货的变动成本。每次订货的变动成本用 K 表示；订货次数等于存货年需要量 D 与每次进货量 Q 之比。

$$\text{年订货成本} = \frac{D}{Q} \times K + F_1$$

2. 购置成本

购置成本指存货本身的价值。年需要量用 D 表示，单价用 U 表示，于是购置成本为 DU。

$$\begin{aligned}\text{取得成本} &= \text{订货成本} + \text{购置成本} \\ &= \text{订货固定成本} + \text{订货变动成本} + \text{购置成本}\end{aligned}$$

$$TC_0 = F_1 + \frac{D}{Q} \times K + DU$$

（二）储存成本的模型

储存成本指为保持存货而发生的成本，通常用 TC_C 表示。储存成本也分为固定成本和变动成本。固定成本与存货量的多少无关，常用 F_2 表示。变动成本与存货的数量有关，单位存货的年储存成本用 K_C 表示。则：

$$\text{储存成本} = \text{储存固定成本} + \text{储存变动成本}$$

$$TC_C = F_2 + \frac{Q}{2} \times K_C$$

（三）缺货成本的模型

缺货成本指由于存货供应中断而造成的损失，通常用 TC_S 表示。

因此,与存货有关的总成本模型可表示为:

$$TC = TC_0 + TC_C + TC_S = F_1 + \frac{D}{Q} \times K + DU + F_2 + \frac{Q}{2} \times K_C + TC_S$$

三、存货决策

存货的决策涉及四项内容:①进货项目的决策;②供货单位的选择;③进货时间的决定;④进货批量的确定。财务部门要做的是决定进货时间和决定进货批量(分别用 T 和 Q 表示)。按照存货管理的目的,安排合理的进货批量和进货时间,使存货的总成本最低。这个批量叫做经济订货量或经济订货批量。

(一)经济订货量基本模型

经济订货量基本模型是在下列假设条件下建立的:

(1)企业能够及时补充存货,即需要订货时便可立即取得存货;

(2)能集中到货,而不是陆续入库;

(3)不允许缺货,即无缺货成本,TC_S 为零;

(4)需求量稳定且能预测,即 D 为常量;

(5)存货单价不变,不考虑现金折扣,即 U 为常量;

(6)企业现金充足,不会因现金短缺而影响进货;

(7)所需存货供应充足,不会因买不到需要的存货而影响正常的生产经营。

在上述假设条件下,存货总成本的计算公式可以简化为:

$$TC = F_1 + \frac{D}{Q} \times K + DU + F_2 + \frac{Q}{2} \times K_C$$

当 F_1、K、D、U、F_2、K_C 为常数量时,TC 的大小取决于 Q。若对 TC 求 Q 的一阶导数,并令导数等于零,可得下列经济订货量的计算公式:

$$Q^* = \sqrt{\frac{2KD}{K_c}}$$

经济订货量条件下最低存货总成本的计算公式为:

$$TC(Q^*) = \sqrt{2KDK_c}$$

年最佳订货次数(N^*)的计算公式:

$$N^* = \frac{D}{Q^*} = \sqrt{\frac{DK_c}{2K}}$$

最佳订货周期的计算公式为:

$$T^* = \frac{1}{N^*} = \frac{1}{\sqrt{\frac{DK_C}{2K}}} = \sqrt{\frac{2K}{DK_C}}$$

经济订货量条件下存货占用资金的计算公式为:

$$I^* = \frac{Q^*}{2}U = \sqrt{\frac{KD}{2K_C}}U$$

经济订货量也可以用图解法求得。其方法是：先计算出一系列不同批量的各有关成本；然后，在坐标图上描出由各有关成本构成的订货成本线、储存成本线和总成本线，总成本线的最低点（或者是订货成本线和储存成本线的交叉点）对应的订货批量，就是经济订货量（见图 9－5 所示）。

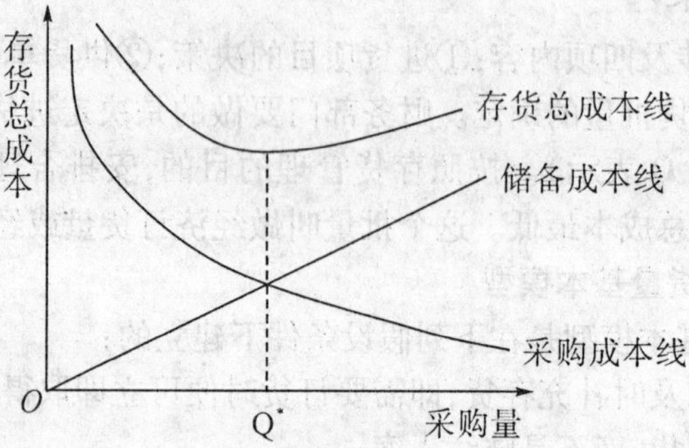

图 9－5　经济订货量

【例 9.7】德博化工厂生产所需 A 材料，年度采购总量为 40 000 千克，材料单价为 500 元，一次订货成本为 202.5 元，每千克材料的年平均储存成本为 1.80 元。根据上述资料，存货决策分析如下：

（1）A 材料的经济订货量

$$Q^* = \sqrt{\frac{2 \times 202.5 \times 40\ 000}{1.8}} = 3\ 000（千克）$$

（2）A 材料的年最佳采购次数

$$N^* = \frac{40\ 000}{3\ 000} = 13（次）$$

（3）经济订货量下的最低总成本

$$TC(Q^*) = \sqrt{2 \times 202.5 \times 40\ 000 \times 1.8} = 5\ 400（元）$$

（4）存货占用资金

$$I^* = \frac{3\ 000}{2} \times 500 = 750\ 000（元）$$

（二）基本模型的扩展

经济订货量的基本模型是在前述各假设条件下建立的，但现实生活中能够满足这些假设条件的情况十分罕见。为使模型更接近于实际情况，具有较高的可用性，需逐一放宽假设条件，同时改进模型。

1. 订货提前期

在基本模型中，假定存货进货交易时间为零，即企业能够及时补充存货。但实际情况是，企业的存货不能做到随用随时补充，因此不能等存货用光再去进货，而需要在没有用完时提前进货。在提前进货的情况下，企业再次发出进货订单时，尚有库存量，称为再进货点，用 R 来表示，它的数量等于交货时间(L)和每日平均需用量(d)的乘积：

$$R = L \times d$$

比如上例，如果企业进货日至到货期的时间为 10 天，每日存货需用量 100 千克，那么：

$R = L \times d = 10 \times 100 = 1\,000$（千克）

即企业在尚有 1 000 千克存货时，就应当再次进货，等到下批货物到达时(再次发出订单 10 天后)，原有库存刚好用完。此时，有关存货的每次进货批量、进货次数、进货间隔时间等并无变化，与瞬时补充时相同。进货提前期的情形见图 9－6 所示。

这就是说，进货提前期对经济进货量并无影响，仍以原来瞬时补充情况下的 3 000 千克为进货批量，只不过在接近再进货点(库存 1 000 千克)时即发出订单罢了。

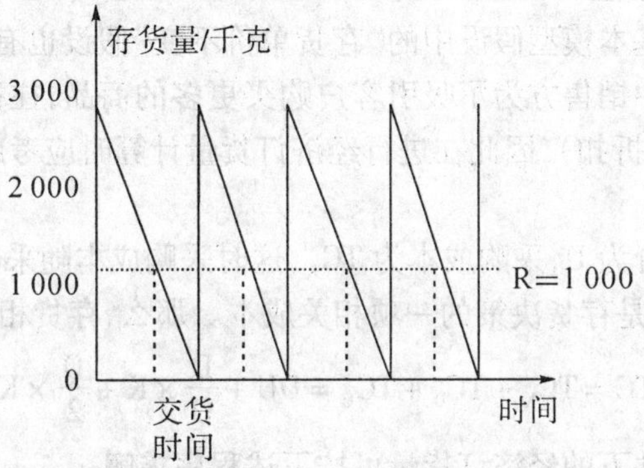

图 9－6　存货提前期图示

2. 存货陆续供应和使用

若存货不是一次性到达而是分次陆续到达，最高库存量就不是每次采购量 Q，而是 $(p-d) \times \frac{Q}{p}$，即 $\left(1-\frac{d}{p}\right) \times Q$。

上式中，p 代表每日到货量、d 代表每日消耗量、(p－d)代表每日库存量、$\frac{Q}{p}$ 代表每次存货到货完毕所需的时间。

在存货陆续供应和使用条件下与订货批量有关的总成本为：

$$TC(Q) = \frac{D}{Q} \times K + \left(1-\frac{d}{p}\right) \times \frac{Q}{2} \times K_C$$

对上式求 Q 的一阶导数，并令导数等于零，即可推导出存货陆续供应和使用条件下的经济订货量及有关计算公式：

$$Q^* = \sqrt{\frac{2KD}{K_c} \times \frac{P}{P-d}}$$

经济批量条件下的最低总成本为：

$$TC(Q^*) = \sqrt{2KDK_c(1-\frac{d}{p})}$$

【例9.8】某零件年需要量为10 580件，每日送货量为60件，每日耗用量为10件，单价为20元，一次订货成本为50元，单位储存成本为6元。

则该企业在零件陆续供应和使用条件下的经济批量为：

$$Q^* = \sqrt{\frac{2 \times 50 \times 10\ 580}{6} \times \frac{60}{60-10}} = 460(件)$$

经济订货量条件下的最低总成本为：

$$TC(Q^*) = \sqrt{2 \times 50 \times 10\ 580 \times 6 \times (1-\frac{10}{60})} = 2\ 300(元)$$

3. 商业折扣模型

经济订货量基本模型假设中的“存货单价不变”假设也有可能与实际不符，因为在实际工作中销售方为了吸引客户购买更多的商品，往往给客户一定的商业折扣（销售数量折扣），因此在进行经济订货量计算时应考虑到商业折扣因素的影响。

假定采购单价为U，采购成本为TC_K，这时采购成本随采购单价的大小而变动，此时采购成本是存货决策的一项相关成本。那么，存货相关总成本TC为：

$$TC = TC_K + TC_0 + TC_C = DU + \frac{D}{Q} \times K + \frac{Q}{2} \times K_C$$

商业折扣条件下的经济订货量可按下述程序求解：

(1)按基本模型求出订货量。

(2)按商业折扣条款计算出不同采购批量下的相关总成本。

(3)比较各相关总成本，确定经济订货量。

【例9.9】假设某工厂全年需用甲零件10 000件。每次变动性订货成本为50元，单位零件年平均储存成本为4元。供货企业规定，当采购量小于600件时，单价为10元；当采购量大于或等于600件、小于1 000件时，单价为9元；当采购量大于或等于1 000件时，单价为8元。

要求：计算经济订货量及全年最低总成本。

解：先按基本模型计算经济订货量

$$Q^* = \sqrt{\frac{2 \times 50 \times 10\ 000}{4}} = 500(件)$$

无论价格如何变化，每次订货批量Q与存货相关总成本之间的关系可用图9－7表示。

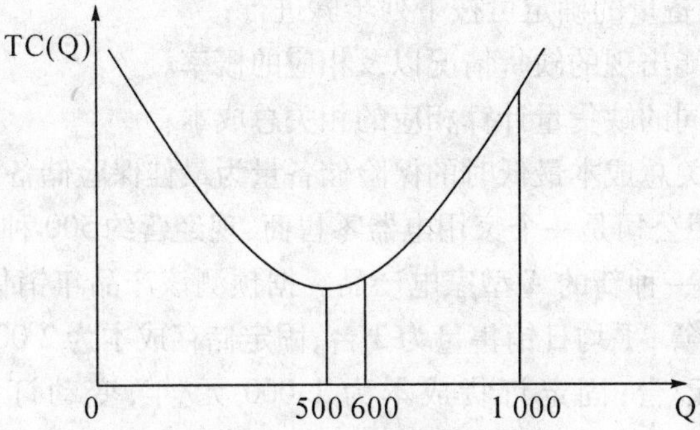

图 9－7　存货相关总成本图示

从图 9－7 中可以看出,当:500 件 $\leqslant Q < 600$ 件时,订货批量为 500 件的相关总成本最低,此时应按 500 件采购;当:600 件 $\leqslant Q < 1\,000$ 件时,订货批量为 600 件的相关总成本最低,此时应按 600 件采购;当:$Q \geqslant 1\,000$ 件时,订货批量为 1 000 件的相关总成本最低,此时应按 1 000 件采购。

(1)按 500 件采购时,采购单价为 10 元

相关总成本 $TC_1 = 10 \times 10\,000 + \sqrt{2 \times 50 \times 10\,000 \times 4} = 102\,000$(元)

(2)按 600 件采购时,采购单价为 9 元

相关总成本 $TC_2 = 910\,000 + \dfrac{10\,000}{600}50 + \dfrac{600}{2}4 \approx 92\,033.33$(元)

(3)按 1 000 件采购时,采购单价为 8 元

相关总成本 $TC_3 = 810\,000 + \dfrac{10\,000}{1\,000}50 + \dfrac{1\,000}{2}4 = 82\,500$(元)

计算结果表明,当单价为 8 元、采购批量为 1 000 件时,存货相关总成本最低。因此,最优采购批量为 1 000 件,最低相关总成本为 82 500 元。

可见,基本模型一旦扩展,随着制约因素的增加,原有的结论将被重新认识。

4. 保险储备

前已述及,在订货提前期条件下再订货点 $R = L \times d$,如果 L 或 d 发生变动(延迟交货或交货期的消耗量增加),按原再订货点订货就有可能出现缺货。为了防止缺货给企业造成损失,就要考虑保险储备。与经济订货量的基本原理相同,保险储备不是越多越好,合理的保险储备就是使得缺货或者供应中断的损失和储备成本之和最小。

保险储备条件下相关总成本的计算公式为:

年相关总成本 = 年缺货成本 + 年保险储备成本

　　　　　　= 每次缺货量 × 年订货次数 × 单位缺货成本 + 保险储备量 × 单位储存成本

最佳保险储备量的确定可按下列步骤进行：

(1)预计可能出现的缺货情况以及相应的概率。

(2)根据不同的缺货量计算相应的相关总成本。

(3)选择相关总成本最低时的保险储备量为最佳保险储备量。

【例9.10】甲公司是一个家用电器零售商，现经营约500种家电产品。该公司正在考虑经销一种新的A型家电产品。据预测该产品年销售量为1 080台，一年按360天计算，平均日销售量为3台；固定储存成本为2 000元/年，变动储存成本为100元/台；固定订货成本为1 000元/年，变动订货成本为74.08元/次；A产品的进货价格为每台500元，售价为每台580元；如果供应中断，单位缺货成本为80元。根据企业管理人员的推测，A商品订货至到货的时间间隔为4天，在此期间销售需求的概率分布见表9－4所示：

表9－4　**销售需求及概率**

需求量(台)	9	10	11	12	13	14	15
概率	0.04	0.08	0.18	0.4	0.18	0.08	0.04

要求计算：

(1)该商品的进货经济批量。

(2)该商品按照经济批量进货时存货平均占用的资金(不含保险储备资金)。

(3)该商品按照经济批量进货时的全年订货成本和储存成本之和(不含保险储备成本)。

(4)该商品含有保险储备量的再订货点。

解：

$$(1)Q^* = \sqrt{\frac{2KD}{K_c}} = \sqrt{\frac{2 \times 74.80 \times 1\,080}{100}} = 40(件)$$

$$(2)I^* = \frac{Q^*}{2} \times U = \frac{40}{2} \times 500 = 10\,000(元)$$

$$(3)TC(Q^*) = F_1 + \frac{D}{Q} \times K + F_2 + \frac{Q}{2} \times K_C$$

$$= 1\,000 + \frac{1\,080}{40} \times 74.08 + 2\,000 + \frac{400}{2} \times 100$$

$$= 7\,000.16(元)$$

(4)①年订货次数 $= \frac{1\,080}{40} = 27$(次)

②交货期商品需求量的期望值 $= 9 \times 0.04 + 10 \times 0.08 + 11 \times 0.18 + 12 \times 0.4 + 13 \times 0.18 + 14 \times 0.08 + 15 \times 0.04 = 12$(件)

③保险储备的确定

因为交货期商品需求量的期望值为 12 件，从表 9－4 中可以看出，当交货期商品的需求量超过 12 件时，就会发生缺货。可能出现的缺货量有：1 件（13－12）、2 件（14－12）、3 件（15－12），因此不同保险储备量（B）下的相关总成本为：

B＝0 时，平均缺货量＝（13－12）×0.18＋（14－12）×0.08＋（15－12）×0.04＝0.46（件）

相关总成本 $TC(B_0)$＝0.46×80×27＋0＝993.60（元）

B＝1 件时，平均缺货量＝（14－13）×0.08＋（15－13）×0.04＝0.16（件）

相关总成本 $TC(B_1)$＝0.16×80×27＋1×100＝445.60（元）

B＝2 件时，平均缺货量＝（15－14）×0.04＝0.04（件）

相关总成本 $TC(B_2)$＝0.04×80×27＋2×100＝286.40（元）

B＝3 件时，平均缺货量＝0

相关总成本 $TC(B_3)$＝0＋3×100＝300（元）

计算结果表明，当保险储备量为 2 件时，相关总成本最小，所以最佳保险储备应为 2 件。

④再订货点＝12＋2＝14（件）

四、存货的 ABC 管理法

ABC 管理法亦称为重点管理法，是一种体现重要性原则的管理方法，即运用数理统计原理，按照一定目的和要求，对存货进行分析、排队，找出主要矛盾，确定管理重点和管理技术，提高存货的管理效率。

ABC 管理法的基本步骤：

首先，确定各项存货耗用资金在全部存货资金中所占的比重，并依比重大小依次排序，同时根据标准将全部存货划分为 A、B、C 三类。通常情况下，A 类存货是指品种、数量少而价值高的货物，其成本在全部存货中约占 70%，而实物量在全部存货中不超过 20%；C 类存货是指品种、数量多而价值低的货物，其成本在全部存货中约占 10%，而实物量在全部存货中不低于 50%；B 类存货介于 A 类和 C 类货物之间，其成本在全部存货中约占 20%，而实物量在全部存货中不超过 30%。

其次，对不同类型的存货分别采用不同的方法进行管理。对于 A 类货物应经常检查库存，严格管理，科学地制定其资金定额并按经济批量模型科学进货。对于 C 类货物不必严加控制，一次进货可适当多些，待发现库存量已经不多时再次进货即可。对 B 类货物应进行比较严格的管理，视具体情况可参照 A 类、C 类存货管理的方法进行管理（见表 9－5 所示）。

表9－5

类别	划分标准		控制方法	适用范围
	占储存成本比重	实物量比重		
A类	70%左右	不超过20%	重点控制	品种少,单价高的材料
B类	20%左右	不超过20%	一般控制	介于两者之间的材料
C类	10%左右	不低于50%	简单控制	品种多,单价低的材料

复习思考题

1. 流动资产有哪些特点?
2. 现金预算主要包括哪些内容?
3. 最佳现金余额的确定方法有哪些?
4. 什么叫应收账款的机会成本?如何计算?
5. 客户资信程度的高低通常取决于哪些因素?
6. 基本经济进货量模式的确定是以哪些基本假设为前提的?
7. 实行数量折扣条件的经济进货量的确定应考虑哪些相关成本?
8. 在ABC分类管理法下,A类存货有何特点?

计算分析题

1. 某企业有四种现金持有方案,各方案有关成本资料如下表所示:

单位:元

项目＼方案	甲	乙	丙	丁
现金持有量	15 000	25 000	35 000	45 000
管理成本	3 000	3 000	3 000	3 000
机会成本率	10%	10%	10%	10%
短缺成本	8 500	4 000	3 500	0

要求:计算该企业的最佳现金持有量。

2. 某公司测算,若采用银行业务集中法,增设收账中心,可使公司应收账款平均余额由现在的250万元减至200万元,每年增加相关费用7万元。该公司年综合资本成本率为12%。问该公司可否采用银行业务集中法?

3. 某公司年度赊销收入净额预测值为450万元,应收账款平均收账期为

40天，变动成本率为70%，资本成本率为12%。试计算应收账款的机会成本。

4. 某公司预计年耗用乙材料6 000千克，单位采购成本为15元，单位储存成本9元，平均每次进货费用30元，假设该材料不存在缺货情况，试计算：

(1)乙材料的经济进货批量；

(2)经济进货批量下的总成本；

(3)经济进货批量的平均占用资金；

(4)年度最佳进货批次。

5. 某公司预测的年度赊销收入为3 000万元，信用条件为“N/30”，变动成本率为70%，资本成本率为12%。该公司为扩大销售，拟定了两个信用条件备选方案：

(1)将信用条件放宽到“N/60”，预计坏账损失率为3%，收账费用70.20万元；

(2)将信用条件改为“2/10，1/20，N/60”，估计约有60%的客户(按赊销额计算)会利用2%的现金折扣，15%的客户会利用1%的现金折扣，坏账损失率为2%，收账费用为58.78万元。

以上两方案均使销售收入增长10%。

要求：根据上述资料，填列下表(只需列出方案B的计算过程)，并就选用哪种方案做出决策。

单位：万元

项　目	A(N/60)	B(2/10，1/20，N/60)
年赊销额		
现金折扣		
年赊销净额		
变动成本		
信用成本前收益		
平均收账期		
应收账款周转率(次数)		
应收账款平均余额		
赊销业务占用资金		
应收账款机会成本		
坏账损失		
收账费用		
信用成本		
信用成本后收益		

6. 下表是某企业应收账款的收账政策备选方案A和B的有关资料。请据此编制收账政策分析评价表，并做出决策。

收账政策备选方案表

项目	A	B
年收账费用(万元)	5	8
平均收账期(天)	60	30
坏账损失占赊销额	3%	2%
赊销额(万元)	600	600
变动成本率(%)	60	60
资本成本率(%)	12	12

第十章 股利分配

第一节　股利分配的内容

股利分配是指公司制企业向股东分派股利，是企业利润分配的一部分。股利分配涉及的方面很多，如股利支付程序中各日期的确定、股利支付比率的确定、股利支付形式的确定、支付现金股利所需资金的筹集方式的确定等。其中，最主要的是确定股利的支付比率，即用多少盈余发放股利、多少盈余为公司所留用（称为内部筹资），因为这可能会对公司股票的价格产生影响。

一、利润分配的项目

支付股利是一项税后净利润的分配，但不是利润分配的全部。按照我国《公司法》的规定，公司利润分配的项目包括以下部分：

（1）盈余公积金。盈余公积金从净利润中提取形成，用于弥补公司亏损、扩大公司生产经营或者转为增加公司资本。盈余公积金分为法定盈余公积金和任意盈余公积金。公司分配当年税后利润时应当按照10%的比例提取法定盈余公积金，当盈余公积金累计额达到公司注册资本的50%时，可不再继续提取。任意盈余公积金的提取由股东大会根据需要决定。

（2）股利（向投资者分配的利润）。公司向股东（投资者）支付股利（分配利润），要在提取盈余公积金、公益金之后。股利（利润）的分配应以各股东（投资者）持有股份（投资额）的数额为依据，每一股东（投资者）取得的股利（分得的利润）与其持有的股份数（投资额）成正比。股份有限公司原则上应从累计盈利中分派股利，无盈利不得支付股利，即实行“无利不分”的原则。但若公司用盈余公积金抵补亏损以后，为维护其股票信誉，经股东大会特别决议，也可用盈余公积金支付股利，不过支付股利后留存的法定盈余公积金不得低于注册资本的25%。

二、利润分配的顺序

公司向股东(投资者)分派股利(分配利润),应按一定的顺序进行。按照我国《公司法》的有关规定,利润分配应按下列顺序进行:

(1)计算可供分配的利润。就是将本年净利润(或亏损)与年初未分配利润(或亏损)合并,计算出可供分配的利润。如果可供分配的利润为负数(即亏损),则不能进行后续分配;如果可供分配的利润为正数(即本年累计盈利),则可以进行后续分配。

(2)计提法定盈余公积金。应按抵减年初累计亏损后的本年净利润计提法定盈余公积金,其提取的基数,不是可供分配的利润,也不一定是本年的税后利润。只有不存在年初累计亏损时,才能按本年税后利润计算应提取数。这种"补亏"是按账面数字进行的,与所得税法的亏损后转无关,关键在于不能用资本发放股利,也不能在没有累计盈余的情况下提取盈余公积金。

(3)计提任意盈余公积金。

(4)向股东(投资者)支付股利(分配利润)。

公司股东大会或董事会违反上述利润分配顺序,在抵补亏损和提取法定盈余公积金、公益金之前向股东分配利润的,必须退还公司。

第二节　股利支付的程序和方式

一、股利支付的程序

股份有限公司向股东支付股利,其程序依次是股利宣告日、股权登记日和股利支付日。

股利宣告日,即公司董事会将股利支付情况予以公告的日期。公告中将宣布每股支付的股利、股权登记期限、除去股息的日期和股利支付日期。

股权登记日,即有权领取股利的股东有资格登记截止日期,也称为除权日。只有在股权登记日前在公司股东名册上有名的股东,才有权分享股利。

股利支付日,即向股东发放股利的日期。

比如,假定C公司2010年11月15日发布公告:"本公司董事会在2010年11月15日的会议上决定,本年度发放每股为5元的股利;本公司将于2011年1月2日将上述股利支付给已在2010年12月15日登记为本公司股东的人士。"

在这里,2010年11月15日为C公司的股利宣告日,2010年12月15日为股权登记日,2011年1月2日为股利支付日。

二、股利支付的方式

股利支付方式有多种，常见的有以下几种：

(1)现金股利。现金股利是以现金支付的股利，它是股利支付的主要方式。公司支付现金股利除了要有累计盈余(特殊情况下可用弥补亏损后的盈余公积金支付)外，还要有足够的现金。因此，公司在支付现金股利前需筹备充足的现金。

(2)财产股利。财产股利是以现金以外的资产支付的股利，主要是以公司所拥有的其他企业的有价证券，如债券、股票，作为股利支付给股东。

(3)负债股利。负债股利是公司以负债支付的股利。通常以公司的应付票据支付给股东，不得已情况下也有发行公司债券抵付股利的。

财产股利和负债股利实际上是现金股利的替代，这两种股利方式目前在我国公司实务中很少使用，但并非法律所禁止。

(4)股票股利。股票股利是公司以增发的股票作为股利的支付方式。其具体内容将在本章第四节中详细讨论。

第三节　股利分配政策和内部筹资

一、股利理论

股利分配作为财务管理的一部分，同样要考虑其对公司价值的影响。在股利分配对公司价值的影响这一问题上，存在不同的观点，主要有：

(一)股利无关论

股利无关论认为，股利分配对公司的市场价值(或股票价格)不会产生影响。这一理论建立在这样一些假定之上：①不存在个人或公司所得税；②不存在股票的发行和交易费用，即不存在股票筹资费用；③公司的投资决策与股利决策彼此独立，即投资决策不受股利分配的影响；④公司的投资者和管理当局可相同地获得关于未来投资机会的信息。上述假定描述的是一种完美无缺的市场条件下的股利分配理论，因而股利无关论又被称为完全市场理论。

1. 投资者并不关心公司股利的分配

若公司留存较多的利润用于再投资，会导致公司股票价格上涨，此时尽管股利较低，但需用现金的投资者可以出售股票换取现金。若公司发放较多的股利，投资者又可以用现金再买入一些股票以扩大投资。也就是说，投资者对股利和资本利得并无偏好。

2. 股利的支付比率不影响公司的价值

既然投资者不关心股利的分配，公司的价值就完全由其投资的获利能力所决定，公司的盈余在股利和保留盈余之间的分配并不影响公司的价值（即使公司有理想的投资机会而又支付了高额股利，也可以募集新股，新投资者会认可公司的投资机会）。

（二）股利相关论

股利相关论认为，公司的股利分配对公司的市场价值并非无关而是相关的。在现实生活中，不存在股利无关论提出的假定前提，公司的股利分配是在种种制约因素下进行的，公司不可能摆脱这些因素的影响。影响股利分配的因素有：

1. 法律因素

为了保护债权人和股东的利益，有关法规对公司的股利分配经常作如下限制：

（1）资本保全。规定公司不能用资本（包括股本和资本公积）发放股利。

（2）企业积累。规定公司必须按净利润的一定比例提取法定盈余公积金。

（3）净利润。规定公司年度累计净利润必须为正数时才可发放股利，以前年度亏损必须足额弥补。

（4）超额累积利润。由于股东接受股利缴纳的所得税高于其进行股票交易的资本利得税，于是许多国家均规定公司不得超额累积利润，一旦公司的保留盈余超过法律认可的水平，将被加征额外税额。我国法律对公司累积利润尚未作出限制性规定。

2. 股东因素

股东从自身需要出发，对公司的股利分配往往产生这样一些影响：

（1）稳定的收入和避税。一些依靠股利维持生活的股东，往往要求公司支付稳定的股利，若公司留存较多的利润，将受到这部分股东的反对。另外，一些高股利收入的股东出于避税的考虑（股利收入的所得税高于股票交易的资本利得税），往往反对公司发放较多的股利。

（2）控制权的稀释。公司支付较高的股利，往往会导致留存盈余减少，这又意味着将来发行新股的可能性增大，而发行新股必然稀释公司的控制权，这是公司原有的持有控制权的股东所不愿意的。因此，若他们拿不出更多的资金购买新股以满足公司的需要，就宁肯不分配股利也要反对募集新股。

3. 公司因素

就公司的经营需要来讲，也存在一些影响股利分配的因素：

（1）盈余的稳定性。公司是否能获得长期稳定的盈余，是其股利决策的重要基础。盈余相对稳定的公司能够较好地把握自己，有可能支付较高的股利；而盈余不稳定的公司一般采取低股利政策。对于盈余不稳定的公司来讲，低股利政策可以减少因盈余下降而造成的股利无法支付、股价急剧下降的风险，还可将更多的盈余用于再投资,以提高公司权益资本比重,降低财务风险。

(2)资产的流动性。较多地支付现金股利,会减少公司的现金持有量,使资产的流动性降低;而保持一定的资产流动性,是公司经营所必需的。

(3)举债能力。具有较强举债能力(与公司资产的流动性相关)的公司因为能够及时地筹措到所需的现金,有可能采取较宽松的股利政策;而举债能力弱的公司则不得不多滞留盈余,因而往往采取较紧的股利政策。

(4)投资机会。有着良好投资机会的公司,需要有强大的资金支持,因而主张少发放股利,将大部分盈余用于投资;缺乏良好投资机会的公司,认为保留大量现金会造成资金的闲置,于是倾向于支付较高的股利。正因为如此,处于成长中的公司多采取低股利政策,而陷于经营收缩的公司则多采取高股利政策。

(5)资本成本。与发行新股相比,保留盈余不需花费筹资费用,是一种比较经济的筹资方式。所以,从资本成本考虑,如果公司有扩大资金的需要,也应当采取低股利政策。

(6)债务需要。具有较多债务偿还需要的公司,可以通过举借新债、发行新股筹集资金,偿还债务,也可直接用经营积累偿还债务。如果公司认为后者适当的话(比如,前者资本成本高或受其他限制难以进入资本市场),将会减少股利的支付。

4. 其他因素

(1)债务合同约束。公司的债务合同,特别是长期债务合同,往往有限制公司现金支付程度的条款,这使公司只得采取低股利政策。

(2)通货膨胀。在通货膨胀的情况下,公司折旧基金的购买力水平会下降,以至于没有足够的资金来源重置固定资产。这时,盈余会被当做弥补折旧基金购买力水平下降的资金来源。因此,在通货膨胀时期,公司的股利政策往往偏紧。

由于存在上述种种影响股利分配的因素,所以股利政策与股票价格就不是无关的,公司的价值或者说股票价格不会仅仅由其投资的获利能力来决定。

二、股利分配政策与内部筹资

由于支付给股东的盈余与留在企业的保留盈余,存在此消彼长的关系,所以,股利分配既决定了给股东分配多少红利,也决定了有多少净利润留在企业。而减少股利分配,会增加保留盈余,减少外部筹资需求。因此,股利决策也是内部筹资决策。

在进行股利分配的实务中,公司经常采用的股利政策如下:

(一)剩余股利政策

1. 股利分配方案的确定

上文谈到,股利分配与公司的资本结构相关,而资本结构又是由投资所需资金构成的,因此,实际上股利政策要受到投资机会及资木成木的双重影响。

剩余股利政策就是在公司有着良好的投资机会时，根据一定的目标资本结构（最佳资本结构），测算出投资所需的权益资本，先从盈余当中留用，然后将剩余的盈余作为股利予以分配。

采取剩余股利政策时，应按以下四个步骤进行：

（1）设定目标资本结构，即确定权益资本与债务资本的比率，在此资本结构下，加权平均资本成本将达到最低水平。

（2）确定目标资本结构投资所需的股东权益数额。

（3）最大限度地使用保留盈余来满足投资方案所需的权益资本数额。

（4）投资方案所需权益资本已经满足后若有剩余盈余，再将其作为股利发放给股东。

【例10.1】假定某公司某年提取了公积金、公益金后的税后净利润为600万元，第二年的投资计划所需资金800万元，公司的目标资本结构为权益资本占60%、债务资本占40%。那么，按照目标资本结构的要求，公司投资方案所需的权益资本数额应为：

$$800 \times 60\% = 480（万元）$$

公司当年全部可用于分配股利的盈余为600万元，可以满足上述投资方案所需的权益资本数额并有剩余，剩余部分再作为股利发放。当年发放的股利额即为：

$$600 - 480 = 120（万元）$$

假定该公司当年流通在外的只有普通股100万股，那么每股股利即为：

$$120 \div 100 = 1.2（元）$$

2. 采取剩余股利政策的理由

采取剩余股利政策，意味着公司只将剩余的盈余用于发放股利。这样做的根本理由是为了保持理想的资本结构，使加权平均资本成本最低。如上例，如果公司不按剩余股利政策发放股利，将可向股东分配的600万元全部留用于投资（这样的话，当年将不发放股利），或全部作为股利发放给股东（这样的话，当年每股股利将达到6元），然后再去筹借债务。这两种做法都会破坏目标资本结构、导致加权平均资本成本提高，不利于提升公司的价值（股票价格）。

（二）固定或持续增长的股利政策

1. 分配方案的确定

这一股利政策是将每年发放的股利固定在某一给定的水平上，并在较长的时期内不变，只有当公司认为未来盈余会显著地、不可逆转地增长时，才提高年度的股利发放额。不过，在通货膨胀情况下，大多数公司的盈余会随之提高，且大多数投资者也希望公司能提供足以抵消通货膨胀不利影响的股利。因此，在长期通货膨胀的情况下也应提高股利发放额。

2. 采取固定或持续增长股利政策的理由

采取固定或持续增长股利政策的主要目的是避免出现由于经营不善而削

减股利的情况。采取这种股利政策的理由在于：

(1)稳定的股利向市场传递着公司正常发展的信息，有利于树立公司的良好形象，增强投资者对公司的信心，稳定股票的价格。

(2)稳定的股利额有利于投资者安排股利收入和支出，特别是对那些对股利有着很高依赖性的股东更是如此。而股利忽高忽低的股票，则不会受这些股东的欢迎，股票价格也会因此而下降。

(3)稳定的股利政策可能不符合剩余股利理论，但考虑股票市场会受多种因素的影响，其中包括股东的心理状态和其他要求的影响，因此，为了使股利维持在稳定的水平上，即使推迟某些投资方案的实施或者暂时偏离目标资本结构，也可能比降低股利或降低股利增长率更为有利。

该股利政策的缺点在于股利的支付与盈余相互脱节。当盈余较低时仍要支付固定的股利，这可能导致资金短缺，财务状况恶化；同时，它不能像剩余股利政策那样保持较低的资本成本。

(三)固定股利支付率政策

1. 分配方案的确定

固定股利支付率政策，是公司在确定一个股利占盈余的比率后，长期按此比率支付股利的政策。在这一股利政策下，各年股利额随公司经营的好坏而上下波动，获得较多盈余的年份股利额高，获得盈余较少的年份股利额低。

2. 采取固定股利支付率政策的理由

主张实行固定股利支付率政策的人认为，这样做能使股利与公司盈余紧密地配合，以体现多盈多分、少盈少分、无盈不分的原则，才算真正公平地对待了每一位股东。但是，在这种政策影响下各年的股利变动较大，极易造成公司不稳定的感觉，对于稳定股票价格不利。

(四)低正常股利加额外股利政策

1. 分配方案的确定

低正常股利加额外股利政策，是公司一般情况下每年只支付固定的、数额较低的股利；在盈余多的年份，再根据实际情况向股东发放额外股利，但额外股利不固定化，即它并不意味着公司要长期提高规定的股利率。

2. 采取低正常股利加额外股利政策的理由

(1)这种股利政策使公司具有较大的灵活性。当公司盈余较少或投资需用较多资金时，可维持设定的较低但正常的股利，股东不会有股利跌落感；而当盈余有较大幅度增加时，则可适度增发股利，把经济繁荣的部分利益分配给股东，使他们增强对公司的信心，更有利于稳定股票的价格。

(2)这种股利政策可使那些依靠股利度日的股东每年至少可以得到虽然较低，但比较稳定的股利收入，从而留住这部分股东。

以上各种股利政策各有所长，公司在分配股利时应借鉴其基本决策思想，制定适合自己实际情况的股利政策。

第四节　股票股利、股票分割和股票回购

一、股票股利

股票股利是公司以发放的股票作为股利的支付方式。股票股利并不直接增加股东的财富,不因此导致公司资产的流出或负债的增加,但会引起所有者权益各项目的结构发生变化。

【例10.2】某公司在发放股票股利前,股东权益情况见表10－1。

表10－1　　单位:元

普通股(面额1元,已发行200 000股)	200 000
资本公积	400 000
未分配利润	2 000 000
股东权益合计	2 600 000

假定该公司宣布发放10%的股票股利,即发行20 000股普通股股票,并规定现有股东每持10股可得1股新发行股票。若该股票当时市价为20元,随着股票股利的发放,需从"未分配利润"项目中划转出的资金为:

$20 \times 200\ 000 \times 10\% = 400\ 000$(元)

由于股票面额(1元)不变,发放20 000股,普通股只应增加"普通股"项目20 000元,其余的380 000元(400 000－20 000)应作为股票溢价转至"资本公积"项目,而公司股东权益总额保持不变。发放股票股利后,公司股东权益各项目见表10－2。

表10－2　　单位:元

普通股(面额1元,已发行220 000股)	220 000
资本公积	780 000
未分配利润	1 600 000
股东权益合计	2 600 000

可见,发放股票股利,不会对公司股东权益总额产生影响,但会发生资金在各股东权益项目间的再分配。

发放股票股利后,如果盈利总额不变,会由于普通股股数增加而引起每股收益和每股市价的下降;但又由于股东所持股份的比例不变,每位股东所持股票的市场价值总额仍保持不变。

【例10.3】假定上例中的公司本年盈余为440 000元,某股东持有20 000股

普通股,发放股票股利对该股东的影响见表 10－3。

表 10－3　　　　单位:元

项　目	发放前	发放后
每股收益(EPS)	440 000 ÷ 200 000 = 2.2	440 000 ÷ 220 000 = 2
每股市价	20	20 ÷ (1 + 10%) = 18.18
持股比例	20 000 ÷ 200 000 = 10%	22 000 ÷ 220 000 = 10%
所持股票总价值	20 × 20 000 = 400 000	18.18 × 22 000 = 400 000

发放股票股利对每股收益和每股市价的影响,可以通过对每股收益、每股市价的调整直接算出:

$$\text{发放股票股利后的每股收益} = \frac{E_0}{1 + D_s}$$

式中:E_0——发放股票股利前的每股收益

D_s——股票股利发放率

$$\text{发放股票股利后的每股市价} = \frac{M}{1 + D_s}$$

式中:M——股利分配权转移日的每股市价

D_s——股票股利发放率

按上例资料:

$$\text{发放股票股利后的每股收益} = \frac{2.2}{1 + 10\%} = 2\text{(元)}$$

$$\text{发放股票股利后的每股市价} = \frac{20}{1 + 10\%} = 18.18\text{(元)}$$

尽管股票股利不直接增加股东的财富,也不增加公司的价值,但对股东和公司都有特殊意义。

1. 股票股利对股东的意义

(1)如果公司在发放股票股利后同时发放现金股利,股东会因所持股数的增加而得到更多的现金。例如,公司宣布发放 10% 的股票股利,同时每股支付现金股利 2 元,某拥有 100 股股票的股东可得现金股利为:

$$2 \times 100 \times (1 + 10\%) = 220\text{(元)}$$

若不发放股票股利,该股东所得现金股利只有 200 元(2 × 100)。

(2)事实上,有时公司发放股票股利后其股价并不会成比例下降。一般在发放少量股票股利(如 2% ~3%)后,大体不会引起股价的立即变化,这可使股东得到股票价值相对上升的好处。

(3)发放股票股利的通常是成长中的公司,因此投资者往往认为发放股票股利预示着公司将会有较大发展,利润将大幅度增长,足以抵消增发股票带来的消极影响。这种心理会稳定住股价甚至使股价略有上升。

(4)在股东需要现金时，还可以将分得的股票股利出售。有些国家税法规定出售股票所需缴纳的资本利得(价值增值部分)税税率比收到现金股利所需缴纳的所得税税率低，这使得股东可以从中获得纳税上的好处。

2. 股票股利对公司的意义

(1)发放股票股利让股东分享了公司的盈余而无须分配现金，这可使公司留存大量现金，进行再投资，有利于公司的长期发展。

(2)在盈余和现金股利不变的情况下，发放股票股利可以降低每股市价，从而吸引更多的投资者。

(3)发放股票股利往往会向社会传递公司将会继续发展的信息，从而增强投资者对公司的信心，在一定程度上稳定了股票价格。但在某些情况下，发放股票股利也会被认为是公司资金周转不灵的征兆，从而降低投资者对公司的信心，加剧股价的下跌。

但发放股票股利的费用比发放现金股利的费用大，会增加公司的负担。

二、股票分割

股票分割是指将面额较高的股票换成面额较低的股票的行为。例如，将原来的1股股票换成2股股票。股票分割不属于股利分配方式，但其所产生的效果与发放股票股利近似，故在此一并介绍。

股票分割时，发行在外的股数增加，使得每股面额降低，每股盈余下降，但公司价值不变，股东权益总额、权益各项目的金额及其相互间的比例也不会改变。这与发放股票股利时的情况既有相同之处，又有不同之处。

【例10.4】某公司原发行面额为2元的普通股200 000股，若按1股换成2股的比例进行股票分割，分割前后的股东权益项目见表10-4、表10-5，分割前后的每股盈余计算如下：

表10-4　　**股票分割前的股东权益**　　单位：元

普通股(面额2元，已发行200 000股)	400 000
资本公积	800 000
未分配利润	4 000 000
股东权益合计	5 200 000

表10-5　　**股票分割后的股东权益**　　单位：元

普通股(面额1元，已发行400 000股)	400 000
资本公积	800 000
未分配利润	4 000 000
股东权益合计	5 200 000

假定公司本年净利润 440 000 元,那么股票分割前的每股收益为 2.2 元(440 000 ÷ 200 000)。

假定股票分割后公司净利润不变,分割后的每股收益为 1.1 元,每股市价也会因此下降。

从实践效果看,由于股票分割与股票股利非常接近,所以一般要根据证券管理部门的具体规定对两者加以区分。例如,有些国家的证券交易机构规定,发放 25% 以上的股票股利即属于股票分割。

对于上市公司来讲,实行股票分割的主要目的在于通过增加股票股数降低每股市价,从而吸引更多的投资者。此外,股票分割往往是成长中公司的行为,所以宣布股票分割后容易给人一种“公司正处于发展之中”的印象,这种有利的信息会对公司有所帮助。

对于股东来讲,股票分割后各股东持有的股数增加,但持股比例不变,持有股票的总价值不变。不过,只要股票分割后每股现金股利的下降幅度小于股票分割幅度,股东仍能多获得现金股利。例如,假定某公司股票分割前每股现金股利 2 元,某股东持有 100 股,可分得现金股利 200 元(2 × 100);公司按 1 换 2 的比例进行股票分割后,该股东股数为 200 股(100 × 2),若现金股利降为每股 1.1 元,该股东可得现金股利 220 元(1.1 × 200),仍大于其股票分割前所得的现金股利。另外,股票分割向社会传递的有利信息和降低了的股价可能导致购买该股票的投资者增加,反使其价格上升,进而提高股东收益。

尽管股票分割与发放股票股利都能达到降低公司股价的目的,但一般来讲,只有在公司股价暴增且预期难以下降时,才采用股票分割的办法降低股价;而在公司股价上涨幅度不大时,往往会通过发放股票股利的方式将股价维持在理想的范围之内。

相反,若公司认为自己股票的价格过低,为了提高股价,会采取反分割(也称股票合并)的措施。反分割是股票分割的相反行为,即将数股面额较低的股票合并为 1 股面额较高的股票。若上例中原面额 2 元、发行 200 000 股、市价 20 元的股票,按 2 股换成 1 股的比例进行反分割,该公司的股票面额将成为 4 元,股数将成为 100 000 股,市价也将上升。

三、股票回购

(一)股票回购的动因

股票回购是指上市公司从股票市场上购回本公司一定数额发行在外的股票。公司在股票回购完成后可以将所回购的股票注销,也可以将回购的股份作为“库藏股”保留,不参与每股收益的计算和收益分配。库藏股日后可移作职工持股计划和发行可转换债券等,或在需要资金时将其出售。

现实中,股票回购按其目的分类,有两种基本类型:①红利替代型。公司回购了部分普通股,发行在外的股数就相应减少,每股收益势必提高,从而导致股票市价上涨,而由股价上涨所得的资本收益即可代替股利收入,所以股票回购也被认为是支付股利的方式之一。与直接派发现金红利一样,股票回购所用资金通常来源于公司的经营盈余。②战略回购型。它直接服务于公司的战略目标,不是以向股东发放股利为目的。战略回购的规模较大,在进行战略回购时,公司不仅需要动用现金储备,而且往往需要大规模举债,或出售部分资产或子公司以筹集股票回购所需的现金,在短期内使公司资本结构发生实质性重整。

股票回购行为在上市公司中特别普遍,其具体动因主要在于:

1. 巩固既定控股权或转移公司控股权

许多股份公司的大股东为了保证其所代表股份公司的控股权不被改变,往往采取直接或间接的方式回购自己的股份,即公司直接以自身名义或通过自己的关联公司购回自己的股份。有些股份公司的法定代表人并非公司最大股东的代表者,他们为了保证不改变在公司中的地位,也为了能在公司中实现自己的意志,往往采取回购股份的方式分散或削弱原控股股东的控股权,以实现控股权的转移。

2. 提高每股收益

由于财务上的每股收益指标以流通在外的股份数作为计算基础,不少股份公司基于自身形象、上市需求和投资人渴望高回报等原因,便采取股份回购并库存自身股份的方式来操纵每股收益指标,减少实际应支付红利的股份数量。

3. 稳定或提高公司股价

过低的股价会降低人们对公司的信心,使消费者对公司产品产生怀疑,削弱公司出售产品、开拓市场的能力,使公司难以从证券市场进一步融资,对公司经营造成不良影响。在这种情况下,公司以回购股票支撑股价,有利于使投资者关心公司的运营情况,恢复消费者对公司产品的信任,公司也有了进一步配股融资的可能。因此,公司在其股价过低时回购股票是维护公司形象的有力措施。另外,为使市价发行的新股顺利地被投资者接纳,上市公司也经常在二级市场进行股票回购,以稳定交易和提高股价。

4. 改善资本结构

任何产业的发展都会经历上升期、成熟期和衰退期。在上升期,企业内部融资不足,往往通过发行股票融资,加快资本的形成。经历成熟期后产业进入衰退期,公司资金较为充裕,但这部分剩余资金若无适当的投资项目,就只能作为银行存款或用于购买短期证券,会影响公司的净资产收益率。这时,通过股份回购减少公司资本,不仅可以改善公司资本结构,还可以提高每股收益。

5. 反收购策略

股票回购在国外常被用做重要的反收购策略。股票回购可提高公司股价,减少流通在外的股份,使收购方收购难度增大。但由于回购的股票无表决权,回购后本企业的持股比例也会上升,因此公司需将回购股票再卖给稳定的股东,才能起到反收购的作用。

(二)股票回购的负面作用

世界各国法律为保护债权人利益、维护证券市场的交易秩序,大都对股票回购做出了较为具体的规定。这是因为股票回购存在如下弊端:

(1)公司回购其股票,除无偿收回以外,无异于股东退股和公司资本的减少,而公司资本减少则从根本上动摇了公司的资本基础,削弱了对公司债权人财产的保障程度。

(2)股票回购使公司持有自己的股票,成为自己的股东,公司的法律地位与股东的法律地位出现同一,公司与股东之间的法律关系发生混淆,这便背离了公司与股东原本具有的法律原则。

(3)上市公司回购本公司股票,易导致其利用内幕消息进行炒作,或对一系列财务报表指标进行人为操纵,加剧公司行为的非规范化,使投资者蒙受损失。

股票回购的负面作用是显而易见的,但也并不是不可避免的。只要对上市公司回购股票的条件做出严格规定,则可抑制其负面作用,发挥其积极作用。

(三)股票回购的方式

1. 公开市场收购

公开市场收购指公司通过证券经营机构在公开的证券市场购回自身发行的股票。当公司在公开市场购回股票时,需要披露购回股票的意图、数量等信息,并遵守公司法和证券法的有关规定。这种回购方式很容易推高股价,从而增加回购成本,另外交易税和交易佣金方面的成本也很高。公司通常使用该方式在股票市场表现欠佳时小规模回购为特殊用途(如股票期权、雇员福利计划和可转换证券执行转换权)所需的股票。美国公司90%以上的股票回购采用公开市场回购方式。

2. 要约回购

要约回购可分为固定价格要约回购和荷兰式拍卖回购。

固定价格要约回购指公司在特定时间发出的以某一高出股票当前市场价格的价格水平,回购既定数量股票的要约。为了在短时间内回购数量相对较多的股票,公司可以宣布固定价格回购要约。它的优点是赋予所有股东向公司出售其所持股票的均等机会,而且通常情况下公司享有在回购数量不足时取消回购计划或延长要约有效期的权利。与公开市场收购相比,固定价格要约回购通常被市场认为是更积极的信号,其原因可能是要约价格存在高出市场当前价格的溢价。但是,溢价的存在也使得固定价格回购要约的执行成本较高。

荷兰式拍卖,得名于荷兰花卉拍卖所使用的系统方法。由企业详细说明愿意回购的股票数量,以及愿意支付的最低与最高价格。一般情况下,最低价格高于现行市场价格。然后,股东向企业提出他们愿意出售的股票数量,以及在设定的价格范围内他们能够接受的最低出售价格。在接到股东报价后,企业将它们按从低到高的顺序进行排列,然后决定能够实现事先设定的全部回购数量的最低价格。这个最低价格将用于支付给那些报价低于或等于该价格的股东。如果报价低于或等于该回购价格的股票数量多于企业事先设定的回购数量,企业就可以按比例购买。如果股东提供的股票数量太少,则企业或者取消这次回购,或者以设定的最高价格购买股东所提供的全部股票。荷兰式拍卖回购已日益成为一种颇受欢迎的股票回购方式。

3. 协商(议)回购

协议回购是指公司以协议价格直接向一个或几个主要股东购回股票。协议购买的价格经常低于当前市场价格,尤其是在卖方首先提出回购要求的情况下。但是有时公司会以超常溢价向喜好生事或存在潜在威胁的非控股股东批量购买股票。因为这种股票回购不是面向全体股东的,回购价格太高将损害未售出股票股东的利益。此时,公司必须保证回购价格公平合理,不会损害其他股东的利益。

4. 可转让出售权

在股票回购中公司不能强迫投资者出售其手中的股票。通常的做法是公司设定股票回购数量的最高限额,每个股东可根据自己的意愿选择接受或拒绝回购要约。在固定价格回购要约中,公司赋予股东一项卖出期权,股东的回购价格即为期权执行价格。当回购价格高于当前市场价格时,期权处于实值状态,具有价值。但是股东只有接受回购要约才能执行其拥有的卖出期权,取得期权价格。如果有些股东由于税收等因素不愿出售自己的股票,则回购要约到期后这些股东不能得到任何收益,实值期权的作废意味着财富由未接受回购要约的股东转移给接受回购要约的股东。

(四)股票回购的财务分析

股票回购的效果可以用实例说明。

【例10.5】某上市公司流通在外的普通股共计6 000万股,每股市价为14元,公司计划用现金以每股15元的价格回购1 000万股。如果股票回购前后的市盈率均为20,则股票回购后对剩余股东的收益影响见表10-6所示。

表10-6　　股票回购后对剩余股东收益的影响

项目＼时期	股票回购前	股票回购后
公司净利润	4 200万元	4 200万元
流通在外普通股股数	6 000万股	5 000万股
每股收益	0.7元	0.84元
每股市价	14元	16.8元

如果公司用这笔现金 15×1 000 = 15 000 万元支付股息,则每股可得到现金股息 15 000 ÷6 000 = 2.5 元。其实,对于股东来讲,两种方法得到的收益是相等的。如果用现金支付股息,股东得到的回报是 15 000 万元;如果用于股票回购,股东收益既包括 1 000 万股库藏股的价差收益 1 000 ×(15 - 14) = 1 000 万元,也有 5 000万股流通在外的股票溢价收益 5 000 ×(16.8 - 14) = 14 000万元,总计也是 15 000万元。所不同的只是前者称为股利收益,后者称为资本利得。

1. 股票回购的优点

站在股东的立场分析,股票回购具有下列优点:①股票回购使股东获取的是资本利得,与现金股息相比在税率上具有明显优势;②当公司实施股票回购时,股东有权决定是否出售,但若公司分配现金股利,股东则必须接受,没有选择的余地。

2. 股票回购的缺点

股票回购对于股东来讲,也有下列缺点:①一般认为现金股利的发放比股票回购可靠性强,这也是现金股利与股票回购相比,促使股价上涨幅度更大的原因;②股东很难了解公司回购股票的真正目的,存在信息不对称问题;③公司为避免损害未出售股票股东的利益,可能不会确定较高的回购价格。

(五)股票回购的法律规定

我国法律在原则上不允许回购股票。

(1)我国《公司法》规定,公司不得收购本公司的股票,但为减少公司资本或者与持有本公司股票的其他公司合并时除外。收购本公司股票后,必须在 10 天内注销该部分股票,依照法律、行政法规办理变更登记并公告。

(2)1992 年原国家体改委下发的《股份有限公司规范意见》中也规定,公司非因减少资本等特殊情况,不得收购本公司股票,亦不得库存本公司已发行股票。特殊情况需收购、库存本公司已发行股票者,须报请体改部门、人民银行专门批准后方可进行。

(3)1994 年国务院证券委和原国家体改委颁布的《到境外上市公司章程必备条款》中,专门有两个章节分述"减资和回购股份"以及"购买公司股份的财务资助",对回购的方式、资金来源等做出了相应规定。据此规定,回购的方式有三种:一是向全体股东发出回购要约;二是在交易所通过公开交易方式购回;三是在交易所以外,以协议方式购回。其中协议方式必须先经股东大会批准。至于回购资金从哪里开支,该必备条款第二十八条专门谈到了香港上市公司(H 股)的做法:用面值购回的,从"可分配利润"中出,超过面额部分的,从"资本公积账户"中出。所谓购买公司股份的财务资助,是指馈赠、担保、补偿、解除或拟购买公司股份者,公司或其子公司均不得在购买前或购买时直接或间接地提供任何财务资助。对于因购买公司的股份而承担义务者,公司或其子公司均不得直接或间接地提供任何财务资助以养活或解除该项义务。但是对于提供财务资助是诚实地为了公司利益,并且主要目的并不是为购买公司股份,或该项财务资助是依照公司章程减少股本、赎回或购回股份、重组股份或其他改组时不在管理范围之内。

复习思考题

1. 股利政策的形成要受哪些因素的影响?请分别加以分析说明。
2. 股利政策有哪几种?各有哪些特点?其适用条件有无限制?
3. 股票股利和股票分割各有什么特点?它们对股东各有什么影响?
4. 股票回购的动机是什么?

计算分析题

1. 某公司某年提取了公积金后的税后净利润为1 000万元,第二年的投资计划拟需资金1 200万元,该公司的目标资本结构为自有资金占60%、借入资金占40%。另外,该公司流通在外的普通股总计2 000万股,没有优先股。

要求:试计算在剩余股利政策下该公司当年可发放的股利总额及每股股利。

2. 某公司资本结构见下表:

2011年12月31日

普通股(面值1元,1 000 000股)	1 000 000元
资本公积	300 000元
保留盈余	1 700 000元
净值总额	3 000 000元

该公司2011年的税后净利润为300 000元,其中50%已作为现金股利分配给股东,该公司2011年12月31日股票市价为5元。

要求:

(1)假设公司在2011年12月31日宣告发放3%的股票股利,则新的资本结构如何?

(2)假设公司未发放股票股利,则2011年的每股盈余是多少?每股股利又是多少?

(3)假设发放3%的股票股利,则2011年每股盈余及每股股利是多少?

(4)在发放3%的股票股利之后,股票的价格是多少?

3. 某公司2011年获得净利润2 000 000元,并准备从中拿出1 000 000元以现金股利的形式发给普通股股东。当前,流通在外的普通股股数为1 000 000

股，每股市价为 18 元。

要求：

(1)计算该公司每股盈余及市盈率。

(2)如公司回购 200 000 股，市盈率仍维持不变，计算回购后每股盈余及每股市价。

第十一章 财务控制

第一节 财务控制的意义与种类

一、财务控制的含义及作用

(一)财务控制的含义

控制是指对客观事物进行约束和调节,使之按照设定的目标和轨迹运行的过程。财务控制是指按照一定的程序和方式确保企业及其内部机构和人员全面落实、实现财务预算的过程。财务控制具有以下特征:

(1)财务控制是一种价值控制。财务控制以财务预算为目标。财务预算所包括的现金预算、预计利润表和预计资产负债表,都是以价值形式予以反映的。财务控制也是借助于价值手段进行的,无论是责任预算、责任报告、业绩考核,还是企业内部各机构和人员之间的相互制约关系,都需借助价值指标或内部转移价格的作用。

(2)财务控制是一种综合控制。由于财务控制以价值为手段,将各种性质不同的业务综合在一起,因而财务控制不是针对某一具体业务活动的分散控制。财务控制不仅可以将各种性质不同的业务综合起来进行控制,也可以将不同岗位、不同部门、不同层次的业务活动综合起来进行控制。财务控制的综合性最终表现为其控制内容都归结在资产、利润、成本这些综合价值指标上。

(3)财务日常控制以现金流量控制为目的。日常的财务活动表现为一个组织现金流动的过程,为此,企业要编制预计现金预算,作为组织现金流量的依据;企业要编制现金流量表,作为评估现金流量状况的依据。

(二)财务控制的作用

财务控制与财务预测、决策、预算和分析等环节构成财务管理的循环。其中,财务控制是财务管理循环的关键环节,它对实现财务管理目标,具有决定性作用。在财务管理中,如果仅限于做出合理的决策、制定切实可行的财务预算,而对实施预算的行动不加以控制，那么预定的财务目标就难以实现。从一定意义上讲，财务预测、决策和预算是为财务控制指明方向，提供依据、规划、措施；而财务控制则是对这些设想和规划加以落实。没有控制，任何预测、决策和预算都是徒劳无益的。此外，由于财务控制是借助于货币手段对生产经营活动所实施的控制，因而在企业整个经济控制系统中是一种连续性、系统性和综合性最强的措施。它在企业经济控制系统中处于一种特殊地位，起着保证、促进、监督和协调等重要作用。

二、财务控制的种类

财务控制可以按不同的标准进行分类。

（一）按控制的时间分类

财务控制可按控制的时间分可为事前财务控制、事中财务控制和事后财务控制。

事前财务控制是指财务收支活动发生之前所进行的控制，如财务收支活动发生之前的申报审批制度、产品设计成本的规划等。

事中财务控制是指财务收支活动发生过程中所进行的控制，如按财务预算要求监督预算的执行过程，对各项收入的去向和支出的用途进行监督；对产品生产过程中发生的成本进行约束等。

事后财务控制是指对财务收支活动的结果所进行的考核及其相应的奖罚，如按财务预算的要求对各责任中心的财务收支结果进行评价，并以此实施奖罚；在产品成本形成之后进行综合分析与考核，以确定各责任中心和企业的成本责任。

（二）按控制的主体分类

财务控制按控制主体可分为出资者财务控制、经营者财务控制和财务部门的财务控制。

出资者财务控制是为了实现资本保全和资本增值目标而对经营者的财务收支活动进行的控制，如对成本开支范围和标准的规定等。

经营者财务控制是为了实现财务预算目标而对企业及各责任中心的财务收支活动所进行的控制。这种控制是通过经营者制定财务决策目标，并促使这些目标被贯彻执行而实现的，如企业的筹资、投资、资产运用、成本支出决策及其执行等。

财务部门的财务控制是财务部门为了有效地组织现金流动，通过编制现金预算、执行现金预算，对企业日常财务活动所进行的控制，如对各项货币资金用途的审查等。

通常认为，出资者财务控制是一种外部控制，而经营者财务控制和财务部门的财务控制是一种内部控制。

第二节 成本控制

一、成本控制的意义

成本控制是在企业生产经营过程中，按照既定的成本标准，对构成产品成本的一切耗费进行严格的计算、调节和监督，使生产耗费控制在预定的范围内。

成本控制是现代成本管理工作的重要环节。科学地组织成本控制，及时地揭示成本偏差，并采取有效措施纠正不利差异，发展有利差异，对保证目标成本或成本计划的全面落实与完成有重要作用。成本控制是企业增加盈利的根本途径，不论在什么情况下，降低成本都可以增加利润。在收入不变的情况下，降低成本可使利润增加；在收入增加的情况下，降低成本可使利润更快增长；在收入下降的情况下，降低成本可抑制利润的下降。成本控制是抵抗内外压力、求得生存的主要保障，降低成本可以提高企业价格竞争能力（因成本低了可使价格有更大的调控空间），可以提高安全边际率，使企业在经济萎缩时继续生存下去；降低成本可避免外部的诸多压力（因提高售价会引发经销商和供应商相应的提价要求和增加流转税负担等，而降低成本可避免这类压力）；降低成本，可使企业有更多的资金去提高产品质量、创新设计，或者提高职工待遇和增加股利。成本降低了，可以采取降价策略，争取更多客户，提高企业的竞争能力，使企业得以良性发展。

二、成本控制的一般程序

成本控制一般可分为以下三个步骤：

（一）制定成本控制标准

成本控制标准是控制成本费用的重要依据。成本标准一般按直接材料、直接人工和制造费用分别制定。它是对各项费用和资源消耗规定的数量限额，也是成本控制和考核的重要依据。

（二）揭示成本差异

揭示成本差异就是将实际成本与成本标准进行比较，及时揭示成本差异，并分析成本差异的程度和性质，确定造成差异的原因和责任归属。差异的计算与分析也要分材料、人工、费用三个项目进行。

（三）成本反馈

在成本控制中，成本差异的情况要及时反馈到有关部门，以便组织职工挖掘潜力，及时控制与纠正差异，并把成本指标的考核纳入经济责任制，实施奖惩。如材料成本差异分析后，将数量差异情况反馈给生产部门和技术部门，价格差异情况反馈给供销部门。

三、标准成本控制

(一)标准成本的类型

1. 标准成本按其制定所依据的生产技术和经营管理水平,分为理想标准成本和正常标准成本

理想标准成本是指在最优的生产条件下,利用现有的规模和设备能够达到的最低成本。制定理想标准成本的依据是最好的生产条件与最好的生产组织。最好的生产条件包括最好的生产设备、最低的原材料价格、最经济的消耗、最熟练的工人和最合理的工资、最高的产量和销量等。最好的生产组织是指在生产过程中无任何的浪费,无废料、废品,不存在停工损失等。这种标准没有考虑现实的可能性,在实际生产中是很难实现的。

正常标准成本是指在现有良好的生产技术和能力的条件下,根据一般应该发生的生产要素消耗量、预计价格和预计生产经营能力利用程度制定出来的标准成本。在制定标准成本时,把生产经营活动中一般不可避免的损耗与低效率情况估计在内,使之切合实际情况,是企业经过努力可以达到的水平,因而可以调动职工的积极性。

2. 标准成本按其适用期,分为现行标准成本和基本标准成本

现行标准成本是指根据其适用期间应该发生的价格、效率和生产经营能力利用程度等预计的标准成本。在这些决定因素变化时,需要按照改变了的情况加以修订。这种标准成本可以成为评价实际成本的依据,也可以用来对存货和销货成本计价。基本标准成本是指一经制定,只要生产的基本条件无重大变化,就不予变动的一种标准成本。所谓生产的基本条件的重大变化是指产品的物理结构变化、重要原材料和劳动力价格的重大变化、生产技术和工艺的根本变化等。只有这些条件发生变化,基本标准成本才需要修订。基本标准成本与各期实际成本对比,可以反映成本变动的趋势。由于基本标准成本不按各期实际修订,不宜用来直接评价工作效率和成本控制的有效性。

(二)标准成本的制定

制定标准成本,通常先确定直接材料和直接人工的标准成本,其次确定制造费用的标准成本,最后确定单位产品的标准成本。

1. 直接材料标准成本

制定直接材料标准成本要考虑的两个基本因素是直接材料的数量标准与直接材料的价格标准。

(1)直接材料的数量标准。直接材料数量标准的确定以正常生产条件下单位产品耗用材料与正常范围内允许发生的损耗及不可避免的废品所耗费的材料数量为依据。

(2)直接材料的价格标准。直接材料价格标准是预计下期实际需要支付的

平均单位价格，包括发票价格、运费、检验和正常损耗等成本，是取得材料的完全成本。

直接材料标准成本计算公式：

某产品直接材料标准成本 = Σ（直接材料标准耗用量 × 直接材料标准价格）

【例 11.1】某企业生产的 A 产品需要甲、乙两种材料，该产品直接材料标准成本的计算如表 11-1 所示。

表 11-1　　直接材料标准成本计算表

项目	甲材料	乙材料	合计
预计平均购买价格（元/千克）	200	120	
预计平均采购费用（元/千克）	10	5	
材料标准价格（元/千克）	210	125	
材料正常费用数量（千克/件）	4	5.4	
材料预计正常损耗（千克/件）	0.5	0.6	
材料标准数量（千克/件）	4.5	6	
单位产品直接材料标准成本（元/件）	945	750	1 695

直接材料标准成本 = 4.5 × 210 + 6 × 125 = 1 695（元/件）

2. 直接人工标准成本

制定直接人工标准成本要考虑的两个因素是直接人工数量标准与直接人工价格（工资率）标准。

（1）直接人工数量标准。直接人工数量标准是指正常生产条件下单位产品所需的标准工作时间，包括工艺过程的时间与必要的间隔或停工时间，以及不可避免的废品损失时间。

（2）直接人工价格（工资率）标准。直接人工价格标准是指标准工资率。它可以是预定的工资率，也可以是正常的工资率。如果采用计件工资制，标准工资率是预定的每件产品支付的工资除以标准工时，或者是预定的小时工资。如果采用月工资制，需要根据月工资总额和可用工时总量来计算标准工资率。

直接人工标准成本计算公式如下：

某产品直接人工标准成本 = 直接人工标准数量 × 直接人工标准价格

【例 11.2】某企业生产的 A 产品需经过两个车间连续加工，该产品的直接人工标准成本的计算如表 11-2 所示。

表 11－2　　直接人工标准成本计算表　　单位:元

项目	第一车间	第二车间	合计
从事直接生产工人数(人)	50	60	
每人每月标准工时数(小时)	160	160	
每月标准加工总时数(小时)	8 000	9 600	17 600
每月直接人工薪酬(元)	40 000	48 000	88 000
每小时工资率(元/小时)	5	5	5
单位产品标准工时(小时)	40	60	100
单位产品直接人工标准成本(元)	200	300	500

3. 制造费用标准成本

制造费用标准成本的制定需要考虑数量标准与费用率标准两个因素。

(1)制造费用的数量标准。制造费用的数量标准也是指正常生产条件下生产单位产品所需的标准工作时间。

(2)制造费用的费用率标准。制造费用的费用率标准是指每标准工时所负担的制造费用。由于制造费用可分为变动性制造费用和固定性制造费用,因此制造费用标准成本也应分为变动性制造费用标准成本和固定性制造费用标准成本两部分。

费用率标准的计算公式如下:

变动性制造费用标准分配率＝变动性制造费用预算÷标准总工时

固定性制造费用标准分配率＝固定性制造费用预算÷标准总工时

变动性制造费用标准成本＝某单位产品标准工时×变动性制造费用分配率

固定性制造费用标准成本＝某单位产品标准工时×固定性制造费用分配率

【例 11.3】某企业生产的 A 产品,其制造费用标准成本计算如表 11－3 所示。

表 11－3　　制造费用标准成本计算表　　单位:元

项目	固定性制造费用	变动性制造费用	合计
制造费用预算(元)	7 040	28 160	35 200
标准加工总工时(小时)	17 600	17 600	17 600
制造费用分配率(元/小时)	0.4	1.6	2
单位产品标准工时(小时)	100	100	100
单位产品制造费用标准成本(元)	40	160	200

4. 单位产品标准成本

单位产品的标准成本是根据直接材料标准成本、直接人工标准成本和制造费用标准成本汇总计算求得。

【例 11.4】根据表 11－1、表 11－2、表 11－3 的计算结果,A 产品单位标准成本的计算如表 11－4 所示。

表 11－4　　单位产品标准成本计算表　　单位:元

项目	数量标准	价格标准(元)	标准成本(元)
直接材料			1 695
甲材料	4.5 千克	210	945
乙材料	6 千克	125	750
直接人工	100 小时	5	500
制造费用	100 小时	2	200
变动性制造费用		1.6	160
固定性制造费用		0.4	40
单位产品成本	－	－	2 395

(三)标准成本差异的计算与分析

标准成本是一种目标成本,在实际工作中,由于种种原因,可能造成产品的实际成本与标准成本不符。实际成本与标准成本之间的差额,称为标准成本差异或成本差异。实际成本低于标准成本的差异称为有利差异(或节约差异),实际成本高于标准成本的差异称为不利差异(或超支差异)。由于标准成本是根据标准数量和标准价格两个因素计算而来的,所以在计算分析差异时也应从消耗数量和价格两个因素分别进行。

1. 直接材料成本差异的计算与分析

直接材料成本差异是指直接材料实际成本与标准成本之间的差额。造成该项差异的主要原因有两个:一是消耗数量脱离标准,二是价格脱离标准。前者形成的差异称为直接材料数量差异,后者形成的差异称为直接材料价格差异。

(1)直接材料数量差异。直接材料数量差异是直接材料实际消耗量与标准消耗量之间的差异。其计算公式如下:

直接材料数量差异＝∑(实际数量－标准数量)×标准价格

直接材料数量差异是在材料耗用过程中形成的,反映生产部门的成本控制业绩。造成该项差异的主要原因:工人操作有误造成废品和废料增加,新工人上岗造成多用料,机器或工具不适用造成用料增加等,或者操作技术改进,采用新工艺、新技术,工人的熟练程度提高而节省材料等。有时形成该项差异也并非生产部门的责任,如购入的材料质量低劣、规格不符也会使用料超过标准。

因此,对于形成差异的原因应客观公正地去分析,要进行具体的调查研究,明确责任归属。

(2)直接材料价格差异。直接材料价格差异是指直接材料的实际价格与标准价格之间的差额。其计算公式如下:

直接材料价格差异 = ∑(实际价格 - 标准价格) × 实际数量

直接材料价格差异是在采购过程中形成的,应由采购部门负责。造成该项差异的原因主要有:市场价格调整,未按采购批量进料,采购时舍近求远使运杂费增加,运输方式选择不当,违反合同被罚款,承接紧急订货造成额外采购等。对于造成该项差异的原因也应具体进行调查研究,明确责任归属。

【例 11.5】某企业生产的 A 产品耗用甲、乙两种材料,材料标准价格分别为 210 元、125 元,实际采购单价分别为 220 元、120 元。本月标准耗用量分别为 4 500千克和6 000 千克,实际耗用量分别为4 450 千克和6 060 千克。A 产品直接材料成本差异的计算分析如下:

A 产品直接材料成本差异

= (4 450 × 220 + 6 060 × 120) - (4 500 × 210 + 6 000 × 125)

= +11 200(元)

其中,①直接材料数量差异影响:

甲材料数量差异 = (4 450 - 4 500) × 210 = -10 500(元)

乙材料数量差异 = (6 060 - 6 000) × 125 = 7 500(元)

合计 -3 000 元

②直接材料价格差异影响:

甲材料价格差异 = (220 - 210) × 4 450 = 44 500(元)

乙材料价格差异 = (120 - 125) × 6 060 = -30 300(元)

合计 +14 200(元)

上述计算表明,由于甲材料实际消耗量低于标准消耗量而节约材料费用 10 500元,乙材料则因实际消耗量超过标准消耗量而增加材料费用 7 500 元,A 产品材料消耗量合计节约 3 000 元;由于甲材料实际单价高于标准单价而增加材料费用 44 500 元,乙材料实际单价低于标准单价而节约材料费用 30 300 元,材料价格合计超支 14 200 元。

2. 直接人工成本差异的计算与分析

直接人工成本差异是指直接人工实际成本与标准成本之间的差额。造成该项差异的主要原因也有两个:一是由于直接人工效率(实际工时数量)脱离标准人工效率(标准工时数量),二是直接人工实际工资率脱离标准工资率。前者形成的差异称为人工效率数量差异,后者形成的差异称为工资率(或价格)差异。

(1)直接人工效率差异。直接人工效率差异是指直接人工实际工作时间与标准工作时间之间的差异。其计算公式如下：

直接人工效率差异 =（实际工时 - 标准工时）× 标准工资率

产生直接人工效率差异的主要原因有工作环境不良、工人操作熟练程度低和劳动积极性不高、机器或工具选用不当、设备老化、作业计划安排不当等。企业应查明原因，消除不利差异，提高工作效率，扩大有利差异。

（2）直接人工工资率差异。直接人工工资率差异是指直接人工实际工资率与标准工资率之间的差额。其计算公式如下：

直接人工工资率差异 =（实际工资率 - 标准工资率）× 实际工时

产生直接人工工资率差异的主要原因有直接生产工人工资的调整、奖励制度未产生实效、加班或使用临时工、出勤率变化等。该项差异的责任一般应归属于人事劳动部门，差异的具体原因还涉及生产部门或其他部门。

【例 11.6】某企业生产 A 产品，本月完成标准工时 17 000 小时，实际工时 17 500 小时，标准工资率 5 元，实际工资率为 5.2 元。A 产品直接人工工资差异的计算分析如下：

A 产品直接人工工资率差异 = 17 500 × 5.2 - 17 000 × 5 = 6 000（元）

其中，①由于人工效率差异的影响：

直接人工效率差异 =（17 500 - 17 000）× 5 = 2 500（元）

②由于工资率差异的影响：

工资率差异 =（5.2 - 5）× 17 500 = 3 500（元）

上述计算表明，A 产品直接人工成本超支 6 000 元，是由于直接人工效率下降使人工成本超支 2 500 元和工资率提高使人工成本超支 3 500 元的结果。对于这一差异企业应查明具体原因，采取措施，加强劳动管理，努力提高劳动生产率，降低工资成本。

3. 制造费用差异的计算与分析

（1）变动性制造费用差异的计算分析。变动性制造费用的差异，是指实际变动性制造费用与标准变动性制造费用之间的差额。它也可以分解为“量差”和“价差”两部分。量差是指实际工时脱离标准工时，按标准的小时费用率计算确定的金额，反映工作效率变化引起的费用节约或超支，故称为变动费用效率差异。价差是指变动性制造费用的实际小时变动费用率脱离标准小时变动费用率，按实际工时计算的金额，反映耗费水平的高低，故称为耗费差异。其计算公式如下：

变动性制造费用效率差异

=（实际工时 - 标准工时）× 变动费用标准分配率

变动性制造费用耗费差异

=（变动性费用实际分配率 - 变动性费用标准分配率）× 实际工时

【例 11.7】某企业生产的 A 产品，本月变动性制造费用预算为 27 200 元，实际执行结果为 27 825 元，本月完成标准工时 17 000 小时，实际工时为 17 500 小时。A 产品变动性制造费用的差异计算分析如下：

A 产品变动性制造费用差异 = 27 825 − 27 200 = 625（元）

其中，①由于效率差异影响：

变动性制造费用效率差异 = (17 500 − 17 000) × 27 200 ÷ 17 000

= (17 500 − 17 000) × 1.6 = 800（元）

②由于耗费差异影响：

变动性制造费用耗费差异 = (27 825 ÷ 17 500 − 1.6) × 17 500 = −175（元）

（2）固定性制造费用差异的计算分析。固定性制造费用差异是指固定性制造费用的实际数额与标准（预算）数额之间的差额。由于固定性制造费用大多与一定的生产规模联系，所以对固定性制造费用差异的计算分析，不仅要对耗用差异、效率差异进行计算分析，还要对生产能力进行分析。其计算公式如下：

固定性制造费用效率差异 = (实际工时 − 标准工时) × 标准分配率

固定性制造费用能力差异 = 固定性制造费用预算 − (实际工时 × 标准分配率)

固定性制造费用耗费差异 = 固定性制造费用实际发生额 − 固定性制造费用预算数

【例 11.8】某企业生产 A 产品，本月固定性制造费用预算为 7 040 元，预算工时为 17 600 小时，标准分配率为每小时 0.4 元，本月实际发生固定性制造费用 6 825 元，实际工时 17 500 小时，实际完成标准工时为 17 000 小时。A 产品固定性制造费用差异计算分析如下：

固定性制造费用效率差异 = (17 500 − 17 000) × 0.4 = 200（元）

固定性制造费用能力差异 = 7 040 − (17 500 × 0.4) = 40（元）

或　　　　　　　　　　　= (17 600 − 17 500) × 0.4 = 40（元）

固定性制造费用耗用差异 = 6 825 − 7 040 = −215（元）

计算结果表明，固定性制造费用效率变化使固定性制造费用超支 200 元，能力利用不足使费用超支 40 元，耗费降低节约费用 215 元。对差异原因应结合企业实际情况作进一步分析。

第三节　责任控制

一、责任中心的含义和特征

（一）责任中心的含义

企业为了实行有效的内部协调与控制，通常都按照统一领导、分级管理的原则，在其内部合理划分责任单位，明确各责任单位应承担的经济责任及应有的权利，促使各责任单位尽其责任协同配合。责任中心就是承担一定经济责任，并享有一定权利的企业内部单位（或责任单位）。企业为了保证预算的贯彻落实和最终实现，必须把总预算中确定的目标和任务，以责任中心为单位逐层进行指标分解，形成责任预算，使各责任中心明确目标和任务。责任预算执行情况的揭示和考评可以通过责任会计来进行。责任会计围绕各个责任中心，把衡量工作成果的会计同企业生产经营的责任制紧密结合起来，成为企业内部控制体系的重要组成部分。由此可见，建立责任中心是实行责任预算和责任会计的基础。

（二）责任中心的特征

责任中心通常具有以下特征：

(1)责任中心是一个责权利结合的实体。它意味着每个责任中心都要对一定的财务指标承担完成的责任，同时赋予责任中心与其所承担责任的范围和大小相适应的权利，并规定相应的业绩考核标准和利益分配标准。

(2)责任中心具有承担经济责任的条件。它有两方面的含义：一是责任中心具有履行经济责任中各条款的行为能力；二是责任中心一旦不能履行经济责任，能对其后果承担责任。

(3)责任中心所承担的责任和行使的权利都应该是可控的。每个责任中心只能对其责权范围内可控的成本、收入、利润和投资负责，在责任预算和业绩考核中也只应包括他们能控制的项目。可控是相对于不可控而言的，不同的责任层次，其可控的范围并不一样。一般而言，责任层次越高，其可控范围也就越大。

(4)责任中心具有相对独立的经营业务和财务收支权利。它是确定经济责任的客观对象，是责任中心得以存在的前提条件。

(5)责任中心可进行责任会计核算或单独核算。责任中心不仅要划清责任，而且要单独核算。划清责任是前提，单独核算是保证。只有既划清责任又能进行单独核算的企业内部单位，才能作为一个责任中心。

二、责任中心的分类

根据企业内部责任中心的权责范围及业务流动的特点不同，可以分为成本中心、利润中心、投资中心三大类。

（一）成本中心

1. 成本中心的含义

成本中心是指对成本或费用承担责任的责任中心。它不会形成可以用货币计量的收入，因而不对收入、利润或投资负责。成本中心一般包括负责产品生产的生产部门、劳务提供部门，以及给予一定费用指标的管理部门。

成本中心的应用范围最广，从一般意义出发，企业内部凡有成本发生，需要对成本负责，并能实施成本控制的单位，都可以成为成本中心。工业企业上至工厂一级，下至车间、工段、班组，甚至个人都有可能成为成本中心。成本中心的规模不一，各个较小的成本中心共同组成一个较大的成本中心，各个较大的成本中心又共同构成一个更大的成本中心，从而在企业形成一个逐级控制，并层层负责的成本中心体系。规模大小不一和层次不同的成本中心，其控制和考核的内容也不尽相同。

2. 成本中心的类型

成本中心分为标准成本中心和费用中心。标准成本又称技术性成本，是指发生的数额通过技术分析可以相对可靠地估算出来的成本，如产品生产过程中发生的直接材料、直接人工、间接制造费用等。其特点是这种成本的发生可以为企业提供一定的物质成果，在技术上投入量与产出量之间有着密切的联系。技术性成本可以通过弹性预算予以控制。标准成本中心是以实际产出量为基础，并按标准成本进行成本控制的成本中心。

费用中心也称酌量性成本中心。酌量性成本是否发生以及发生数额的多少是由管理人员的决策所决定的，主要包括各种管理费用和某些间接成本项目，如研究开发费用、广告宣传费用、职工培训费用等。这种费用的发生主要是为企业提供一定的专业服务，一般不能产生可以用货币计量的成果。在技术上，投入量与产出量之间没有直接关系。酌量性成本的控制应着重在预算总额的审批上。因此，费用中心是以直接控制经营管理费用为主的成本中心。

3. 成本中心的特点

成本中心相对于利润中心和投资中心有自身的特点，主要表现在：

(1)成本中心只考评成本费用而不考评收益。成本中心一般不具备经营权和销售权，其经济活动的结果不会形成可以用货币计量的收入。有的成本中心可能有少量的收入，但从整体上讲，其产出与投入之间不存在密切的对应关系，因而这些收入不作为主要的考核内容，也不必计算这些货币收入。概括来讲，成本中心只以货币形式计量投入，不以货币形式计量产出。

(2)成本中心只对可控成本承担责任。成本费用依其责任主体是否能控制，分为可控成本与不可控成本。凡是责任中心能控制其发生和数量的成本称为可控成本；凡是责任中心不能控制其发生和数量的成本称为不可控成本。

具体来说，可控成本应具备三个条件：①可以预计，即成本中心能够通过一定的方式知道将要发生什么性质的成本；②可以计量，即成本中心能够对发生的成本进行计量；③可以控制，即成本中心能够通过自身的行为控制和调节成本。

凡不能同时具备上述三个条件的成本通常为不可控成本。属于某成本中心的各项可控成本之和即构成该成本中心的责任成本。从考评的角度看，成本中心工作成绩的好坏，应以可控成本作为主要依据，不可控成本核算只有参考意义。在确定责任中心成本责任时，应尽可能使责任中心发生的成本成为可控成本。

成本的可控与不可控是以一个特定的责任中心和一个特定的时期作为出

发点的,这与责任中心所处管理层次的高低、管理权限及控制范围的大小和经营期间的长短有直接关系。首先,成本的可控与否,与责任中心的权利层次有关。某些成本对于较高层次的责任中心或高级领导来说是可控的,对于其下属的较低层次的责任中心或基层领导来说,就可能是不可控的;反之,较低层次责任中心或基层领导的不可控成本,可能是其所属较高层次责任中心或高级领导的可控成本。对企业来说,几乎所有的成本都是可控的,而对于企业下属各层次、各部门以及个人来说,则既有各自的可控成本,又有各自的不可控成本。其次,成本的可控与否,与责任中心的管辖范围有关。某项成本对某一责任中心是不可控的,而对另一个责任中心是可控的,这不仅取决于该责任中心的业务内容,也取决于该责任中心所管辖的业务内容的范围。比如产品试制费,从产品生产部门看是不可控的,而对新产品试制部门来说,就是可控的。但如果新产品试制也归口由生产部门进行,则试制费又成为了生产部门的可控成本。再次,某些从短期看属于不可控的成本,从较长的期间看,又成为了可控成本。比如现有生产设备的折旧,在设备原价和折旧方法既定的条件下,该设备继续使用时,就具体使用它的部门来说,折旧是不可控的;但当现有设备不能继续使用,要用新的设备来代替它时,新设备的折旧则取决于设备更新所选用设备的价格及正常使用寿命,从这个角度看,新设备的折旧就成了可控成本。

另外,在责任控制中,应尽可能把各项成本费用确认到各成本中心,使之成为各成本中心的可控成本。而对那些一时难以确认作为某一特定成本中心的可控成本,则可以通过各种方式与有关成本中心协商,共同承担风险,以此克服由于风险责任或难以控制而产生的种种问题,避免出现相互推诿扯皮现象。对确实不能确认为某一成本中心的成本费用,则由企业控制或承担。

需要说明的是,成本不仅可按可控性分类,也可按其他标准分类。一般说来,成本中心的变动成本大多是可控成本,而固定成本大多是不可控成本。但也不完全如此,应结合有关情况具体分析。管理人员工资属固定成本,但其发生额可以在一定程度上为部门负责人所决定或影响,因而也可能作为可控成本。从成本的发生与各个成本中心的关系看,各成本中心直接发生的成本是直接成本,其他部门分配的成本是间接成本。一般而言,直接成本大多是可控成本,间接成本大多是不可控成本。尽管如此,也要具体情况具体分析。一个成本中心所使用的固定资产所发生的折旧费是直接成本,但不是可控成本。而从其他部门分配来的间接成本又可分为两类:一类是某些服务部门为生产部门提供服务,只为生产部门正常开展生产活动提供必要的条件,而与生产活动本身并无直接联系,如人事部门所提供的服务;另一类是某些服务部门提供的服务是生产部门在生产中“耗用”的,可随生产部门的生产需要而改变,如动力部门提供的服务。一般而言,前一种间接成本属于不可控成本;后一种间接成本如采用按各成本中心实耗量进行分配,就是各成本中心的可控成本。

(3)成本中心只对责任成本进行考核和控制。责任成本是各成本中心当期确定或发生的各项可控成本之和。它分为由预算分解确定的各责任中心应承担的预算责任成本和各责任中心开展业务活动所发生的实际责任成本。对成本中心的业务活动所耗费的成本费用进行控制,应以各成本中心的预算责任成本为依据,确保实际发生成本不会超过预算责任成本;对成本中心的业务活动所耗费的成本费用进行考核,应通过各成本中心的实际责任成本与预算责任成本进行比较,确定其成本控制的绩效,并采取相应的奖惩措施。为了便于对各成本中心的责任成本进行控制和考核,还应建立健全责任会计核算体系,按成本中心分别组织责任成本核算。

4. 成本中心的考核指标

成本中心考核的主要内容是成本,即通过各成本中心的实际责任成本与预算责任成本的比较,评价成本中心业务活动的优劣。

(二)利润中心

1. 利润中心的含义

利润中心是对利润负责的责任中心。由于利润是收入扣除成本费用之差,因而利润中心就是指既对成本负责又对收入和利润负责的区域。它既要控制成本费用的发生,也要对收入和成本的差额即利润进行控制。这类责任中心一般是指有产品或劳务生产经营决策权的企业内的部门。

利润中心往往处于企业内部的较高层次,如分厂、分店、分公司,一般具有独立的收入来源或能视为一个有独立收入的部门,一般还具有独立的经营权。利润中心与成本中心相比,其权利和责任都相对较大,利润中心不仅要对成本控制负责,而且必须对收入和利润承担责任。因此,利润中心不仅要绝对地降低成本,而且更要追求收入的增长超过成本的增长。或者说,利润中心对成本的控制是联系收入进行的,它强调的是相对成本节约。

2. 利润中心的类型

利润中心分为自然利润中心与人为利润中心两种。

(1)自然利润中心是指可以直接对外销售产品并取得收入的利润中心。这种利润中心本身直接面向市场,具有产品销售权、价格制定权、材料采购权和生产决策权。它虽然是企业内的一个部门,但其功能同独立企业相近。最典型的形式就是公司内的事业部,每个事业部均有销售、生产、采购的功能,有很大的独立性,能独立地控制成本、取得收入。

(2)人为利润中心是指对内流转产品,视同产品销售而取得"内部销售收入"的利润中心。这种利润中心一般不直接对外销售产品,只向本企业内部各责任中心提供产品(含劳务)。成立人为利润中心应具备两个条件:一是可以向其他责任中心提供产品(含劳务);二是能合理确定转移产品的内部转移价格,以实现公平交易、等价交换。人为利润中心一般也应具备独立的经营权,即能自主决定本利润中心的产品品种（含劳务）、产品质量、作业方法、人员调配、资金使用等。实际上，工业企业的大多数成本中心都可以转成人为利润中心，条件是对它们提供的产品或配件能制定出合适的内部转移价格。

3. 利润中心的成本计算

利润中心对利润负责，必然要考核和计算成本，以便正确计算利润，作为对利润中心业绩评价与考核的可靠依据。对利润中心的成本计算，通常有两种方式可供选择：

（1）利润中心只计算可控成本，不分担不可控成本，亦即不分摊共同成本。这种方式主要适应于共同成本难以合理分摊或无须进行共同成本分摊的场合，按这种方式计算出的盈利不是通常意义上的利润，而是相当于“贡献毛益总额”。企业各利润中心的“贡献毛益总额”之和，减去未分配的共同成本，经过调整后才是企业的利润总额。采用这种成本计算方式的“利润中心”，实质上已不是完整和原来意义上的利润中心，而是贡献毛益中心。人为利润中心适合采取这种计算方式。

（2）利润中心不仅计算可控成本，也计算不可控成本。这种方式适合于共同成本易于合理分摊或不存在共同成本分摊的场合。这种利润中心在计算时如果采用变动成本法，应先计算出贡献毛益，再减去固定成本，才是税前净利；如果采用完全成本法，利润中心可以直接计算出税前净利。各利润中心的利润总额之和，就是全企业的利润总额。自然利润中心适合采取这种计算方式。

4. 利润中心的考核指标

利润中心的考核指标为利润，即通过一定期间实际实现的利润同责任预算所确定的利润进行对比来评价责任中心的业绩。

（1）当利润中心不计算共同成本或不可控成本时，采用的考核指标是：

$$\text{利润中心边际贡献} = \text{该利润中心销售收入总额} - \text{该利润中心可控成本总额（或变动成本总额）} \tag{1}$$

需要说明的是，如果可控成本中包含可控固定成本，就不完全等于变动成本总额。但一般而言，利润中心的可控成本就是变动成本。

（2）当利润中心计算共同成本或不可控成本，并采取变动成本法计算成本时，采用的考核指标主要是以下几种：

$$\text{利润中心边际贡献} = \text{该利润中心销售收入总额} - \text{该利润中心变动成本总额} \tag{2}$$

$$\text{利润中心负责人可控利润总额} = \text{该利润中心负责人边际贡献总额} - \text{利润中心负责人可控固定成本} \tag{3}$$

$$\text{利润中心可控利润总额} = \text{该利润中心负责人可控利润总额} - \text{该利润中心负责人不可控固定成本} \tag{4}$$

$$\text{公司利润总额} = \text{各利润中心可控利润总额之和} - \text{公司不可分摊的各种管理费用、财务费用等} \tag{5}$$

式(3)主要用于考核利润中心负责人的经营业绩,因而应针对经理人员的可控成本费用进行评价和考核。为此,应将各利润中心的固定成本进一步区分为可控成本和不可控成本。这主要考虑有些成本费用可以划归、分摊到有关利润中心,却不能为利润中心负责人所控制,如广告费、保险费等。在考核利润中心负责人业绩时,应将其不可控的固定成本从中剔除。式(4)主要用于对利润中心的业绩进行评价和考核,它表明利润中心补偿共同性固定成本后为企业利润总额所做的贡献。

【例11.9】假定某企业有一利润中心,其有关数据如下:

①利润中心销售收入800 000元;

②利润中心销售产品变动成本和变动销售费用550 000元;

③利润中心负责人可控固定成本50 000元;

④利润中心负责人不可控而应由该中心负担的固定成本70 000元。

则该利润中心利润考核指标的计算如下:

利润中心边际贡献总额 = 800 000 - 550 000
= 250 000(元)

利润中心负责人可控利润总额 = 250 000 - 50 000
= 200 000(元)

利润中心可控利润总额 = 200 000 - 70 000
= 130 000(元)

(三)投资中心

1. 投资中心的含义

投资中心是指既对成本、收入和利润负责,又对投资效果负责的责任中心。由此可见,投资中心同时也是利润中心。它与利润中心的区别主要是:①权利不同。利润中心没有投资决策权,它只是在企业投资形成后进行具体的经营;而投资中心则不仅在产品生产和销售上享有较大的自主权,而且能相对独立地运用所掌握的资产,有权购建或处理固定资产,扩大或缩减现有的生产能力。②考核办法不同。考核利润中心业绩时,不联系投资多少或占用资产的多少,即不进行投入产出的比较;而在考核投资中心业绩时,则必须将所获得的利润与所占用的资产进行比较。

投资中心是最高层次的责任中心,它具有最大的决策权,也承担最大的责任。投资中心的管理特征是较高程度的分权管理。一般而言,大型集团所属的子公司、分公司、事业部往往都是投资中心。在组织形式上,成本中心一般不是独立法人,利润中心可以是也可以不是独立法人,而投资中心一般都是独立法人。

由于投资中心独立性较强,它一般应向公司的总经理或董事会直接负责,因而对投资中心不应干预过多,应使其享有投资权和较为充分的经营权。另外，投资中心在资产和权益方面应与其他责任中心划分清楚。如果对投资中心干预过多，或者其资产和权益与其他责任中心划分不清，出现互相扯皮的现象，也无法对其进行准确的考核。

2. 投资中心的考核指标

为了准确计算各投资中心的经济效益，应对各投资中心共同使用的资产划清界限；对共同发生的成本按适当的标准进行分配；各投资中心之间相互调剂使用的现金、存货、固定资产等，均应计息清偿，实行有偿使用。在此基础上，根据投资中心应按投入产出之比进行业绩评价与考核的要求，除考核利润指标外，更需要计算、分析利润与投资额的关系性指标，即投资利润率和剩余收益。

(1)投资利润率。投资利润率又称投资报酬率，是指投资中心所获得的利润与投资额之间的比率。其计算公式是：

$$投资利润率=\frac{利润}{投资额}\times 100\%$$

投资利润率这一指标，还可进一步展开：

$$\begin{aligned}投资利润率&=\frac{销售收入}{投资额}\times\frac{成本费用}{销售收入}\times\frac{利润}{成本费用}\\&=资本周转率\times销售成本率\times成本费用利润率\end{aligned}$$

从以上公式可以看出，投资额是指投资中心的总资产扣除对外负债后的余额，即投资中心的净资产。所以，该指标也可以称为净资产利润率，它主要说明投资中心运用“公司产权”供应的每1元资产对整体利润贡献的大小，或投资中心对所有者权益的贡献程度。

为了考核投资中心的总资产运用情况，也可以计算投资中心的总资产息税前利润率，就是用投资中心的息税前利润除以总资产占用额。总资产是指生产经营中占用的全部资产；因资金来源中包含了负债，相应分子也要采用息税前利润，就是利息加利润总额。投资利润率按总资产占用额计算，主要用于评价和考核由投资中心掌握、使用的全部资产的盈利能力。需要说明的是，由于利润或息税前利润是期间性指标，故上述投资额或总资产占用额应按平均投资额或平均占用额计算。

投资利润率是广泛采用的评价投资中心业绩的指标，其优点如下：

①投资利润率能反映投资中心的综合盈利能力。从投资利润率的分解公式可以看出，投资利润率的高低与收入、成本、投资额和周转能力有关，提高投资利润率应通过增收节支、加速资金周转、减少投入来实现。

②投资利润率具有横向可比性。投资利润率将各投资中心的投入与产出进行比较，剔除了因投资额不同而导致的利润差异的不可比因素，有利于对各投资中心经营业绩进行比较。

③投资利润率可以作为选择投资机会的依据，有利于调整资产的存量，优化资源配置。

④以投资利润率作为评价投资中心经营业绩的尺度，可以正确引导投资中心的经营管理行为，使其行为长期化。由于该指标反映了投资中心运用资产并使资产增值的能力，则如果投资中心资产运用不当，就会增加资产或投资占用规模，也会降低利润，因此以投资利润率作为评价与考核的尺度，将促使各投资中心盘活闲置资产，减少不合理资产占用，及时处理过时、变质、毁损资产等。

总的说来，投资利润率的主要优点是能促使管理者像控制费用一样地控制资产占用或投资额的多少，综合反映一个投资中心的全部经营成果。但是该指标也有其局限性：一是由于世界性的通货膨胀，使企业资产账面价值失真，以致相应的折旧少计、利润多计，使计算的投资利润率无法揭示投资中心的实际经营能力。二是使用投资利润率往往会使投资中心只顾自身利益而放弃对整个企业有利的投资项目，造成投资中心的近期目标与整个企业的长远目标的背离。各投资中心为达到较高的投资利润率，可能会减少投资行为。三是投资利润率的计算与资本支出预算所用的现金流量分析方法不一致，不便于投资项目建成投产后与原定目标的比较。四是从控制角度看，由于一些共同费用无法为投资中心所控制，因而投资利润率的计量不全是投资中心所能控制的。所以，为了克服投资利润率的某些缺陷，应采用剩余收益作为评价指标。

(2)剩余收益。剩余收益是一个绝对数指标，是指投资中心获得的利润扣减其最低投资收益后的余额。最低投资收益是投资中心的投资额(或资产占用额)按规定或预期的最低报酬率计算的收益。其计算公式如下：

$$\text{剩余收益}=\text{利润}-\text{投资额}\times\text{规定或预期的最低投资报酬率}$$

如果考核指标为总资产息税前利润率时，则剩余收益计算公式应作相应调整：

$$\begin{matrix}\text{剩余}\\\text{收益}\end{matrix}=\begin{matrix}\text{息税前}\\\text{利润}\end{matrix}-\begin{matrix}\text{总资产}\\\text{占用额}\end{matrix}\times\begin{matrix}\text{规定或预期的总资产}\\\text{息税前利润率}\end{matrix}$$

这里所说的规定或预期的最低报酬率和总资产息税前利润率，通常是指企业为保证其生产经营正常、持续进行所必须达到的最低报酬水平。

以剩余收益作为投资中心经营业绩评价指标，各投资中心只要投资利润率大于规定或预期的最低投资报酬率(或总资产息税前利润率大于规定或预期的最低总资产息税前利润率)，该项投资(或资产占用)便是可行的。剩余收益指标具有两个特点：

①体现投入产出关系。由于减少投资(或降低资产占用)同样可以达到增加剩余收益的目的，因而与投资利润率一样，该指标也可以用于全面评价与考核投资中心的业绩。

②避免本位主义。采用剩余收益指标可避免投资中心狭隘的本位倾向，即单纯追求投资利润而放弃一些有利可图的投资项目，因为是以剩余收益作为衡量投资中心工作成果的尺度。投资中心将尽量提高剩余收益，亦即只要有利于

增加剩余收益绝对额,其投资行为就是可取的,而不只是尽量提高投资利润率。这两个指标的差别,可以举例说明如下:

【例11.10】某公司下设投资中心A和投资中心B,该公司加权平均最低投资利润率为10%。现两中心均追加投资,有关资料如表11-5所示。

表11-5　　投资中心指标计算表　　单位:万元

项　目		投资前	利润	投资利润率	剩余收益
追加投资前	A	20	1	5%	$1-20\times10\%=-1$
	B	30	4.5	15%	$4.5-30\times10\%=+1.5$
		50	5.5	11%	$5.5-50\times10\%=+0.5$
追加中心A（追加投资10）	A	30	1.8	6%	$1.8-30\times10\%=-1.2$
	B	30	4.5	15%	$4.5-30\times10\%=+1.5$
		60	6.3	10.5%	$6.3-60\times10\%=+0.3$
追加中心B（追加投资20）	A	20	1	5%	$1-20\times10\%=-1$
	B	50	7.4	14.8%	$7.4-50\times10\%=+2.4$
		70	8.4	12%	$8.4-70\times10\%=+1.4$

根据表11-5中的资料评价A、B两个投资中心的经营业绩可知,如以投资利润率作为考核指标,追加投资后A的利润率由5%提高到了6%,B的利润率由15%下降到了14.8%,则向A投资比向B投资好。但以剩余收益作为考核指标,A的剩余收益由原来的-1万元变成了-1.2万元,B的剩余收益由原来的1.5万元增加到2.4万元,则应当向B投资。如果对整个公司进行评价,就会发现A追加投资时全公司总体投资利润率由11%下降到10.5%,剩余收益由0.5万元下降到0.3万元;B追加投资时全公司总体投资利润率由11%上升到12%,剩余收益由0.5万元上升到1.4万元,这和以剩余收益指标评价各投资中心的业绩的结果一致。所以,以剩余收益作为评价指标可以保持各投资中心获利目标与公司总的获利目标一致。

在以剩余收益作为考核指标时,所采用的规定或预期最低投资报酬率的高低对剩余收益的影响很大,通常可用公司的平均利润率(或加权平均利润率)作为基准收益率。

随着市场竞争日趋激烈,企业的销售工作也显得更加重要。为了强化销售功能,加强收入管理,及时收回账款、控制坏账,不少企业都设置了以推销产品为主要职能的责任中心——收入中心。该中心只对产品或劳务的销售收入负责,如公司所属的销售分公司或销售部。尽管这些从事销售的机构也发生销售费用,但由于其主要职能是进行销售,因此,以收入来确定其经济责任更为恰当。对销售费用,可以采用简化的核算,只需根据弹性预算方法确定即可。

综上所述,责任中心根据其控制区域和权责范围的大小,分为成本中心、利润中心和投资中心三种类型。它们各自不是孤立存在的,每个责任中心都要承担经营管理责任。最基层的成本中心应就其经营的可控成本向其上层成本中心负责；上层的成本中心应就其本身的可控成本和下层转来的责任成本一并向利润中心负责；利润中心应就其本身经营的收入、成本（含下层转来的成本）和利润（或贡献毛益）向投资中心负责；投资中心最终就其经管的投资利润率和剩余收益向总经理和董事会负责。正因为企业各种类型和层次的责任中心形成一个"连锁责任"网络，所以才促使了每个责任中心为保证经营目标一致而协调运转。

复习思考题

1. 成本控制的程序一般有哪些？
2. 正常标准成本有何特点？
3. 直接材料数量差异产生的主要原因是什么？
4. 企业财务控制具有哪些特征？
5. 责任中心有何特征？
6. 成本中心有何特点？对成本中心如何考核？
7. 可控成本有何特征？如何区别可控成本与不可控成本？
8. 利润中心的考核指标有哪些？
9. 投资利润率的优点有哪些？缺点有哪些？

计算分析题

1. 已知有三个不相关的公司，有关资料如下：

	A 公司	B 公司	C 公司
利润	36 000	840	4 000
净资产平均占用额	300 000	7 000	80 000
股东权益	250 000	6 000	65 000
规定的最低投资报酬率	10%	12%	8%

要求：

(1)分别计算各公司的剩余收益。

(2)分析说明如果现阶段有一个可带来11%报酬率的投资机会，上述三家公司是否愿意进行投资。

2. 某集团公司下设 A、B 两个投资中心。A 中心的投资额为 20 万元，投资利润率为 15%；B 中心的投资利润率为 17%，剩余收益为 8 万元；集团公司要求的平均投资利润率为 12%。集团公司决定追加投资 100 万元，若投向 A 公司，每年可增加利润 20 万元；若投向 B 公司，每年可增加利润 15 万元。

要求计算下列指标：

(1)追加投资前A中心的剩余收益。

(2)追加投资前B中心的投资额。

(3)追加投资前集团公司的投资利润率。

(4)若A公司接受追加投资，其剩余收益应是多少？

(5)若B公司接受追加投资，其投资利润率应是多少？

3. 某公司下设甲、乙两个投资中心，部分资料如下：

投资公司	甲中心	乙中心	总公司
息税前利润	100 000	450 000	550 000
经营总资产平均占用额	2 000 000	3 000 000	5 000 000
总公司规定的总资产息税前利润率	–	10%	–
总资产息税前利润率	5%	15%	11%
剩余收益	–100 000	150 000	50 000

现有两个追加投资的方案可供选择：①若甲中心追加投入1 000 000元经营资产，每年将增加80 000元息税前利润；②若乙中心追加投入2 000 000元经营资产，每年将增加290 000元息税前利润。假定资金供应有保证，剩余资金无法用于其他方面，暂不考虑剩余资金的机会成本。

要求：

(1)列表计算甲中心追加投资后，该中心的总资产息税前利润率和剩余收益指标及总公司新的总资产息税前利润率和剩余收益指标。

(2)列表计算乙中心追加投资后，该中心的总资产息税前利润率和剩余收益指标及总公司新的总资产息税前利润率和剩余收益指标。

(3)根据总资产息税前利润率指标，分别从甲中心、乙中心和总公司的角度评价上述追加投资方案的可行性，并据此评价该指标。

(4)根据剩余收益指标，分别从甲中心、乙中心和总公司的角度评价上述追加投资方案的可行性，并据此评价该指标。

4. 假定甲企业生产A产品，本月实际产量400件，发生固定制造成本1 424元，实际工时为890小时；企业生产能量为500件即1 000小时；每件产品固定制造费用标准成本为3元/件，即每件产品标准工时为2小时，标准分配率为1.50元/小时。

要求：根据以上资料，计算固定制造费用的各项差异。

第十二章 资本经营财务

第一节　资本经营概述

一、资本经营的概念及特征

资本经营的内涵是什么？我们可以从相关经济现象的观察入手。假如一家很有名的公司 A 正与一家国外公司 B 商讨合作，双方提出了三种方式：一是将 A 公司的名号作为投资入股，在 B 公司所在国开设一合资的新公司，名号评估约为 3 亿元，凭此，A 公司占有 B 公司 51% 的股份，并享有资本利益；二是将 A 公司的名号在 B 公司所在国的使用权出售给 B 公司，假定该使用权有时间规定，相应 B 公司付给 A 公司 3 亿元现金，其净资产增加 3 亿元；三是 B 公司作为 A 公司所生产商品的特许经营商，A 公司只把商品出售给 B 公司，相应地，出售商品的价格相对较高。假定：经过与 B 公司使用 A 公司名号的使用期相同的期间后，A 公司由于以相对较高的价格出售商品而获得的折现收益也是 3 亿元。

这三种合作方式以合作开始时为时间起点，合作期间相同，A 公司在三种形式中均获得 3 亿元的收益，并都是以其无形资产作为取得收益的基础，那么，究竟哪一种方式是资本经营，为什么认为这种方式是资本经营。在说明这一问题之前，我们可以以上述三种方式为背景提出三个基本概念，即商品经营、资产经营和资本经营。在这三种合作方式中，只是以名号作为投资入股的形式才是资本经营，出售名号使用权的形式是资产经营，而出售商品使用权的形式自然是商品经营。

从这一实例看，资本经营与资本关系有关。以此为基础，抽象出来的资本经营的特征是：

(1) 从形式上看，资本经营是出资人投出资本、监管资本的运用，并对存量资本进行调整的过程。一般而言，没有出资人的投出资本，就不可能有资本的存在，保留在出资人手中的财物不是资本，而只有投入到再生产领域亦即投入到企业，与劳动结合才会成为资本。一旦出资人把资本投入企业，就要谋求获取资本报酬。当他在投出资本时，期望把资本投放到资本报酬最高的企业和项目上去；当他把资本投放到企业后，希望把预期的资本报酬变为现实。为此，他必然要对受资企业的资本运用过程实行监管，一是不使其资本遭受损失，二是确保资本报酬的取得和实现。当他的资本被受资企业运用后，如果达不到预期的资本报酬，或者有更有利的投资机会，他会对已经投出的资本进行调整，或者将资本转移至别的企业或项目上，或者收回投资。

(2)从实质上看，资本经营是在经营一种资本关系。资本表明了出资人与受资人之间的一种权利责任关系：一方面资本意味着出资人对受资企业所拥有的所有权；另一方面资本表明受资企业的资源从何处取得，对出资人承担何种责任。这种关系的核心是资本保值增值。资本关系体现在资本经营过程中。首先，从出资人投出资本看，旨在建立资本关系；其次，从出资人监管资本的运用看，旨在维护资本关系；最后，从出资人调整已投出资本的结构看，旨在改变资本关系。

(3)从报酬形式看，因资本经营涉及投出资本和存量资本调整，相应也会取得两种收益形式：一是由于投放资本而从受资人那里分得的利润；二是由于进行存量资本调整而发生资本交易行为所取得的买卖价差，也称资本利得，它的多少取决于受资企业的潜在获利能力的大小。

(4)从实现报酬的方式看，资本经营不仅要通过选择最优投资方案，并通过经营者的实际生产经营活动实现资本报酬，而且也要通过资本的重新配置，或者说在其拥有所有权的企业之间以及其他企业之间重新配置资源，实现资本报酬。在现实的资本经营中，后一种报酬的实现方式更为重要，因为资本一旦投放，就无需收回。因此，要使资本不断增值，就必须使资本处于不断的流动之中，这正是出资人与企业的资本关系由独资到合伙到股份，以至于出现上市公司的原因。

综上，资本经营不是经营物，而是经营一种资本关系，并通过这种资本关系的改变，以实现出资人的目标。不仅出资人投放资本是如此，而且出资人在进行存量资本调整时也是如此。无论是合并、收购兼并，还是出售企业，都会涉及所有权主体及出资比例的调整，这当然是资本关系的调整。由此可见，资本经营是出资人为实现资本报酬最大化，通过投出资本、监管资本的运用和调整资本结构，以建立、维护和改变资本关系的过程。

二、资本经营的作用

资本经营是从出资人的角度出发，使资本合理流动和组配，以实现资本报酬的最大化。它具有以下作用：

(一)有利于社会资源的优化配置

从资本的投放和资本结构的调整来看，都与社会资源的优化配置密切相关。投放资本要求出资人选择合理的投资方向。如果出资人的投放方向符合社会需求结构、产业结构的要求，整个社会资源就能得到有效利用，总投资的总报酬也最大。然而，出资人的投资并非总是能反映社会需求结构和产业结构的要求，即使初始投资符合要求，但随着投资的实际运行，会逐渐变得不符合要求。这就要求出资人不断地调整投资结构，亦即存量资本结构，也就意味着资本经营在社会范围内重新配置资源。所以，资本经营过程就是一个动态的社会资源的配置和再配置过程。其目标是使社会整体资源的利用效率最大。

(二)有利于维护出资人的利益

在两权分离的条件下，出资人一旦投出资本后，就要求经营者确保资本保值增值，但是由于经营者受主观因素和外部环境的影响，受资企业的经营并非总是处在一种优势状态。当企业经营面临亏损和破产时，出资人的利益就无法得到维护。通过资本经营，一方面出资人可以出卖其拥有的资本，以避免损失；另一方面通过将其资本与其他资本的融合，使受资企业走出困境，消除损失，获得收益。

(三)有利于形成对经营者和企业的约束

从约束的角度看，资本的流动和退出会对经营者和企业形成很大的压力，会降低企业的市场价值，使企业的财务形象趋坏。出资人进行资本经营就能够根据经营者能力的高低和受资企业效益的好坏，调节资本的流动和退出，从而间接对经营者和企业形成约束。这种约束会使企业再融资困难，难以寻找到经营伙伴，以致经营活动难以进行，最终迫使经营者下台。

(四)有利于金融市场的成熟和发展

在当今，一方面金融市场的成熟和发展为资本经营提供了场所，另一方面资本经营为金融市场的成熟和发展奠定了基础。在金融市场中，最主要的市场是资本市场，通过资本经营者参与资本市场的行为，不仅使得资本市场的存在成为可能，也有力地促进了资本市场的发展。首先是资本经营者的成熟(专家化、专业化)和资本经营方式、手段的多样化必然导致资本市场成熟；其次是资本经营者参与市场的数量和程度，以及交易的活跃程度促进了资本市场的发展。

第二节　资本经营形式

一、并购

(一)并购概述

企业并购是经济学特别是微观经济理论中很值得研究的一个概念。所谓并购，是合并与收购的合称。

从传统意义上讲，企业合并是指两个或两个以上的企业，依法通过契约方式变成一个企业的行为，具体包括吸收合并和新设合并两种。企业收购是指企业用现款、债券或股票购买另一家企业的部分或全部资产或股权，以获得该企业的控制权，具体包括公开收购和杠杆收购。

从理论上分析，资本经营是出资人的行为，因此分析合并和收购的概念也应从出资人的角度出发。从出资人的角度看，合并意味着合并企业与被合并企业的出资人的重新组合。他们共同对一个原企业或新创企业行使所有权，所以，合并的本质是出资人对企业的出资关系的重新调整。伴随出资人资本的合并，原来两个独立的法人企业也必须合并。因此，出资人的资本合并是实质，而法人企业的合并或全部资产合并只是形式，没有资本的合并，它就不可能进行。企业的合并或其资产的合并，可以通过两个企业的出资人及资本的合并来实现，也可以通过一个企业的出资人用资本购买另一个企业出资人的资本来实现。从严格意义上讲，后者称为收购。但是，在现实中，人们一般认为收购并不改变被收购企业的法人地位，或者说，合并和收购本质上是资本与资本的合并以及资本对资本的收购。凡是两个企业的出资人及其资本组合在一起，并对同一企业行使所有权的行为，称为合并；而一个企业的出资人用其资本购买另一个企业出资人资本的行为，称为收购。至于收购资本后是否要将被收购企业的资产并入收购企业，取决于经营的需要。

(二)企业并购的类型

企业并购从不同的角度可以分为多种类型，具体有：

(1)按并购双方与企业的联系看，可分为横向并购、纵向并购、混合并购。横向并购是对生产和经营同一产品的同行业企业进行的并购；纵向并购是对生产工艺和经营方式上有前后关联的企业进行的并购；混合并购是对无直接生产和经营联系的企业进行的并购。

(2)按并购的实现方式，企业并购可分为承担债务式、购买式和股份交易式并购。承担债务式并购在被并购公司资不抵债或资产债务相等的情况下，并购方以承担被并购方全部债务为条件接受其资产；购买式并购是并购方通过对被并购方资产、负债的清理及评估，支付产权转让费，取得对方资产的所有权及法人财产权，被并购方的法人资格自行消失或失去对这部分资产的所有权益；股份交易式并购是指优势企业通过参股与利用股权优势来参与劣势企业的决策，并将劣势企业部分乃至全部产权控制在自己手中。

(3)按并购的范围划分，企业并购可分为整体性并购和部分性并购。整体性并购是指资产和产权的整体性转让；部分性并购是指将企业的资产和产权分割为若干部分进行交易的并购行为。

(三)企业并购的财务规划

企业并购主要是为了节约交易费用，形成规模效益，规避风险，提高管理效率，扩大融资。无论出于何种目的，都必须考虑其财务合理性。

1. 企业并购的财务分析

当两家公司并购时，会对双方财务指标产生明显的影响。这里主要从并购对企业盈余、股价及股票账面价值等方面来探讨并购对双方的意义及影响。

(1)并购净收益分析。对并购方而言，并购是否可行需要计算并购净收益。计算并购净收益的关键是计算并购成本。

并购成本是并购活动引起的一系列支付的总和，包括以下项目：

①并购完成成本。该成本是并购行为本身所发生的并购价款和并购费用。其中并购价款是支付给被购并公司股东的。并购费用是并购过程中发生的有关费用，包括并购过程中发生的债务成本及搜寻、策划、谈判、文本制作、法律鉴定、公证等费用。

②整合与运营成本。该成本是并购后为使被并购企业健康发展需要支付的长期营运成本。包括：其一，整合改制成本。取得目标公司的控制权后，从战略到经营方式必须对其进行相应的整合，需要派遣人员，建立新领导班子，安置原有领导班子和富余人员，剥离非经营性资产，淘汰无效设备，进行人员培训等。为此，会发生一系列费用。其二，注入资金的成本。并购方向被并购公司注入优质资产，投入启动资金，为被并购公司增加市场调研费、广告费、网点建设费等。这些都是成本。

③并购退出成本。在并购向外扩张时，必须考虑并购整合不成功退出的成本。

④并购机会成本。由于并购而放弃的其他项目投资的收益。

如果考虑货币的时间价值，并购成本则是以上各项成本的总现值，用 C 表示。

并购净收益为并购后新公司的价值超过并购交易价格、并购公司价值与并购成本之和的数额。

【例 12.1】假如 A 公司并购 B 公司，A、B 两个公司的价值分别为 VA、VB，并购后新公司的价值为 VAB。为促使被并购方股东出售其股票，在一般情况下并购方将以高于被并购方价值的价格 PB 作为交易价，P = PB - VB 称为并购溢价。并购净收益为 NS，则 NS = VAB - (VA + PB + C)。站在并购方的角度，NS >0，并购才可行。

假设 A 公司打算并购 B 公司，A 公司的市场价值为 200 万元，B 公司的市场价值为 20 万元，收购后新 A 公司价值为 240 万元，双方约定 A 公司收购 B 公司须支付 24 万元，收购成本现值为 3 万元，则并购溢价 = 24 - 20 = 4 万元，并购净收益 = 240 - (200 + 24 + 3) = 13 万元。

(2)并购对企业盈余的影响。由于并购投资决策应该以投资对股票价格的影响为依据，而股票价格的影响又取决于投资对企业每股收益的影响，所以在评估一项并购方案的可行性时,一定要将此列入考虑范围。

【例 12.2】假设 A 公司打算以发行股票方式收购 B 公司,并购时双方相关财务资料如表 12－1 所示:

表 12－1　　A、B 公司相关财务资料

项目	A 公司	B 公司
净利润(万元)	1 000	250
普通股股数(万股)	500	200
每股收益(元)	2	1.25
每股市价(元)	32	15
市盈率(倍)	16	12

假设 B 公司同意其股票每股作价 16 元由 A 公司以其股票相交换,此时交换比率为 16/32,亦即 A 公司股票每 0.5 股相当于 B 公司的 1 股。A 公司必须发行 200 万股 ×0.5＝100 万股的股票才能收购 B 公司所有股份。

现假设两公司并购后收益能力不变,则并购后存续的 A 公司的盈余总额等于原 A、B 两公司盈余之和,并购后的情况见表12－2:

表 12－2

并购后净利润(万元)	1 250
并购后股本总数(万股)	600
每股收益(元)	2.083

显然,A 公司在实施并购后每股收益提高了 0.083 元,然而原持有 B 公司股票的股东其每股收益却有所减少。因其所持有的 B 公司股票每股相当于并购后 A 公司股票 0.5 股,所以其原持有股票的每股盈余就相当于 0.5 ×2.083＝1.041 5 元,较原 B 公司的每股盈余降低了 0.208 5 元(1.25－1.041 5)。

如果 B 公司股票的作价不是 16 元而是 24 元,则交换比率为 24/32,即 0.75 股。A 公司为取得 B 公司全部股票,总计新发行股票 200 万股 ×0.75＝150 万股,并购之后的盈余情况如表 12－3 所示:

表 12－3

并购后净利润(万元)	1 250
并购后股本总数(万股)	650
每股收益(元)	1.923

在此情况下,A 公司的每股收益在并购后有所减少;相反,B 公司股票原持有股东每股收益则为 0.75 ×1.923＝1.44 元。

从这个思路出发,我们可以推断出保持 A 公司每股收益不变的股票交换比

率。假定A、B两公司并购后收益能力不变，即并购后存续的A公司的盈余总数等于原A、B两公司盈余之和，为1 250万元，设股票交换率为R_1，则：

并购前A公司的每股收益$EPS_1=2$元

并购后A公司的每股收益$EPS_2=1\ 250/(500+200R_1)$

因要求并购前、后的A公司每股收益不变，即$EPS_1=EPS_2$

$1\ 250/(500+200R_1)=2$元

求得$R_1=0.625$，即A公司对B公司的每股股票作价$0.625\times32=20$元。依此原理，我们还可以推算出确保B公司股东每股收益不变的股票交换率。当然，A公司实施并购方案以后，存续的A公司每股收益保持不变或适量降低应该是短期现象。从长远分析，并购后将产生并购协同效应，每股收益一定会提高。下面介绍一个考虑这种效应变化的例子。

【例12.3】沿用上例资料，假定A公司实施并购后能产生较好的协同效应，估计每年增加净收益202万元。如要求存续的A公司每股收益提高10%，为2.2元，计算A公司所能接受的股票交换率应为：

$(1\ 250+202)/(500+200R_1)=2.2$

$R_1=0.8$

即A公司对B公司的每股股票作价$0.8\times32=25.6$元

(3)并购对股票市场价值的影响。上例中，A、B公司在讨价还价过程中，确定每股市价的交换比是重点。因为股价能反映公司的获利能力、股利、企业风险、资本结构、资产价值及其他与评价有关的因素。股价交换比率的计算公式为：

股价交换比率＝被并购公司得到的价格÷被并购公司的每股市价

如果这一比率高于1，表示并购对被并购公司有利，公司因被并购而获利；如果该比率低于1，则表示被并购公司要亏本。

【例12.4】假设甲公司股价为30元、乙公司为15元。如果甲公司提议以其0.5股交换乙公司1股，则此时股价交换比率即为：

$$(30\times0.5)/15=1$$

这表明，甲、乙两家公司的股票以市价一对一的比例交换。假如存续公司的股票能相对稳定于每股30元的水平，则就股票市场价格而言，并购双方的股东在并购后并未受到任何损失，然而这对被并购公司缺乏吸引力。因此，并购公司常提议收购价格须高于被并购公司在拟议收购时的每股市价。在此例中，甲公司可能无法提议以0.5股对换1股，但很可能提议以0.667股对换1股，即以每股20元作为当时的市场价格。其实，只要并购公司提议的价格超过被并购公司当时的市场价格，并购公司的股东有可能在每股市价方面获得好处。其原因在于这两家公司的市盈率有一定差距。

假定两公司财务资料如表12－4所示：

表 12-4　甲、乙两公司财务资料

项目	甲公司	乙公司
净收益(万元)	600	240
股数(万股)	400	200
每股收益(元)	1.5	1.2
每股市价(元)	30	15
市盈率(倍)	20	12.5

如甲公司每 0.667 股对换乙公司 1 股，即乙公司每股作价 20 元，则并购乙公司股票的市价交换比率为：

(30 ×0.667)/15 =1.333

乙公司股东所面临的收购价是以每股作价 20 元对换甲公司的股票，显然，此交易使他们在股价方面获得了好处，因为他们原来的股票每股只有 15 元。同时，甲公司的股东也能获得好处，假如其股票每股市盈率维持在 20 倍的话，在其他条件不变的情况下，并购完成后甲公司每股市价为 31.5 元(见表 12-5)。

表 12-5　甲公司每股市价

项目	存续的甲公司
净收益(万元)	840
股数(万股)	533.33
每股收益(元)	1.575
每股市价(元)	31.5
市盈率(倍)	20

股价交换比率可用于被并购公司对几个愿意并购的公司的“出价”进行比较，进而做出最有利的决策。假定有甲、乙两家公司愿意并购丙公司，买下其全部普通股。丙公司目前每股市价为 12 元，而甲、乙两公司的每股报价分别是：

甲：愿以 0.4 股普通股(目前市价 25 元)加 0.2 股优先股股份(目前市价 16 元)交换。

乙：愿以 0.35 股普通股(目前市价 20 元)加 7 元的现金交换。

分析过程是，在不考虑现金股息和所得税的假设条件下，各自的股票市场价值交换比率：

甲：(0.4 ×25 +0.2 ×16)/12 =1.1

乙：(0.35 ×20 +7)/12 =1.17

显然，乙的报价对丙公司更有利，因而丙公司决定让乙公司并购。

2. 被并购企业价值的评估方法

在上述分析过程中，并购方对被并购企业的估价，对分析结果会产生较大的影响。因此，需要介绍以下几种估算被并购企业价值的方法。

(1)市盈率法。市盈率法就是根据目标企业(被并购企业亦称目标企业)的收益和市盈率确定其价值的方法。计算公式如下:

目标企业的价值=估价收益指标×标准市盈率

应用市盈率模型对目标企业进行估价的具体步骤如下:

①选择并计算目标企业估价收益指标。一般来说,最简单的估价收益指标可采用目标企业最近一年的税后利润,因为它最贴近目标企业的现状。但是,考虑到企业经营中的波动性,尤其是对经营活动具有明显周期性的目标企业,采取其最近三年税后利润的平均数作为估价收益指标更为适当。实际上,对目标企业的估价还应当更多地注重其被并购后的收益状况。比如,当并购企业在管理方面具有很强的优势时,假设在有效的管理下,目标企业被并购后也能获得与并购企业同样的资本收益率,那么将据此计算出目标企业被并购后的税后利润作为估价收益指标,可能对企业并购决策具有更大的指导意义。

②选择标准市盈率。通常,可供选择的标准市盈率有如下几种:在并购时点目标企业的市盈率;与目标企业具有可比性的企业市盈率;目标企业所处行业的平均市盈率。

③计算目标企业的价值。利用选定的估价收益指标和标准市盈率,就可以计算出目标企业的价值。

【例12.5】甲企业拟横向兼并同行业的乙企业,假设双方的长期负债利率均为10%,所得税税率均为25%。按照甲企业现行会计政策对乙企业的财务数据进行调整后,双方的基本情况如表12-6、表12-7所示。

表12-6　　甲、乙企业2011年12月31日的简化资产负债表　　单位:万元

资产	甲企业	乙企业	负债与股东权益	甲企业	乙企业
流动资产	3 000	500	流动负债	1 000	250
长期资产	2 000	250	长期负债	1 000	100
			股本	2 000	300
			留存收益	1 000	100
			股东权益合计	3 000	400
资产合计	5 000	750	负债与股东权益合计	5 000	750

表12-7　　甲、乙企业2011年度的经营业绩及其他指标　　单位:万元

指标	甲企业	乙企业
息税前利润	700	60
减:利息	100	10

表 12-7(续)

指标	甲企业	乙企业
税前利润	600	50
减:所得税	150	12.5
税后利润	450	37.5
其他指标:		
资本收益率	17.50%	12%
利润增长率	20%	14%
近三年平均利润		
税前	500	44
税后	37.5	33
市盈率	12	20

①选择目标企业最近一年的税后利润作为估价收益指标:

乙企业的价值 = 乙企业最近一年的税后利润 × 乙企业市盈率

= 37.5 × 20 = 750(万元)

②选用目标企业近三年税后利润的平均值作为估价收益指标:

乙企业的价值 = 乙企业近三年税后利润平均值 × 乙企业市盈率

= 33 × 20 = 660(万元)

③假设乙企业被并购后能够获得与甲企业同样的资本收益率,若以乙企业并购后税后利润的预计额作为估价收益指标:

乙企业的资本额 = 长期负债 + 股东权益合计

= 100 + 400 = 500(万元)

并购后:乙企业资本收益 = 乙企业资本额 × 甲企业资本收益率

= 500 × 17.5% = 87.5(万元)

乙企业税前利润预计额 = 资本收益 - 利息

= 87.5 - 100 × 10% = 77.5(万元)

乙企业税后利润预计额 = 乙企业税前利润 - 所得税

= 77.5 - 77.5 × 25% = 58.125(万元)

乙企业的价值 = 乙企业的税后利润预计额 × 乙企业的市盈率

= 58.125 × 20 = 1 162.5(万元)

由以上分析可以看出,在选用的市盈率相同的前提下,由于所选取的估价收益指标不同,得到的结果完全不同。需要注意的是,在确定目标企业的价值时,标准市盈率的选择也是至关重要的,如果选择不当,同样会对测算结果产生较大影响。

采用市盈率法估算目标企业的价值，是以投资为出发点，着眼于未来经营收益的一种简便易行的方法，因而为各种并购价值评估所广泛使用，尤其适用于通过证券二级市场进行并购的情况。

(2)净资产账面价值法。账面价值是指资产负债表中总资产减去总负债的剩余部分，也称净值或净资产。一个企业的账面价值与其内在价值并无直接联系。账面价值是以历史成本原则为基础进行核算的，不能反映资本市场价格的波动，也不考虑资产的收益状况，因此在进行目标企业的价值评估时，一般应以净资产账面价值为基础，加入一个调整系数，全面反映并购价值和价格。其基本公式为：

目标企业价值

= 目标企业的净资产账面价值 × (1 + 调整系数) × 拟收购的股份比例

或者，目标企业价值

= 目标企业的每股净资产 × (1 + 调整系数) × 拟收购的股份数量

调整系数应根据目标企业的行业特点、成长性、获利能力以及并购双方讨价还价等因素确定。

采用净资产账面价值法对目标企业进行评估具有账面资料易于取得、客观性强、计算简便等特点，但其缺陷也是明显的：①由于企业间、同一企业不同会计期间所采用的会计政策不同，账面价值较易被企业管理当局操纵，使净资产指标缺乏可比性；②来自财务报表的净值数据代表的是一种历史成本，它与企业创造未来价值的能力之间相关性很小或显著不相关，而且企业存续的时间越长，市场技术进步越快，这种无关性就越突出；③忽视了企业内在的一些价值驱动因素，如人力资源等；④调整系数的确定较为复杂，缺乏一个客观的标准。

在现实中，当目标企业的流动资产所占份额较大，且会计记录完整准确时，收购方可以使用净资产账面价值法对目标企业进行估价。

3. 企业并购的风险分析

企业并购是高风险经营活动，并购的财务分析在注重并购活动所带来的收益和各种成本的同时，更要关注并购活动中所具有的各种风险。

(1)营运风险。营运风险是指并购者在并购完成后，无法使整个企业集团产生经营协同效应、财务协同效应、市场份额效应，难以实现规模经济和经验共享互补，并且因规模过于庞大而产生的规模不经济等。

(2)信息不对称风险。在并购战中，信息是非常重要的，只有知己知彼，才能使并购公司不会因贸然行动而导致失败。但在实际并购中因贸然行动而失败的案例不少，这是“信息不对称”造成的结果。

(3)金融风险。企业并购需要大量的资金作支撑。与并购相关的融资风险具体包括资金是否可以保证需要(时间上和数量上)、所采取的融资方式是否适应并购动机(暂时持有和长期拥有)、现金支付是否会影响企业正常的生产经营、杠杆收购的偿债风险大小等。

(4)反收购风险。在通常情况下,被收购的公司对收购行为都是持不欢迎和不合作态度的,尤其是面临敌意收购时。被收购公司可能会不惜一切代价部署反收购措施,摆出一副“宁为玉碎,不为瓦全”的架势。一般情况下,这些反收购的行动,会对收购方造成相当大的风险。

(5)法律风险。各国关于并购、重组的法律法规的细则,一般都是通过提高并购成本而增加并购难度的。如我国目前的并购规则,要求收购方持有一家上市公司5%的股票后必须公告并暂停买卖(针对上市公司非发起人而言),以后每递增5%就要重复该过程。持有30%股份后即要求发出全面收购要约,这一程序造成的收购成本之高、收购风险之大、收购环节之复杂,使得收购很难顺利完成,足以使收购者气馁,而反收购则相对比较轻松。

(6)体制风险。在我国,相当一部分企业的收购兼并行为,都是由政府部门强行捏合才最终得以实现的。政府依靠行政手段对企业并购所采取的大包大揽的方式,给并购企业带来了一定的风险。比如,以非经济目标代替经济目标,过分强调“优帮劣、强管弱、富扶贫”的解困行为,偏离了资产最优化组合的目标,使并购在一开始就潜伏着一种体制风险。

总而言之,企业并购所具有的风险相当复杂和广泛,作为企业本身应谨慎对待,多谋善选,尽量避免风险,把风险逐一消除在并购的各个环节中,最终实现并购成功。

二、分立

企业分立是指一个企业依据法律、法规的规定,分成两个或两个以上企业的行为。企业分立的形式一般有两种:存续分立、解散分立。存续分立是指企业将其一部分财产或业务依法分出去,成立一个或几个新企业的行为。新企业可取得法人资格,原企业仍继续保留法人资格。解散分立是指企业以其全部财产依法分别成立两个或两个以上的新企业,并解散原有企业的行为。解散分立时,以原有企业的法人资格灭失为前提,成立新企业。

企业分立的原因多种多样,主要有以下几种:

(1)提高企业运营效率。企业的经营业务达到一定的规模以上才能取得规模效益,这也是不少企业合并的重要原因。但当企业的规模超过适度的标准时,就容易滋生官僚主义,运转的灵活性就会受到影响。适当分立过于庞大的企业,可以使企业发挥“船小好调头”的优势,更好地适应市场,提高企业运营的效率。

(2)企业扩张。企业分立也是企业扩张的一种重要手段。通常情况下,企业的整体要扩张进入别的经营领域难度较大,将企业的一部分资产分立出去成立新的企业,可以为进入别的经营领域充当“桥头堡”。

(3)避免反垄断诉讼。为保护充分竞争,许多国家都制定了反垄断法律。企业规模达到一定程度,其销售额占同行业的比例过大,就有可能因涉嫌垄断而遭公众的嫉恨甚至被告上法庭。1982年,美国电话电报公司(AT&T)就是为了平息反垄断诉讼而宣布解体(分立)的。

企业在分立时,应考虑的财务问题主要有:①分立的财务可行性,即分立后只有创造出比分立前更多的利润,分立才是可行的;②所有者权益如何变化;③企业资产如何分割和评估;④债务如何负担与偿还。

第三节　企业财务失败与清算

一、企业财务失败

企业经营目标就是以其所掌握的经济资源去创造最大的财富,以实现资本的增值。然而,对于处在复杂多变市场环境下的特定企业来说,并不是一贯幸运的,企业经营过程中的诸多不确定因素,加之经营管理者本身的业务素质和管理经验等均可能使企业陷入财务困境。这样,非但不能实现资本的增值,甚至可能由于资不抵债而破产。在企业经营过程中,由于各种原因,如企业缺乏应变能力,外部环境的突变使其难以适应,或企业经营管理者水平有限使企业财务决策失误等,都会造成企业的财务失败。

财务失败有广义和狭义之分。广义的财务失败包括两方面的含义:一是指经营失败,即财务失败是由经营而产生的。通常指一个企业的销售收入不能抵冲其成本,或其投资报酬率小于企业的资本成本,或企业实际收益已低于其期望的收益等情况。二是指单纯的财务失败,即财务失败是由企业理财不当,或资本结构不合理等因素引起的。通常指一个企业不能支付其现行到期的债务,或者一个企业的负债总额超过其资产公平价值的总额等情况。狭义的财务失败是指单纯的财务失败即资不抵债。

每个企业在经营过程中,都必须考虑一旦企业出现财务失败时,如何处理企业的财务事宜,如何保护各相关主体的利益,避免破产。因此,整顿和清算等财务问题就成为现代企业财务管理的重要内容。另外,当一个企业出现财务失败时,可以采取多种不同的挽救措施,这些办法归纳起来大致分为两类:一类是非法律措施,包括债务展期、和解或清算;另一类是法律措施,包括合并、重组、破产清算等。

二、企业清算

(一)企业清算的概念

企业清算是指在企业终止过程中,为终结企业各种现存的经济关系,依法对企业财产进行清理、估价、变卖,清理债权、债务,分配剩余财产,以终结其经营活动的行为。任何企业终止,都必须进行清算工作。清算工作是企业终止阶段的一项法律程序。只有经过清算,才能对企业现存的各种财务关系予以了结。

企业清算按其原因,可以分为解散清算和破产清算。导致解散清算的主要原因有:企业章程规定的营业期满或其他解散事由出现;企业股东大会决定解散;企业合并或分立需要解散;企业违反法律法规或从事危害社会公众利益活动而被依法撤销;发生严重亏损,或投资一方不履行合同、章程规定的义务,或因外部经营环境变化而无法继续经营。破产清算是因经营管理不善造成严重亏损,不能偿还到期债务而进行的清算。不能偿还到期债务包括两种情况:一是企业负债总额大于资产总额,二是虽然企业资产总额大于负债总额,但因缺少偿还到期债务的现金资产,未能偿还到期债务,被迫依法宣告破产。

企业清算按清算是否自行组织,分为普通清算和特别清算。普通清算是企业自行组织的清算。这种清算按法律规定的一般程序进行,法院和债权人不直接干预。特别清算是指不能由企业自行组织,而由法院出面直接干预并自始至终进行监督的清算。如果企业不能清偿到期的债务,企业存在有资产不能清偿到期债务的嫌疑,企业无力自行组织清算工作,企业董事对清算事务达不成一致意见,或由债权人、股东、董事会中的任何一方申请等情况发生,就应采取特别清算程序。在普通清算中,清算人一旦发现企业清算资产不足清偿全部债务,清算人有责任立即向人民法院申请宣告破产,清算工作由普通清算程序进入特别清算程序。

(二)破产清算的程序

根据我国《企业破产法》,企业破产清算的程序分为破产申请、和解整顿和破产清算三个阶段。这三个阶段有不同的操作程序。

1. 破产申请

破产申请阶段的主要程序如下:

(1)提出申请。破产申请人可以是债权人、债务人。债务人不能偿还到期债务时,债权人可以向债务人所在地人民法院申请宣告债务人破产;债务人经过上级主管部门同意,可以向当地人民法院自动申请破产。

(2)受理申请。人民法院接到破产申请后便要进行受理与否的审查、监督。受理债权人破产申请案件10日内应通知债权人,并发布破产案件受理公告。

(3)申请债权。债权人应当在收到通知后1个月内,未收到通知的债权人应当自公告起3个月内,向人民法院申请债权,说明债权的数额、性质(有无担保),并提交证明材料。

2. 和解整顿

和解整顿就是通过“和平方式”(债务人与债权人达成和解协议)解决债务

人与债权人之间债务纠纷的一种债务结清办法。其主要程序如下：

(1)提出整顿申请。法院受理破产案件后3个月内,可以向法院申请对该企业进行整顿,整顿期以两年为限。

(2)提出和解协议草案。企业向债权人会议提出和解协议草案,申明清偿债务的期限及要求减免债务的数额等。

(3)讨论和解协议草案。债权人会议收到企业提交的和解协议草案后,应召集全体债权人进行讨论、表决,一旦通过草案并经过人民法院认可后,法院宣布对该企业进行整顿的公告,中止破产程序。

(4)拟订整顿方案。企业拟订整顿、复苏方案,经法院批准后,执行整顿方案。

(5)监督企业整顿情况。在整顿期间,企业应定期向债权人会议报告整顿情况,听取意见,接受监督。整顿期间,如果债权人发现该企业不执行和解协议,故意损害债权人利益,可以向法院报告,法院认证裁定后便终结该企业整顿程序,宣告其破产。

(6)裁决企业整顿结果。企业经过整顿,如果能够根据和解协议的规定按期或提前如数清偿债务,法院则公告终结破产程序,恢复企业正常经营;如果整顿期满仍不能按期如数清偿债务,法院则宣告该企业破产,进行破产清算。

3. 破产清算

破产清算是企业破产工作的核心内容。其主要程序如下：

(1)组建清算组。按照我国《企业破产法》的规定,人民法院应当自宣告之日起15日内成立清算组,接管破产企业。其成员由法院从财政部门、审计部门、人民银行、工商管理部门及其他有关部门中选定。

(2)接管破产企业。清算组成立后,应该接管破产企业的一切财产、账册、文书、资料和印章等。

(3)处理善后事宜。接管破产企业后,清算组应该进行破产企业财产保管、清算、估价、变卖、分配、决定是否履行未履行完的合同,交付属于他人的资产。

(4)编制破产财产分配方案。清算组清理、处置破产财产并验证破产债权后,应在确定企业破产财产基础上拟订破产财产的分配方案,经债权人会议通过,并报请人民法院裁定后,按一定的债务清偿顺序进行分配。

(5)偿还债务。破产财产分配方案经法院认可后,清算组便根据该方案,以现金或实物方式偿还破产企业的债务。

(6)报告清算工作。清算组在破产财产分配完毕后,应编制有关清算工作的报告文件,向法院报告清算工作。

(7)提请终结破产程序。破产财产清算完毕后,清算组应提请法院终结破产程序。

(8)注销破产企业。清算组在接到法院终结破产程序的裁定后,应及时办理破产企业的注销登记手续。至此,破产清算工作宣告结束。

(三)企业清算财务管理

从清算过程和内容看,企业清算财务管理主要包括以下内容:

1. 清算财产的清理

(1)清算财产界定。清算财产是指按照清算程序进行清算时,可用于清偿债权人和向企业所有者分配的全部财产的总和。清算财产主要包括:①宣告清算时企业经营管理的全部财产,包括各种实物资产、固定资产、对外投资、无形资产等。下列财产区分情况决定是否列作清算财产:担保财产的价值中,相当于担保债权的部分不是清算财产,超过担保债权的部分才是清算财产;公益福利性设施原则上不计入清算财产,但无需续办并能整体出售的,可计入清算财产;暂存于本企业的他人财产可以通过清算组取回,费用性资产(如待摊费用)不能变现,均无法用于清偿债务或对所有者分配,因而不能列作清算财产。②清算阶段取得的财产和收益。企业行使撤销权收回的财产、清算期间分回的投资收益和继续的营业活动产生的收益、清算过程中发现的未入账的财产、清算财产转让价值超过账面价值的部分等。③清算结束后一年内追回的财产。

(2)清算财产的变现。为了便于清偿债务和分配剩余财产,清算人需要将清算财产变现。由于整体出售通常比拆零出售取得更多的收入,所以尽量整体出售。清算财产不一定全部需要变现。如果债权人愿意分取实物,对财产进行估价后可直接分配。

2. 债务清偿

(1)清算债务的界定。清算债务是在清算过程中应该偿还的债务,主要包括破产或解散宣告前已经成立的无财产担保债务、放弃优先受偿权的有财产担保债务和超过担保物价值的未受偿部分、保证人代偿债务额、清算组合同赔偿金等。

(2)清算债务的偿还。企业清算财产支付清算费用后,按照如下顺序清偿:支付应付未付的职工工资和劳动保险费、缴纳应交未交的税金、其他债务。

3. 确定清算损益

清算损益是企业清算过程中清算收益与清算费用、清算损失的差额。

(1)清算收益。清算收益是企业在清算过程中取得的收益,主要包括清算过程中发生的财产盘盈、财产变现收益、不需变现财产估价收益、因债权人原因确实已无法归还的债务、经营收益。

(2)清算费用。清算费用是清算过程中发生的各项支出,主要包括清算期间职工生活费,清算财产管理、变卖和分配所需费用,诉讼费用,审计费,公证费,清算人酬劳、办公费等。清算费用在清算财产中优先支付,一般随时发生随时支出。如果清算财产不足支付清算费用,则清算程序相应终结,未清偿的债务不再清偿。

(3)清算损失。清算损失是清算过程中发生的损失,包括清算过程中发生的财产盘亏损失、财产变现损失、不需变现财产估价损失、经营损失、坏账损失、核销损失等。

(4)清算所得。清算所得是清算收益大于清算费用、清算损失的差额。清算所得依法纳税。

4. 剩余财产分配

企业清算后的剩余财产归所有者。除企业章程另有规定外,有限责任公司的剩余财产应按照投资各方的出资比例分配。股份有限公司剩余财产不足优先股面值总额的,按优先股股东持股比例分配;超过优先股面值总额的,先按面值分配给优先股股东,再按普通股股东持股比例分配。

复习思考题

1. 资本经营的概念和特征是什么?
2. 什么是企业并购? 并购决策主要包括哪些方面?
3. 根据我国《企业破产法》,企业破产清算的程序分为哪三个阶段?
4. 清算费用包括哪些?
5. 企业清算后的剩余财产如何分配?

计算分析题

甲企业计划通过发行股票收购乙企业,收购时,甲、乙企业有关财务信息如下:

	甲企业	乙企业
净利润	500 万元	100 万元
普通股股数	200 万股	100 万股
每股市价	20 元	12 元

若收购后甲、乙两企业收益能力不变,要求计算:

(1)甲企业以每股 15 元的价格收购乙企业股票后,甲企业的每股收益与并购前相比变化多少? 原乙企业的股东每股收益与并购前变化多少?

(2)确保甲企业股东每股收益维持并购前水平的股票交换率是多少?

附表 1　　复利终值系数表(F/P,i,n 表)

n/i(%)	1	2	3	4	5	6	7
1……	1.010	1.020	1.030	1.040	1.050	1.060	1.070
2……	1.020	1.040	1.061	1.082	1.103	1.124	1.145
3……	1.030	1.061	1.093	1.125	1.158	1.191	1.225
4……	1.041	1.082	1.126	1.170	1.216	1.262	1.311
5……	1.051	1.104	1.159	1.217	1.276	1.338	1.403
6……	1.062	1.126	1.194	1.265	1.340	1.419	1.501
7……	1.072	1.149	1.230	1.316	1.407	1.504	1.606
8……	1.083	1.172	1.267	1.369	1.447	1.594	1.718
9……	1.094	1.195	1.305	1.423	1.551	1.689	1.838
10……	1.105	1.219	1.344	1.480	1.629	1.791	1.967
11……	1.116	1.243	1.384	1.539	1.710	1.898	2.105
12……	1.127	1.268	1.426	1.601	1.796	2.012	2.252
13……	1.138	1.294	1.469	1.665	1.886	2.133	2.140
14……	1.149	1.319	1.513	1.732	1.980	2.261	2.579
15……	1.161	1.346	1.558	1.801	2.079	2.397	2.759
16……	1.173	1.373	1.605	1.873	2.183	2.540	2.952
17……	1.184	1.400	1.653	1.948	2.292	2.693	3.159
18……	1.196	1.428	1.702	2.206	2.407	2.854	3.380
19……	1.208	1.457	1.754	2.107	2.527	3.026	3.167
20……	1.220	1.486	1.806	2.191	2.653	3.207	3.870
25……	1.282	1.641	2.094	2.666	3.386	4.292	5.427
30……	1.348	1.811	2.427	3.243	4.322	5.743	7.612
40……	1.489	2.208	3.262	4.801	7.040	10.286	14.974
50……	1.645	2.692	4.384	7.107	11.467	18.420	29.457

附表1(续)

n/i(%)	8	9	10	11	12	13	14
1……	1.080	1.090	1.100	1.110	1.120	1.130	1.140
2……	1.166	1.188	1.210	1.232	1.254	1.277	1.300
3……	1.260	1.295	1.331	1.368	1.405	1.443	1.482
4……	1.360	1.412	1.464	1.518	1.574	1.630	1.689
5……	1.469	1.539	1.611	1.685	1.762	1.842	1.925
6……	1.587	1.677	1.772	1.870	1.974	2.082	2.195
7……	1.714	1.828	1.949	2.076	2.211	2.353	2.502
8……	1.851	1.993	2.144	2.305	2.476	2.658	2.853
9……	1.999	2.172	2.358	2.558	2.773	3.004	3.252
10……	2.159	2.367	2.594	2.839	3.106	3.395	3.707
11……	2.332	2.580	2.853	3.152	3.479	3.836	4.226
12……	2.518	2.813	3.138	3.498	3.896	4.335	4.818
13……	2.720	3.066	3.452	3.883	4.363	4.898	5.492
14……	2.937	3.342	3.797	4.310	4.887	5.535	6.261
15……	3.172	3.642	4.177	4.785	5.474	6.254	7.138
16……	3.426	3.970	4.595	5.311	6.130	7.067	8.137
17……	3.700	4.328	5.054	5.895	6.866	7.986	9.276
18……	3.996	4.717	5.560	6.544	7.690	9.024	10.575
19……	4.316	5.142	6.116	7.263	8.613	10.197	12.056
20……	4.661	5.604	6.727	8.062	9.646	11.523	13.743
25……	6.848	8.623	10.835	13.585	17.000	21.231	26.462
30……	10.063	13.268	17.449	22.892	29.960	39.116	50.950
40……	21.725	31.409	45.259	65.001	93.051	132.78	188.88
50……	46.902	74.358	117.39	184.57	289.00	450.74	700.23

附表 1(续)

n/i(%)	15	16	17	18	19	20	25	30
1……	1.150	1.160	1.170	1.180	1.190	1.200	1.250	1.300
2……	1.323	1.346	1.369	1.392	1.416	1.440	1.563	1.690
3……	1.521	1.561	1.602	1.643	1.685	1.728	1.953	2.197
4……	1.794	1.811	1.874	1.939	2.005	2.074	2.441	2.856
5……	2.011	2.100	2.192	2.288	2.386	2.488	3.052	3.713
6……	2.313	2.436	2.565	2.700	2.840	2.986	3.815	4.827
7……	2.660	2.826	3.001	3.185	3.379	3.583	4.768	6.276
8……	3.059	3.278	3.511	3.759	4.021	4.300	5.960	8.157
9……	3.518	3.803	4.108	4.435	4.785	5.160	7.451	10.604
10……	4.046	4.411	4.807	5.243	5.696	6.192	9.313	13.786
11……	4.652	5.117	5.624	6.176	6.777	7.430	11.642	17.922
12……	5.350	5.936	6.580	7.288	8.064	8.916	14.552	23.298
13……	6.153	6.886	7.699	8.599	9.596	10.699	18.190	30.288
14……	7.076	7.988	9.007	10.147	11.420	12.839	22.737	39.374
15……	8.137	9.266	10.539	11.974	13.590	15.407	28.422	51.186
16……	9.358	10.748	12.330	14.129	16.172	18.488	35.527	66.542
17……	10.761	12.468	14.426	16.672	19.244	22.186	44.409	86.504
18……	12.375	14.463	16.879	19.673	22.091	26.623	55.511	112.46
19……	14.232	16.777	19.748	23.214	27.252	31.948	69.389	146.19
20……	16.367	19.461	23.106	27.393	32.492	38.338	86.736	190.05
25……	32.919	40.874	50.658	62.669	77.338	95.396	264.70	705.64
30……	66.212	85.850	111.07	143.37	184.68	237.38	807.792	2 620.0
40……	267.86	378.72	533.87	750.38	1 051.7	1 469.8	7 523.2	36 119.0
50……	1 083.7	1 670.7	2 566.2	3 927.4	5 988.9	9 100.4	70 065	497 929

附表2　复利现值系数表(P/F,i,n表)

n/i(%)	1	2	3	4	5	6	7	8	9
1……	0.990	0.980	0.971	0.962	0.952	0.943	0.935	0.926	0.917
2……	0.980	0.961	0.943	0.925	0.907	0.890	0.873	0.857	0.842
3……	0.971	0.942	0.915	0.889	0.864	0.840	0.816	0.794	0.772
4……	0.961	0.924	0.888	0.855	0.823	0.792	0.763	0.735	0.708
5……	0.951	0.906	0.863	0.822	0.784	0.747	0.713	0.681	0.650
6……	0.942	0.888	0.837	0.790	0.746	0.705	0.666	0.630	0.596
7……	0.933	0.871	0.813	0.760	0.711	0.665	0.623	0.583	0.547
8……	0.923	0.853	0.789	0.731	0.667	0.627	0.582	0.540	0.502
9……	0.914	0.837	0.766	0.703	0.645	0.592	0.544	0.500	0.460
10……	0.905	0.820	0.744	0.676	0.614	0.558	0.508	0.463	0.422
11……	0.896	0.804	0.722	0.650	0.585	0.527	0.475	0.429	0.388
12……	0.887	0.788	0.701	0.625	0.557	0.497	0.444	0.397	0.356
13……	0.879	0.773	0.681	0.601	0.530	0.469	0.415	0.368	0.326
14……	0.870	0.758	0.661	0.577	0.505	0.442	0.388	0.340	0.299
15……	0.861	0.743	0.642	0.555	0.481	0.417	0.362	0.315	0.275
16……	0.853	0.728	0.623	0.534	0.458	0.394	0.339	0.292	0.252
17……	0.844	0.714	0.605	0.513	0.436	0.371	0.317	0.270	0.231
18……	0.836	0.700	0.587	0.494	0.416	0.350	0.296	0.250	0.212
19……	0.828	0.686	0.570	0.475	0.396	0.331	0.277	0.232	0.194
20……	0.820	0.673	0.554	0.456	0.377	0.312	0.258	0.215	0.178
25……	0.780	0.610	0.478	0.375	0.295	0.233	0.184	0.146	0.116
30……	0.742	0.552	0.412	0.308	0.231	0.174	0.131	0.099	0.075
40……	0.672	0.453	0.307	0.208	0.142	0.097	0.067	0.046	0.032
50……	0.608	0.372	0.228	0.141	0.087	0.054	0.034	0.021	0.013

附表2(续)

n/i(%)	10	11	12	13	14	15	16	17	18
1……	0.909	0.901	0.893	0.885	0.877	0.870	0.862	0.855	0.847
2……	0.826	0.812	0.797	0.783	0.769	0.756	0.743	0.731	0.718
3……	0.751	0.731	0.712	0.693	0.675	0.658	0.641	0.624	0.609
4……	0.683	0.659	0.636	0.613	0.592	0.572	0.552	0.534	0.516
5……	0.621	0.593	0.567	0.543	0.519	0.497	0.476	0.456	0.437
6……	0.564	0.535	0.507	0.480	0.456	0.432	0.410	0.390	0.370
7……	0.513	0.482	0.452	0.425	0.400	0.376	0.354	0.333	0.314
8……	0.467	0.434	0.404	0.376	0.351	0.327	0.305	0.285	0.266
9……	0.424	0.391	0.361	0.333	0.300	0.284	0.263	0.243	0.225
10……	0.386	0.352	0.322	0.295	0.270	0.247	0.227	0.208	0.191
11……	0.350	0.317	0.287	0.261	0.237	0.215	0.195	0.178	0.162
12……	0.319	0.286	0.257	0.231	0.208	0.187	0.168	0.152	0.137
13……	0.290	0.258	0.229	0.204	0.182	0.163	0.145	0.130	0.116
14……	0.263	0.232	0.205	0.181	0.160	0.141	0.125	0.111	0.099
15……	0.239	0.209	0.183	0.160	0.140	0.123	0.108	0.095	0.084
16……	0.218	0.188	0.163	0.141	0.123	0.107	0.093	0.081	0.071
17……	0.198	0.170	0.146	0.125	0.108	0.093	0.080	0.069	0.060
18……	0.180	0.153	0.130	0.111	0.095	0.081	0.069	0.059	0.051
19……	0.164	0.138	0.116	0.098	0.083	0.070	0.060	0.051	0.043
20……	0.149	0.124	0.104	0.087	0.073	0.061	0.051	0.043	0.037
25……	0.092	0.074	0.059	0.047	0.038	0.030	0.024	0.020	0.016
30……	0.057	0.044	0.033	0.026	0.020	0.015	0.012	0.009	0.007
40……	0.002	0.015	0.011	0.008	0.005	0.004	0.003	0.002	0.001
50……	0.009	0.005	0.003	0.002	0.001	0.001	0.001	0	0

附表2(续)

n/i(%)	19	20	25	30	35	40	50
1……	0.840	0.833	0.800	0.769	0.741	0.714	0.667
2……	0.706	0.694	0.640	0.592	0.549	0.510	0.444
3……	0.593	0.579	0.512	0.455	0.406	0.364	0.296
4……	0.499	0.482	0.410	0.350	0.301	0.260	0.198
5……	0.419	0.402	0.320	0.269	0.223	0.186	0.132
6……	0.352	0.335	0.262	0.207	0.165	0.133	0.088
7……	0.296	0.279	0.210	0.159	0.122	0.095	0.059
8……	0.249	0.233	0.168	0.123	0.091	0.068	0.039
9……	0.209	0.194	0.134	0.094	0.067	0.048	0.026
10……	0.176	0.162	0.107	0.073	0.050	0.035	0.107
11……	0.148	0.135	0.086	0.056	0.037	0.025	0.012
12……	0.124	0.112	0.069	0.043	0.027	0.018	0.008
13……	0.104	0.093	0.055	0.033	0.020	0.013	0.005
14……	0.088	0.078	0.044	0.025	0.015	0.009	0.003
15……	0.074	0.065	0.035	0.020	0.011	0.006	0.002
16……	0.062	0.054	0.028	0.015	0.008	0.005	0.002
17……	0.052	0.045	0.023	0.012	0.006	0.003	0.001
18……	0.044	0.038	0.018	0.009	0.005	0.002	0.001
19……	0.037	0.031	0.014	0.007	0.003	0.002	0
20……	0.031	0.026	0.012	0.005	0.002	0.001	0
25……	0.013	0.010	0.004	0.001	0.001	0	0
30……	0.005	0.004	0.001	0	0	0	0
40……	0.001	0.001	0	0	0	0	0
50……	0	0	0	0	0	0	0

附表3　　年金终值系数表(F/A,i,n表)

n/i(%)	1	2	3	4	5	6	7
1……	1.000	1.000	1.000	1.000	1.000	1.000	1.000
2……	2.010	2.020	2.030	2.040	0.050	2.060	2.070
3……	3.030	3.060	3.091	3.122	3.153	3.184	3.215
4……	4.060	4.122	4.184	4.246	4.130	4.375	4.440
5……	5.101	5.204	5.309	5.416	5.526	5.637	5.751
6……	6.152	6.308	6.468	6.633	6.802	6.975	7.135
7……	7.214	7.434	7.662	7.898	8.142	8.384	8.654
8……	8.286	8.583	8.892	9.214	9.549	9.897	10.260
9……	9.369	9.755	10.159	10.583	11.027	11.491	11.978
10……	10.462	10.950	11.464	12.006	12.578	13.181	13.816
11……	11.576	12.169	12.808	13.486	14.207	14.972	15.784
12……	12.683	13.412	14.192	15.026	15.917	16.870	17.888
13……	13.809	14.680	15.618	16.627	17.713	18.882	20.141
14……	14.947	15.974	17.086	18.292	19.599	21.051	22.550
15……	16.097	17.293	18.599	20.024	21.579	23.276	25.129
16……	17.258	18.639	20.157	21.825	23.657	25.637	27.888
17……	18.430	20.012	21.762	23.698	25.840	28.213	30.840
18……	19.615	21.412	23.414	25.645	28.132	30.906	33.999
19……	20.811	22.841	25.117	27.671	30.539	33.760	37.379
20……	22.019	24.297	26.870	29.778	33.066	36.786	40.995
25……	28.243	32.030	36.459	41.646	47.727	54.865	63.249
30……	34.785	40.588	47.575	56.085	66.439	79.058	94.461
40……	48.886	60.402	75.401	95.026	120.80	154.76	199.64
50……	64.463	84.579	112.80	152.67	209.35	290.34	406.53

附表3(续)

n/i(%)	8	9	10	11	12	13	14	15
1……	1.000	1.000	1.000	1.000	1.000	1.000	1.000	1.000
2……	2.080	2.090	2.100	2.110	2.120	2.130	2.140	2.150
3……	3.246	3.278	3.310	3.342	3.374	3.407	3.440	3.473
4……	4.506	4.573	4.641	4.710	4.779	4.850	4.921	4.993
5……	5.867	5.985	6.105	6.228	6.353	6.480	6.610	6.742
6……	7.336	7.523	7.716	7.913	8.115	8.323	8.536	8.754
7……	8.923	9.200	9.487	9.783	10.089	10.405	10.730	11.067
8……	10.637	11.028	11.436	11.859	12.300	12.757	13.233	13.727
9……	12.488	13.021	13.579	14.164	14.776	15.416	16.085	16.786
10……	14.487	15.193	15.937	16.722	17.549	18.420	19.337	20.304
11……	16.645	17.560	18.531	19.561	20.655	21.814	23.045	24.349
12……	18.977	20.141	21.384	22.713	24.133	25.650	27.271	29.002
13……	21.495	22.953	24.523	26.212	28.029	29.985	32.089	34.352
14……	24.215	26.019	27.975	30.095	32.393	34.883	37.581	40.505
15……	27.152	29.316	31.772	34.405	37.280	40.417	43.842	47.580
16……	30.324	33.003	35.950	39.190	42.753	46.672	50.980	55.717
17……	33.750	36.974	40.545	44.501	48.884	53.739	59.118	65.075
18……	37.450	41.301	45.599	50.396	55.750	61.725	68.394	75.836
19……	41.446	46.018	51.159	56.939	63.440	70.749	78.969	88.212
20……	45.762	51.160	57.275	64.203	72.052	80.947	91.025	102.44
25……	73.106	84.701	98.374	114.41	133.33	155.62	181.87	212.79
30……	113.28	136.31	164.49	199.02	241.33	293.20	365.79	434.75
40……	259.06	337.89	442.59	581.83	767.09	1 013.7	1 342.0	1 779.1
50……	573.77	815.08	1 163.9	1 668.8	2 400.0	3 459.5	4 994.5	7 217.7

附表3(续)

n/i(%)	16	17	18	19	20	25	30
1……	1.000	1.000	1.000	1.000	1.000	1.000	1.000
2……	2.160	2.170	2.180	2.190	2.200	2.250	2.300
3……	3.506	3.539	3.572	3.606	3.640	3.813	3.990
4……	5.066	5.141	5.215	5.291	5.368	5.766	6.187
5……	6.877	7.041	7.154	7.297	7.442	8.207	9.043
6……	8.977	9.207	9.442	9.683	9.930	11.259	12.756
7……	11.414	11.772	12.412	12.523	12.916	15.073	17.583
8……	14.240	14.773	15.327	15.902	16.499	19.842	23.858
9……	17.519	18.285	19.086	19.923	20.799	25.802	32.015
10……	21.321	22.393	23.521	24.701	25.959	33.253	42.619
11……	25.773	27.200	28.755	30.404	32.150	42.566	56.405
12……	30.850	32.824	34.931	37.180	39.581	54.208	74.327
13……	36.786	39.404	42.219	45.244	49.497	68.760	97.625
14……	43.672	47.103	50.818	54.841	59.196	86.949	127.91
15……	51.660	56.110	60.965	66.261	72.035	109.69	167.29
16……	60.925	66.649	72.939	79.850	87.442	138.11	218.47
17……	71.673	78.979	87.068	96.022	105.93	173.64	285.01
18……	84.141	93.406	103.74	115.27	128.12	218.05	371.52
19……	98.603	110.29	123.41	138.17	154.74	273.56	483.97
20……	115.38	130.03	146.63	165.42	186.69	342.95	630.17
25……	249.21	292.11	342.60	402.02	471.98	1 054.8	2 348.8
30……	530.31	647.44	790.95	966.7	1 181.9	3 227.2	8 730.0
40……	2 360.8	3 134.5	4 163.21	5 519.8	7 349.9	30 089	120 393
50……	10 436	15 090	21 813	31 515	45 497	280 256	156 976

附表4　　年金现值系数表(P/A,i,n表)

n/i(%)	1	2	3	4	5	6	7	8	9
1……	0.990	0.980	0.971	0.962	0.952	0.943	0.935	0.926	0.917
2……	1.970	1.942	1.913	1.886	1.859	1.833	1.808	1.783	1.759
3……	2.941	2.884	2.829	2.775	2.723	2.673	2.624	2.577	2.531
4……	3.902	3.808	3.717	3.630	3.546	3.465	3.387	3.312	3.240
5……	4.853	4.713	4.580	4.452	4.329	4.212	4.100	3.993	3.890
6……	5.795	5.601	5.417	5.242	5.076	4.917	4.767	4.623	4.486
7……	6.728	6.472	6.230	6.002	5.786	5.582	5.389	5.206	5.033
8……	7.652	7.325	7.020	6.733	6.463	6.210	5.971	5.747	5.535
9……	8.566	8.162	7.786	7.435	7.108	6.802	6.515	6.247	5.995
10……	9.471	8.983	8.530	8.111	7.722	7.360	7.024	6.710	6.418
11……	10.368	9.787	9.253	8.760	8.306	7.887	7.499	7.139	6.805
12……	11.255	10.575	9.954	9.385	8.863	8.384	7.943	7.536	7.161
13……	12.134	11.348	10.635	9.986	9.394	8.853	8.358	7.904	7.487
14……	13.004	12.106	11.296	10.563	9.889	9.295	8.754	8.244	7.786
15……	13.865	12.849	11.938	11.118	10.380	9.712	9.108	8.559	8.061
16……	14.718	13.578	12.561	11.652	10.838	10.106	9.447	8.851	8.313
17……	15.562	14.292	13.166	12.166	11.274	10.477	9.763	9.122	8.544
18……	16.398	14.992	13.754	12.659	11.690	10.828	10.059	9.372	8.756
19……	17.226	15.678	14.324	13.134	12.085	11.158	10.336	9.604	8.950
20……	18.046	16.351	14.877	13.590	12.462	11.470	10.594	9.818	9.129
25……	22.023	19.523	17.413	15.622	14.094	12.783	11.654	10.675	9.823
30……	25.808	22.396	19.600	17.292	15.372	13.765	12.409	11.258	0.274
40……	32.835	27.355	23.155	19.793	17.159	15.046	13.332	11.925	10.757
50……	39.196	31.424	25.730	21.482	18.256	15.762	13.801	12.233	10.962

附表4(续)

n/i(%)	10	11	12	13	14	15	16	17	18
1……	0.909	0.901	0.893	0.885	0.877	0.870	0.862	0.855	0.847
2……	1.736	1.713	1.690	1.668	1.647	1.626	1.605	1.585	1.566
3……	2.487	2.444	2.402	2.361	2.322	2.283	2.246	2.210	2.174
4……	3.170	3.102	3.307	2.974	2.914	2.855	2.798	2.743	2.690
5……	3.791	3.696	3.605	3.517	3.433	3.352	3.274	3.199	3.127
6……	4.355	4.231	4.111	3.998	3.889	3.784	3.685	3.589	3.498
7……	4.868	4.712	4.564	4.423	4.288	4.160	4.039	3.922	3.812
8……	5.335	5.146	4.968	4.799	4.639	4.487	4.344	4.207	4.078
9……	5.759	5.537	5.328	5.132	4.946	4.472	4.607	4.451	4.303
10……	6.145	5.889	5.650	5.426	5.216	5.019	4.833	4.659	4.494
11……	6.495	6.207	5.938	5.687	5.453	5.234	5.029	4.836	4.656
12……	6.814	6.492	6.194	5.198	5.660	5.421	5.197	4.988	4.793
13……	7.103	6.750	6.424	6.122	5.842	5.583	5.342	5.118	4.910
14……	7.367	6.982	6.628	6.302	6.002	5.724	5.468	5.229	5.008
15……	7.606	7.191	6.811	6.462	6.142	5.847	5.575	5.324	5.092
16……	7.824	7.379	6.974	6.604	6.265	5.954	5.668	5.405	5.162
17……	8.022	7.549	7.102	6.729	6.373	6.047	5.749	5.475	5.222
18……	8.201	7.702	7.250	6.840	6.467	6.128	5.818	5.534	5.273
19……	8.365	7.839	7.366	6.938	6.550	6.198	5.877	5.584	5.316
20……	8.514	7.963	7.469	7.025	6.623	6.259	5.929	5.628	5.353
25……	9.077	8.422	7.843	7.330	6.873	6.464	6.097	5.766	5.467
30……	9.427	8.694	8.055	7.496	7.003	6.566	6.177	5.829	5.517
40……	9.779	8.951	8.244	7.634	7.105	6.642	6.233	5.871	5.548
50……	9.915	9.042	8.304	7.675	7.133	6.661	6.246	5.880	5.554

附表4(续)

n/i(%)	19	20	25	30	35	40	50
1……	0.840	0.833	0.800	0.769	0.741	0.714	0.667
2……	1.547	1.528	1.440	1.361	1.289	1.224	1.111
3……	2.140	2.106	1.952	1.816	1.696	1.589	1.407
4……	2.639	2.589	2.362	2.166	1.997	1.849	1.605
5……	3.058	2.991	2.689	2.436	2.220	2.035	1.737
6……	3.410	3.326	2.951	2.643	2.385	2.168	1.824
7……	3.706	3.605	3.161	2.802	2.508	2.263	1.883
8……	3.954	3.837	3.329	2.925	2.598	2.331	1.992
9……	4.163	4.031	3.463	3.019	2.665	2.379	1.948
10……	4.339	4.192	3.571	3.092	2.715	2.414	1.965
11……	4.486	4.327	3.656	3.147	2.752	2.438	1.977
12……	4.611	4.439	3.725	3.190	2.779	2.456	1.985
13……	4.715	4.533	3.780	3.223	2.799	2.469	1.990
14……	4.802	4.611	3.824	3.249	2.814	2.478	1.993
15……	4.876	4.675	3.859	3.268	2.825	2.484	1.995
16……	4.938	4.730	3.887	3.283	2.834	2.498	1.997
17……	4.988	4.775	3.910	3.295	2.840	2.492	1.998
18……	5.033	4.812	3.928	3.304	2.844	2.494	1.999
19……	5.070	4.843	3.942	3.311	2.848	2.496	1.999
20……	5.101	4.870	3.954	3.316	2.850	2.497	1.999
25……	5.195	4.948	3.985	3.329	2.856	2.499	2.000
30……	5.235	4.979	3.995	3.332	2.857	2.500	2.000
40……	5.258	4.997	3.999	3.333	2.857	2.500	2.000
50……	5.262	4.999	4.000	3.333	2.857	2.500	2.000

参考书目

1. 余绪缨. 企业理财学[M]. 沈阳:辽宁人民出版社,1995.

2. ASWATH DAMODARAN. 应用公司理财[M]. 郑振龙,译. 北京:机械工业出版社,2000.

3. JAMES C. VAN HORNE, JOHN M. WACHOWICY JR. 现代企业财务管理[M]. 郭浩,徐琳,译. 北京:经济科学出版社,1998.

4. 财政部注册会计师考试委员会办公室. 财务成本管理[M]. 大连:东北财经大学出版社,2011.

5. 全国会计专业资格考试领导小组办公室. 财务管理[M]. 北京:中国财政经济出版社,2011.

6. 谢志华. 出资者财务[M]. 杭州:浙江人民出版社,2001.

7. ARTHUR J. KEOWN, DAVID F. SCOTT, JOHN D. MARTIN, JAY WILLIAM PETTY. 现代财务管理基础[M]. 朱武祥,译. 北京:清华大学出版社,1997.

8. 欧阳令南. 财务管理[M]. 上海:上海财经大学出版社,1999.